U0947227

清末民国法律史料丛刊·京师法律学堂笔记

国法学（下）

清末民国法律史料丛刊·京师法律学堂笔记

主编 何勤华

国法学（下）

［日］岩井尊闻 口述
熊元翰 编
魏敏 点校

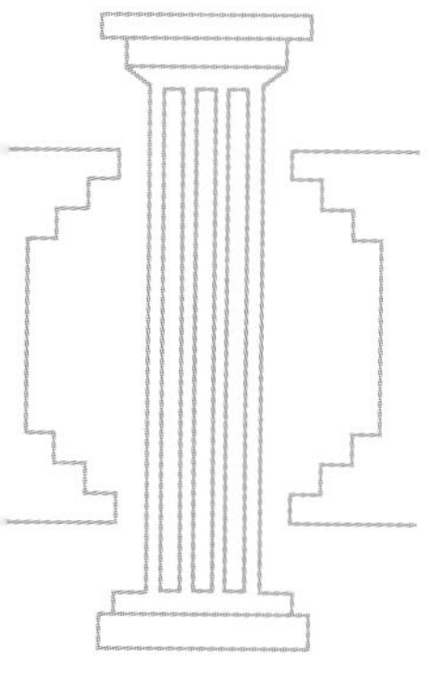

上海人民出版社

京師法律學堂筆記

总　　序

探究近代法律文明的根源与脉络，已成为我们理解并提升自身价值的借镜，为此我们一直努力着。近十年来，我们已陆续点校出版"中国近代法学译丛"、"华东政法学院珍藏民国法律名著丛书"、"大清新法令"、"新译日本法规大全"等诸多清末民国时期的著作，这些点校作品大多以当时的法学译著、专著及法典为主，而包括清末民国时期法律讲义、辞书等在内的基本法律史料则因分布较为分散、查阅难度较大，以及数量庞大等原因而迟迟未能着手整理。因着机缘际会，华东政法大学外国法与比较法研究院于 2011 年仲夏从私人收藏者手中购得两千余册藏书，其中以民国时期出版的法律书籍为主，这使我们有机会将此类法律基本史料较为完整地展现在读者面前。

"清末民国法律史料丛刊"包含京师法律学堂笔记、朝阳大学讲义等清末民国时期的"法律讲义"，以及"法律辞书"与"汉译六法"三大系列。

大学的法律讲义是近代法律学科发展的重要基石。在中国法律近代化的过程中，众多学者孜孜以求，为法学之发展付出大量的心血和精力。清末民初，随着留学生的派出与西方学术的引进，法律教育也为之耳目一新。这些讲义中所探讨的许多基本学术问题，并未因时光流逝而丧失其价值。相反，这些问题对于当代法学教育工作者而言，仍然意义重大，具有不可替代的参考作用。

法律辞书的编纂汇集了民国时期法律学者的群体智慧和力量，选入本丛刊的民国二十三年三月由大东书局出版的《法律大辞典》即为汪翰章、罗文干、戴修瓒、郑天锡、张映南、张志让、陈瑾昆、翁敬堂等十余位著名法学家的倾心合力之作。该辞书收录了中外重要的法律名词、中外法学家与立法者的生平简介、各种法律制度及相关重要事件，并对通用术语附有英文、德文、法文、意文、拉丁文等5种语言，成就了西方规范化学术成功嫁接到中国传统法律资源的典范。

清王朝的迅速灭亡以及随后十余年中国政局的动荡大大延缓了中国建设近代国家法制框架的进程。至南京国民政府成立，国内政局大体得以稳定。南京国民政府在详细参酌中外立法的基础上，短短数年间，建立了中国近代法的完整体系。“汉译六法”的出版对这一体系的形成功不可没。其所述者，或可激活我们对现代外国法学研究核心问题的深思凝虑。

清末及民国时期大学法律教育的基础讲义、法律辞书以及“汉译六法”奠定了中国近代在接受西方法律传统的同时构建自身法学知识谱系及其价值内涵的文本基础。本丛刊遴选出的书卷各本受制于一己之认识，偏颇难免，然我们秉承开放心态，尽可能纳入诸种重要作品，力求达至开放性及代表性之旨意。

囿于出版年代久远及书籍保管不善，这些法律史料已不便直接翻阅，藏有这些史料的图书馆也多将其作为特藏书，给借阅者加以诸种限制。如本丛刊的出版能为广大读者带来查阅、研习之便利，那将是对我们精心整理这些文献的最大回馈。

是为序。

何勤华

华东政法大学外国法与比较法研究院

2013年12月1日

点校者序

本书为京师法律学堂笔记系列之一，一般认为该系列笔记是安徽宿迁之熊元翰、熊元楷、熊元襄三兄弟与安徽凤阳之熊仕昌等人整理编辑而成，因此也简称为“熊氏辑《法律丛书》”。其使用的主要资料是京师法律学堂任职之日本法学专家主讲、浙江钱塘汪有龄口译的授课资料。作为刊行出版社的安徽法学社，乃熊元襄与胞兄弟熊元翰、熊元楷、熊元育筹措资金，于宣统元年(1909)在北京琉璃厂西头，商务印书馆对门电话南局121号的北京棉花上六条租用房屋创办，是当时国内第一个集中传播西方法学思想和法律知识的民间组织。本套《法律丛书》是其出版的众多法律丛书之一，计二十二册。本书乃其中之第四册，为《国法学》之下部。《国法学》由教习岩井尊闻讲授，分上、下两部(上部为丛书之第三册)，为熊元翰所辑。熊元翰(1873—1950)，字砚恒，乃三兄弟之长。光绪二十八年(1902)的举人，初任吏部主事，后考入京师大学堂法科，并以优等成绩毕业，担任过京师地方审判厅推事和民二庭庭长，可见其深谙法学理论和当时的中国司法实践。熊元翰先生编辑法律丛书多册，但唯《国法学》的编辑多费工夫：“岩井氏讲义甚略，而口义甚繁。编者斟酌损益，略者补之，繁者删之，不合中文体例者改正之，稿凡数易，而后成书。”[①]因此本书的

① 见本书“例言”。

内容除了岩井先生的书面讲稿以外，还多补充了其在讲台上口述的部分，加上熊元翰先生的删补，本书也就更有其不可替代的史料价值。以下，就对与本书相关的背景知识做一个简要的介绍，笔者学识有限，但祈对读者有所裨益。

一、京师法律学堂

1901年1月，光绪帝颁布上谕，决定实行新政。此次新政的内容包括改革行政制度、变法修律、设新式学堂、废科举、实行新的财经政策等。1905年4月，沈家本和伍廷芳联合署名向清廷上奏《删除律例内重法折》时便奏请了“拨款设立法律学堂”，言道：“在京师设一法律学堂，考取各部属员，在堂肄习毕业后，派往各省为佐理新政分治地方之用。”其后1906年，学部大臣孙家鼐向朝廷所上的奏本中又提及设法律学堂：“原奏内称，新律修订，亟须储备裁判人才。宜在京师设一法律学堂，考取各部属员，入堂肄习。毕业后派往各省，为佐理新政，分治地方之用。课程比照大学堂奏定学科，酌量损益。常年经费，每年约银四万两，由各省分筹拨济。开办经费约需银三万两，请归户部筹拨……大学堂政治专科法律学门所列科目备详中西法制。原系储备佐理新政之用，惟须俟预备科及各省高等学堂毕业学生升入。现在预备甫设，专科尚未有人。伍廷芳等所请专设法律学堂，实为当务之急，自应准如所请。”如是，1906年10月，中国第一所官办法律学堂得以成立。沈家本被任命为管理该法律学堂的事务大臣。法律学堂最初直属修订法律馆，翌年改为法部直属，并正式改称为“京师法律学堂”。

学堂成立以后，沈家本和伍廷芳等人一起，制定了“设学总义章”、“学科程度章”、“职务通则”、“讲堂规条章”、“礼仪规条章”、“图书馆规条章”“经费规条章”等规章制度，对学堂进行管理。法律学堂“以造就已仕人员研精中外法律，各具政治智识，足资应用为宗旨，并养成裁判人才，期收速效”。即招收清政府各部属员入学，毕业后派往各省，为佐理新政分治地方之用。其学制为二。

其一曰“正科”，三年毕业，课程设置如下。

第一年：大清律例及唐明律、现行法制及历代法制沿革、法学通论、经济通论、国法学、罗马法、民法、刑法、外国文、体操；

第二年：宪法、刑法、民法、商法、民事诉讼法、刑事诉讼法、裁判所编制法、国际公法、行政法、监狱学、诉讼实习、外国文、体操；

第三年：宪法、刑法、民法、商法、大清公司律、大清破产律、民事诉讼法、刑事诉讼法、国际私法、行政法、财政通论、诉讼实习、外国文和体操。

其二曰“速成科”，一年半可毕业。速成科开设的课程有大清律例及唐明律、现行法制及历代法制沿革、法学通论、宪法大意、刑法、民法要论、商法要论、大清公司律、大清破产律、民刑诉讼法、裁判所编制法、国际法、监狱法、诉讼实习，共 14 门，其学制比较短，对理论性的课程多以“要论”的形式做简单介绍，并且没有外语和经济学等课程的设置。其目的是快速培养具有基本法学素养的学员，以使其在短期内成为政府急需的可用之法律人才。

京师法律学堂的师资主要为访求自日本的专家。首先是东京法科大学教授冈田朝太郎博士（1868—1936）①。1906 年 9 月，沈家

① 关于冈田朝太郎的学术研究可参考西英昭：“岡田朝太郎著作目録”，（日本）《東洋法制史研究会通信》第 15 号，2006 年 8 月 21 号刊行。

本以重金聘来冈田博士作为修订法律观调查员兼法律学堂教员。其除了参与法律学堂的课程教授以外,还参与刑律的修订。除冈田博士以外,法律学堂还聘请了其他专家学者。最初沈家本想聘请的是同为法学博士的大审院判事(即裁判官)板仓松太郎和大审院检事(即检察官)丰岛直通,但因为在薪金问题上双方未达成一致而作罢。其后日方又推荐与冈田博士同为东京法科大学教授兼东京高商教授的志田钾太郎博士,因其为商法专家,学术地位和冈田博士比肩,因此也要求与冈田博士相同待遇。但沈家本以法律学堂经费有限而委婉拒绝,并提出注重实践经验,即使没有博士学位亦可的条件。其后经过多番周折,沈家本在梅谦次郎的推荐下,于1906年10月还是以重金聘请了时任东京控诉院的部长判事(又被称为"松冈科长",于1908年升任日本大审院判事)松冈义正(1870—1939),以担任民事法律方面的专家。其后于1908年5月和10月分别又以重金聘得监狱学专家小河滋次郎(1864—1925)(日本司法省监狱事务官)和之前为日本方推荐过的商法专家志田钾太郎(1868—1951)。根据南里知树先生所编的《中国政府雇佣的日本人》①,这四位学者皆以"法典编成及法学教习"之职位为清政府所聘,其中除小河滋次郎以一年半为聘期外,其他三位学者皆以三年聘期为满。由于师资有限,各位学者除了担任各自所长的部门法教育以外,还分担一些其他的法律讲义。如冈田博士除了担任刑法学的课程以外,还教授法学通论、法院编制法等课程。

① 《日中問題重要関係資料集》第3卷:《近代日中関係史料》第2集,南里知树编《中国政府雇用の日本人》,近代日中关系研究会,1976年出版。

二、岩井尊闻

关于京师法律学堂招聘的日本法律专家,现存之研究围绕前面所述之学者多有叙述,而对《国法学》之讲习者——岩井尊闻却很少涉及。那么,岩井尊闻是怎样一个人物呢?因为史料有限,很难完整地展现其经历,现就笔者所掌握的史料一一叙述之。

首先是先生的研究领域。在日本的诸图书馆中可查阅到的学术论文和著作如下:(1)“不作为犯”;(2)“民事欺诈和刑事欺诈”;(3)《时事管见》(第1—3辑);(4)《新旧票据法异同辩要领》。[①]由此,可以看出其研究领域涉及刑事、民事等,反而很少关于其在中国教授的“国法学”之相关研究。再由发行(3)和(4)的出版社之“岩井尊闻律师事务所”可知,其在20世纪30年代已经成立了自己的律师事务所。另外,在1915年的新闻报道中,还可寻得岩井先生作为民事案件中被告的代理律师之信息[②]。

其次是先生的身世。日本学者西英昭先生在其论文中通过《帝国大学出身名鉴》对岩井先生的身世进行了调查,其内容如下:岩井尊闻(1877.3.19—?),奈良县人岩井尊美之长男,在奈良县郡山中学、第五高等学校学习后,明治三十六年(1903)毕业于东京帝国大学法学部“独法科”(“独法”即德国法,笔者注),同年7月被任命为海军主计中尉(所谓“主计”乃指军队中负责会计的军人,笔者注),

---

① “不作為犯”,岡田朝太郎校閲发行《刑事论集》第1号,有斐阁1902年3月出版。“民事詐欺と刑事詐欺”,《刑事论集》第3号,有斐阁书房1903年4月出版。《時事管見》第1册,大同书院1927年9月出版。《時事管見》第2辑、第3辑,岩井尊闻法律事务所1931年出版。《新舊手形法異同辯要領》,岩井尊闻法律事务所1932年10月出版。

② (日本)《法律新闻》,“講と掛込金の返還”,(大正)4年(ハ)第1253号,大阪区裁判所,1915(大正4)年12月15日刊行。

明治三十七年(1904)被任命为主计大尉,明治三十七年、三十八年参加日俄战争,依其功被授予旭日双光章勋五等鵄勋章。战后为清国政府所聘,兼任(日本的职位依然保留,笔者注)法律学堂教习三年,期满归朝。后登记为律师,在大阪开业。明治四十二年(1909)留学德国,于柏林大学研究商法、刑法,视察欧美各国后归朝,继续开展其律师业务至今。(《帝国大学出身名鉴》,校友调查会,1932年)[①]由此可见,岩井先生谙熟德国法,并且其研究生涯并不长,虽然归国后有留学之经历,并研商法、刑法,然归国后最终还是以实务工作为主,而著述并不多见。

如是看来,岩井先生来华以前在日本学术界或者实务界似乎并没有多大影响,似乎也并没有关于国法学的专著。其法学本科毕业后就开始了海军中的文官生涯,那么作为为沈家本认同的、与冈田先生和松冈先生等其他日本专家同台教习的岩井先生是如何得以被聘请来华的呢?很遗憾,笔者所掌握的史料并不能给出答案,能找到的唯一联系就是冈田朝太郎先生校阅发行的《刑事论集》第1号就刊登了岩井先生洋洋洒洒的长达107页的"不作为犯"这一事实。冈田先生在该刊的发行说明中言道:当时日本关于刑法和刑事

① 原文为:君は奈良県人岩井尊美の長男にして明治10年3月19日を以て生る。夙に奈良県郡山中学、第五高等学校を経て、明治36年東京帝国大学法学部独法科を卒業し、同年7月海軍主計中尉に任命、37年同大尉に任命せられ、37,38年日露戦役に従軍し、功に依り旭日双光章勲五等鵄勲章五級に叙せらる。戦後現役の儘清国政府に招聘せられ、法律学堂に於て教習三カ年なし、満期帰朝す。後ち弁護士を登録し、大阪に於て開業す。明治42年独乙に留学、伯林大学に於て商法刑法の研究をなし欧米各国を視察帰朝し、爾来引継き弁護士を開業、一般法律事務に従事し現在に至る。(『帝国大学出身名鑑』(校友調査会・1932)イ(ヰ)151頁)。详细参考西英昭:"清末民国時期法制関係日本人顧問に関する基礎情報",《法史学研究会会报》(12),2007年刊行,第114—130页。

诉讼法的教科书、注释书、参考书等很多，但很少有举至今很少论及的、最有意思、很难于实践中适用的和被广泛运用的等等问题，通过调查其沿革、比较学说、参酌判例立法例来进行充分研究的单行本论说，《刑事论集》的刊行目的就在于补此遗漏①。而作为该书刊的首次刊行，其所选的单行本论说就是岩井先生的大作。因此，可以推测出冈田朝太郎先生在来华之前就认识岩井先生，而岩井先生通过他的推荐来华亦不是全无可能。

另外，在《中国政府雇佣的日本人》所附之资料"中国政府傭聘日本人人名表(1903—1912)"②中亦寻得岩井尊闻先生之名字，相关记载内容如下。

月俸	职名	司掌	在本邦之官职	被聘年月	期限	出生地
银 350 元	京师法律学堂教习	国际公法、国法学教授	海军大主计	M40，11 (1907 年 11 月)	3 年	奈良

由此可知，岩井尊闻先生是在冈田先生和松冈先生之后被聘来华，主要担任国际公法和国法学的教习，签约年限亦为 3 年。至于其月俸"银 350 元"，这与前面所提四位专家的月俸差别颇大。如冈田先生的月俸为"银 850 元"，松冈先生的为"银 800 元"，在岩井先生

---

① 前注岡田朝太郎校閲发行《刑事论集》第 1 号，原文为："刑法、刑事訴訟法に関し、今日まで日本文を以って公にされたる教科書、注釈書、参考書の類は、之を他の法令に関するものに比ねるに、其数頗る多し、而れども特に其中の題目にして、従来余り論及せざるもの、最も興味あるもの、適用上甚だ困難たるもの、極めて広く適用あるもの等に就き、沿革を調べ、学説を比較し、判例立法例を参酌し、十分なる研究を遂げたる単行論説に至りては絶無の姿なり、今回刑事論集の発行を企てたるは此欠点を補はんとする微意に出つ。"

② 前注南里知树所编《中国政府雇佣的日本人》附表 1。

之后被聘请的小河先生的月俸为“银800元”，志田先生的最高，为“银950元”。这一方面是因为这四位先生都是以修律调查员兼任法学教习的身份来华，而岩井老师并不担任修律的工作；另一方面也不得不考虑到四位先生或是法学博士并在日本国内为大学教授，或是在日本国内的司法机关任职，而岩井先生则任职于海军部队，其与学科的匹配性和学术地位等亦大有不同。

三、国法学

在京师法律学堂的课程设置里，国法学是作为基础学科设置在正科的第一年中，同时我们又可以看到，在第二年的学科中还设置有宪法学。那么，所谓的国法学又是什么呢？它和宪法学有什么差别？根据日语词典《大辞林》的解释，其对应的德语单词为 Staatsrechtslehre，意为：“1. 以国家为对象，从法学角度考察其法之性质、形态、权限的分配等的学问。2. 关于宪法的学问。”仅就这个解释来看，很难区分国法学和宪法学。日本宪法学者穗积八束在其《国法学》的讲义中言道：“凡为国法之材料者皆和民法及其他法律所出相同，并无为国法特设之法律”，并将国法的渊源分为：宪法、习惯法、国际条约、行政命令及基于自主权的法律规定、皇家的家法。[①]由此，国法学中的“国法”二字不应该仅仅限定为“宪法”这一种法律。在熊元翰的总序中，将法律分为公法和私法，公法调整的是国家与个人的关系，而私法调整的是个人与个人的关系。同时公法中

---

① 穗积八束述，永泷久吉编辑：《国法学》（东京法学院23年度第3年级讲义录），东京法学院明治23（1890）年出版，第1—5页。

又包含两种,一种是“国家组织之法律”,即“国法”;一种是“统治人民之法律”,即“刑法”,并将“国法”定义为:“以研究宪法、行政法为目的之科学也”。由此可见,“国法学”在当时作为研究宪法和行政法的学问之统称。另外,在熊氏辑法学丛书中除了《国法学》以外,还有冈田朝太郎先生的《法学通论》之“宪法”卷和“行政法”卷①,被辑于本丛书的第二册。两者相较而言,虽然在体例之编排上大有不同,但内容所涉之范围并无大异。岩井先生并未刻意区分宪法与行政法,而是统分为四编,即从国家、统治权、统治机关和统治作用四方面分别叙述。不过两者讲述的重点各有不同,除了“讲述互有详略”,“可资参照,使读者不致墨守一家之说”②以外,就笔者之管见,冈田先生的讲义更偏重当时日本和中国制度的比较,而岩井先生更偏重日本和西方国家制度的比较③,这大约和冈田先生参与当时清政府法律之修订因而更为了解中国制度息息相关。

以上为本书之相关背景知识的简单介绍。点校者以为读本书不可不知其时代背景,书中一些见解亦是基于当时学界之通说,并不一定皆能适用于今日。然而,岩井先生在其著作中纵引该国制度之历史以铺垫陈述之,横涉各国相关制度以比较之,有提纲挈领之效,为当时的学人了解与国法相关的制度提供了良好的素材。另

① 冈田朝太郎先生之《法学通论》本为十卷,分为总说、宪法、行政法、民法、商法、刑法、裁判所构成法、诉讼法、国际私法、国际公法。熊氏所辑《法律丛书》将宪法和行政法合编出版。

② 熊氏所辑《法律丛书》第二册:《法学通论》(宪法、行政法)中熊元翰所识之例言。

③ 比如说:冈田先生在“行政法”一卷中的第一编“第二章 官治行政机关(官厅)”的“第二节 地方官厅之组织与权限”中分别列有“清国之列(例)”和“日本先行地方官制之要职”。而《国法学》中就多列德国、英国、法国等与日本比较而言之。

外，书中在引述诸多西方学者之言说时，多直接使用音译之中文，对于没有添注原文和没有添注其所引学者言说出处之部分，校者才疏学浅，未能将其与当代之译法一一对应，故多沿用其音译之名。同时，本书为外国学者以母语教习，能者从旁翻译，学生听以记之，故些许漏错在所难免，点校者只在能力范围中进行了一些修订。至于文中常出现日语中的汉字词汇，如请负（承包）、申込（申请）、手当（津贴）、手数料（手续费）、检束（束缚），等等，推测应该是译者仓促中漏译之词，当然其中不乏民国时期常用的词汇，如行政诉愿（行政复议），点校者皆对其以注释的形式进行了说明，但并不能臻于完善。总言之，由于点校者自身水平有限，经验不足，点校中存在的问题，尚祈读者指正。

魏　敏

2013 年 4 月 5 日于四帖半之陋室

凡　　例

一、本丛书为“清末民国法律史料丛刊”之“京师法律学堂笔记”。由熊元楷、熊元襄、熊元翰编辑。

二、原书为竖排，现改为横排。原文中“如左”、“如右”之类用语，相应改为“如下”、“如上”等。

三、原书所用繁体字，现统改为简体字。异体字在不损原意的情况下，径改之。

四、原文无标点符号或标点符号使用不规范者，一律以现在通行之标点代之。

五、原书文字有脱讹倒衍者，点校者予以更正，并加注释说明。

六、原书对外来语之翻译文字，如国名、人名，一律保持原貌，加注释说明。

七、原书中有些字、词在现代汉语中依然保留其义项者，如“发见”、“豫审”等，一律不作改动。

八、原书无段落划分或段落划分不清者，在点校、勘校时做适当划分。

九、原书所引之事实、数字及其他相关资料确有错误者，加注释说明。

十、所有注释一律采用脚注，每页重新编号。

例　　言

本编为日本岩井氏所讲述。岩井氏讲义甚略，而口义甚繁。编者斟酌损益，略者补之，繁者删之，不合中文体例者改正之。稿凡数易，而后成书。

讲国法学者，分宪法、行政法为两大部分，是为德国学派。岩井氏则谓宪法与行政法关系密切，须彼此互相发明。如讲公用征收法，必先说明宪法上之规定，次说明行政法上之方法，则所谓公用征收者，始能了然。故讲宪法时，兼及行政法，而讲行政法时从略。

冈田氏讲法学通论，有宪法、行政法可以参照。

统治权之主体，德国学者有两说：第一说，以君主为统治权之主体；第二说，以国家为统治权之主体，而以君主为国家之机关。冈田氏主张第一说，岩井氏则主张第二说。两说各有理由，读者以己意判断，择善而从，可免墨守一家学说之弊。

编者识

目　　次

第四编　统治作用

第三编　统治权之机关

第一章　君　　主

君主者，国之元首，乃总揽统治权之国家第一次机关也。然行统治权时，必据宪法之条规，循其所附与之权限。

各国宪法，君主所有之权限，大略如下。

一、法律之裁可及执行。

二、立法议会之召集、开会、闭会、停会及解散。

三、发紧急命令及行紧急处分。

四、发执行命令。

五、定官制及任免官吏。

六、统帅及编制军队。

七、宣战、媾和及结约。

八、戒严之宣告。

九、荣典之授与。

十、赦免及复权。

国家为无形之团体，必有自然人为国家之机关（为国家机关之自然人，普通称为总揽主权者。有国家即有主权，有主权即有总揽主权者，无总揽主权者，即不成为国家）。此种机关，谓之根本机关，又谓之第一次机关。何言之？国家一经成立，总揽主权之机关即首先成立，故谓为第一次机关。君主为总揽主权者之一种，因各国国体不同，总揽主权者不必定为君主也。君主代国家活动，无论立宪国、专制国皆同。从形式上、方法上观之，则各国不同。今之所论，专就立宪国之君主言之。立宪国家君主之总揽主权，宪法上定有限制。特君主在宪法上之地位与君主所有之权限，则各随其国情而为规定，不能一致。谓君主为第一次机关，乃就宪法最完全之国言之。君主之地位权限，就一、二国宪法言之甚易，就各国宪法言之甚难。今之所论，乃就各国宪法言之。讲义所列君主权限表，一至十，乃据日本宪法所规定，为君主之大权，但各国君主，皆有此大权，不独日本为然也。日本天皇，在宪法上为第一次机关，但日本多数有名学者，不以天皇为统治权之机关，而以为统治权之主体，其意见发源于日本宪法第一条"日本帝国万世一系之天皇统治"之语，理解甚为单简[①]。但各国宪法，皆有此一条。普鲁士宪法，亦云普鲁士王统治普鲁士国，亦将以普王为统治权之主体乎？从前普鲁士之学者亦有此议论，后来国法学发达，始不以此论为然。日本今日学者，犹以天皇为统治权之主体，与普鲁士从前学者之说同。诚如其说，天皇为统治权之主体，天皇死亡，则主体丧失，斯时之国家，将从之而亡乎？抑别有说乎？有辩护其说者，谓天皇者，为在皇位之自然人，天皇为统治权之主体，乃指无形之皇位而言，非指有形之自然人也。天皇虽死，皇位仍在，故日本皇位，实为统治权之主体。虽是附会前说，然已承认天皇非统治权之主体矣。天皇既非统治权之主体，则天皇为统治权之机关，已无疑义。但皇位为主体之说，亦不可从。国家

① 单简，旧述，即简单。下同。

为无形之体，必有自然人代表其意思，故国家所希望者，为自然人。皇位亦无形之体，与国家之无形同。国家不能自己活动，皇位亦不能自己活动，必自然人为之活动，彼谓皇位为统治权之主体，与谓国家为统治权之主体何异？日本宪法皇室典范所称皇位，特为尊敬天皇之名词耳。以吾辈之见解，皇位意义，与第一次机关意义相同。离皇位，即无所谓天皇；无天皇，即无所谓皇位。学者谓皇位为统治权之主体，天皇不得为主体，区皇位与天皇为二，非通论也。然于此又生学者之争议其争议之说，分为二派。

第一派学说，即日本法学博士穗积八束①所主张（达侍郎②赴东考察宪政，日本宪法一门，即系穗积博士所讲论，其学说当为中国学界所知）。穗积氏之言曰：天皇者，统治权之主体也；皇位者，统治权也。但不可误解主权与皇位为二，如某物在某物之上；亦不可误解如人有土地房屋，为法律所联属。今如其说下一结论，则当曰：天皇者，皇位之主体也。物必有其主体，主体即持有其物之人，如我有书，我即为书之主体，我有笔，我即为笔之主体。如穗积氏之说，皇位为统治权，天皇为皇位之主体，即是天皇持有皇位以持有统治权，与人有土地房屋何异？故其说不免矛盾。以吾辈之见解，非皇位为统治权，亦非天皇持有皇位。天皇者，行使统治权者也；皇位者，天皇之地位也。

第二派学说，谓天皇为统治权之主体，不得谓皇位为统治权，与穗积氏反对。此说乃源于历史上自然之事实，不能以法律上理论推求之，其理由甚为单简。然不准据法律，仅主张事实，亦不能无弊。

---

①　穗积八束：日本宪法学者，1860—1912年，法学博士。主张绝对君主论，反对天皇机关说。

②　达侍郎，指学部右侍郎达寿。

德儒黎尼苦[1]之言曰，君主制定宪法，而君主之统治权，往往受宪法之限制。前君主之统治权，后君主承继之；前君主所定之法律，后君主遵守之。前君主之统治权，既受宪法之限制，后君主之统治权，亦受限制，不能于前君主统治权范围以外，有所扩张。此就公法上公权之承继言之，若私法上私权之让渡，其理正同。就物权言，某甲将所有权让渡于某乙，某甲所有权之范围若何，某乙所有权之范围亦如之，如附属所有权之抵当权及其他物权，让受者不能使之抛弃而享完全之所有权。抵当权所以限制所有权，当某甲之时，所有权已受限制，至某乙让受之时，自然不能抛弃。债权之让渡亦然，如到一定期间取偿为债权之条件，让受者不能废其定期之条件，以期速偿，犹之所有权受抵当权之限制也。

以吾辈之意见，此种原则并非天然之原则，乃法律所规定之结果。民法上有此规定，即以此为原则。若宪法上则无此等规定，宪法上之统治权，并无一定之限制。况既以君主为统治权之主体，易一君主，即易一主体，前君主所定之法令，承继君主何以有遵守之义务？前君主受宪法之限制，后君主亦当受限制，若历代接续，则限制愈多，势必使统治权消归于无有，其弊一也；君主为统治主体，则与国家离而为二，国家成为统治权之目的物，与现在理论不合，其弊二也。

据日本宪法言之，君主不为统治主体，而为第一次机关。但穗积氏之学说，在日本最有势力。今举其谬误之点，分为三段说明：

第一，穗积氏谓天皇一面为统治权之主体，一面又为宪法上大权之主体。宪法上大权，指君主亲裁事项而言。亲裁事项，即宪法

① 黎尼苦，不详。

所列举,如任官、赦免、统帅海陆军等,非君主亲裁不可者,皆谓之大权。且谓天皇有宪法上种种大权,为日本特色。然立宪君主国,无不举君主之权限列举于宪法,正不独日本为然。各国宪法必明定君主之权限者,由宪法性质而来。宪法之性质,所以限制君主之权限。若君主权限不明定于宪法,即不成为立宪国。但取外国宪法与日本宪法比较,所定君主大权,原有广狭之分。日本君主之大权,其范围广;外国君主之大权,其范围狭。穗积氏以此为日本之特色,则凡立宪君主国,无国无此特色也。其误一。

第二,穗积氏之言曰,君主万能,不受其他之限制,而国家一切之事项,皆为君主权限以内之事项,故君主权力,本无拘束。其以立法属之议会,司法属之裁判所,乃君主自己拘束自己,其余事项,皆当亲裁,但委任亦可。若宪法上所列举者,则非亲裁不可,不得委任于其他机关,故为君上之大权。各国学者解释宪法,皆与穗积氏之说不同,穗积氏必如此解释者,乃以君主为统治权之结果。穗积氏以君主为统治权,故不得不如此解释。自吾辈言之,既以君主为统治权之主体,君主权力,绝对无限,则宪法上大权事项及其他事项,愿意亲裁则亲裁,愿意委任则委任,君主皆可自由。何以大权事项,非亲裁不可?又何以立法预算必归议会、司法必归裁判所?是君主有必须亲裁之事项,又有必须委任之事项,则君主亦受宪法之限制,不能谓绝对无限也。其误二。

第三,穗积氏以为君主大权,巩固尊严,非其他机关所能干预。不惟法律上不许以大权事项委之其他机关,即君主亦不能任意委之其他机关。推其主张之原因,实为尊重君主之大权起见。以吾辈之意见,并不必如此云云。凡统治权之行动,皆为君主之大权,宪法即不列举大权事项,但规定何者为议会之权,何者为裁判所之权,划清权限,自不能侵君主之权。故从法理上言之,日本宪法,即不列举君上大权,亦无不可。而穗积氏顾慎重言之,不亦傎[1]乎?不必列举何?君上大权,既列举于宪法,或至疑以所列举者为限。而属议会裁判所之事项,并非君上之大权,亦理论上应有之问题也。其实议会者,协赞[2]天皇行立法权者也;裁判所,以天皇之名执行法律者也。故立法司法,亦属君上之大权。正不独宪法所列举者,为君上之大权也。其立法必须议会协赞,司法必须裁判所执行,乃统治权行使之形式,即大权事项,亦统治权行使之形式也。何言之?大权事项,并非由君主专断,必由国务大臣副署,始有实施之效力。大权中惟荣典之授予,无须大臣副署,其余皆须大臣副署。故立法也,司法也,大权事项也,谓皆为君主之大权可也;议会之协赞也,裁判所之执行也,国务大臣之副署也,谓皆由君主之委任可也。穗积氏解释宪法上大权,仅指大权事项而言,即亲裁事项,不能委任其他种机关。陈义未免太狭。日本宪法第十七条云:"摄政者,以天皇之名行其大权。"如穗积氏之说,则摄政所行者,惟大权事项,对于议会裁判所之事项,不得与闻,有是理乎?其误三。

总而言之,君主非统治权之主体,亦非宪法上大权之主体,乃统治权之机关耳。依此理论,宪法上可不必明定大权事项。盖宪法者,规定君主所有之一切权限,非专定君主大权之法律也。故君主除行使统治权之外,并无特定之权。日本宪法,虽曰钦定,然宪法发

① 傎,错乱失次之意。
② 日语,表示赞成并协助之意。下文同。

布以后，与宪法发布以前，君主所有之权限，性质全易矣。

奥大利[①]君主在宪法上之地位。奥国为奥大利、匈牙利联合之王国，故其王为两国之共主，称为奥大利皇帝，兼匈牙利圣王，特此二国之联合，非人的联合，乃物的联合。按物乃事物之物，非品物之物。其联合国中，有利害相关之事物，结合共同之机关，以处理之，是之谓物的联合。匈无君主，以奥之君主为君主，先为人的联合，后乃于宪法上定两国同奉一君主，而处理共同之事物，谓之法律的同君国，故现为物的联合。所谓共同事物者，（一）外交；（二）陆海军；（三）关于共同支出之财政，三者之外，皆各国自为之。岩井氏[②]谓非人的联合，据现在言之耳，其初固人的联合也。故奥皇又称为联合国政府之首领，其在联合国有统治权，与日皇无异。但奥与匈各有其国之议会，奥匈联合国，又有联合国之议会。联合国议会议员由两国共同选举。为一国之利益，制定法律，则由一国之议会协赞；为联合国共同之利益，制定法律，则由联合之议会协赞，而奥皇有裁可之权。与日皇相同，奥匈两国各有宪法。宪法者，所以限制君主之权限者也。故奥国宪法，有限制君主权限之处（奥国宪法，谓之プラグマチックサンクシヨン[③]，即钦定宪法之意）匈国宪法亦然。奥匈两国联合，而两国臣民在宪法上所享之权利，彼此平等。匈牙利向为奥大利所征服，使奥不予匈以自治权，亦无不可。而奥皇以为立宪政体，一切国民，宜以平等看待，故予匈以自治权。惟改正宪法之

① 奥大利，即奥地利，下文同。

② 岩井氏，即本课之为讲义者——岩井尊闻。

③ 应是指“Pragmatic Sanction of 1713”，日语又称其为“国事勅书”，中文称“国事诏书”。“勅”，日语写法，指天皇写予特定人物或组织的文件。类似中国的“敕书”。

权,属于君主,与日本同。但日本系单独国,奥大利系联合国,国家之组织不同,故各有特别制度。奥匈两国,各有自治权,各有政府,又有公共之政府,实为奥国之特色。至公共政府之组织,与奥皇有如何之权限,亦须说明。公共政府:(一)会计检察院;(二)外务大臣;(三)军务大臣;(四)度支大臣。奥皇由各大臣补助,总揽国政。外务大臣,掌外国交涉及通商事宜。其可异者,以外务大臣兼帝室事务官。如中国之内务府大臣,日本之宫内省大臣。此等制度,为他国所无,其理由尚待参考。军务大臣,掌两国常备兵及临战兵。关于武备之事,奥皇无甚权力,因编制军队,由奥匈两国议会议决,故君主无权。自吾辈言之,此等制度,实非完善。军队之增减,各归议院主持,平时不能统一军政,战时不能通筹全局,于实际上窒碍甚多。奥皇常请求两国议院,为统一之计画,惜不为议院所许可。至战时统帅军队,平时任免武官,其权仍操之奥皇。度支大臣,掌两国豫算。帝国每年支出之款,由两国分担,其分担之额,由度支大臣定之。至两国公共财产及公共收入,亦由度支大臣处分。以上各大臣办事之权限,皆由奥皇指挥监督,故各大臣之权限即奥皇之权限,奥皇之权限在行使统治权以外,无所谓大权也。

德意志皇帝在宪法上之地位。现在德意志帝国,由历史上多数之变迁而成,德皇地位亦然。当一八〇六、七年时代,德意志联邦中,惟奥皇最有势力,而普鲁士亦为联邦中之一大国,其权力逐渐发达,与奥大利势不两立,故出于战争。自普奥战争后,德意志分为南北两部,奥大利王为南部联邦之首领,普鲁士王为北部联邦之首领,北部联邦之势力,惟普王独占优胜地位。但当日之联邦,并未成今日之联邦耳。当日联邦为并立的,今日联邦为统一的。当时联邦关系,犹是国际关系，当时联邦宪法，与今日帝国宪法不同。（一）性质不同。宪法规定各邦之权限，其性质与国际条约无异。（二）名称不同。今日宪法，称德意志帝国宪法，当时宪法，称德意志联邦宪法，故宪法上并无德意志皇帝名称。但各联邦公共事业，以何名义行之？其名义有三：

（壹）行政首长。凡立宪君主国，政务属于君主权限以内者，则属之行政首长，君主权限之内容若何？（一）对于外国，联邦以外之国，代表联邦。（二）召集联邦协议院。联邦协议院，以各邦所举代表者为议员，代表各联邦。（三）召集联邦议会。联邦议会，以各邦人民所举代表者为议员，代表各联邦人民。（四）任免联邦大宰相。联邦大宰相，即国务大臣之负责任者，但只有一人，与日本有多数国务大臣不同。（五）起草通行各邦法律之议案及公布法律。（六）任免联邦官吏。办各邦公共之事之官吏，谓之联邦官吏[①]，今谓之帝国官吏。（七）监督各邦行政。各邦行政，究于联邦全体有无窒碍，由行政首长监督，联邦官吏，亦在监督之下，自不待言。以上所举，皆以行政首长之名行之。

（贰）联邦大元帅。大元帅为联邦总陆军总指挥官，联邦各有陆军，各联邦共同组织之陆军，谓之联邦总陆军。凡关系军队之事，皆大元帅所掌：（一）监督军团充实与否。（二）监督军团教育。（三）检阅军团阅兵。（四）定联邦常备兵额。（五）编制军队。（六）防御要塞。炮台要害之布置。（七）宣告戒严令。戒严令，乃因戒严时，与人民权利有妨碍，停止常法之效力，另以法令限制人民之自由，及其财产之谓。宣告戒严令，乃国家以战时之状态，警告人民，而实施戒严令之谓。（八）强制的执行联邦行政，以上所举，皆以联邦大元帅之名行之。

---

① 原文为“官史”。

（叁）普鲁士王。凡关系海军之事，皆普鲁士王所掌：（一）指挥联邦海军；（二）编制海军；（三）检阅海军；（四）定联邦海军兵额；（五）监督海军充实与否；（六）监督海军教育。以上所举，皆以普鲁士王之名行之，为当然之事。试检阅德意志地图，凡海岸地悉属普鲁士，联邦中惟普有海军，故海军应属普王管辖。惟自由市另有海军者，不在此限。

此三种名义并非以三人为之，乃普王一人兼有三种资格。但三种资格中，又有受限制与不受限制之区别。以行政首长之资格办事，须受联邦协议院之限制。盖立宪君主国，凡事必经议院协赞，且必须大宰相副署，始有实施之效力。行政首长之权限，君主之权限也，故不得不受限制。以联邦大元帅资格办事，指挥陆军。无须大宰相副署。以普鲁士王资格办事，指挥海军。亦无须大宰相副署。如北部联邦臣民，当服海军军务之时，宣誓愿尽忠实，系专对于普鲁士王而宣誓，愿服从其命令。非对于联邦而宣誓也。以此知普王办理军务之权，不受其他之限制。惟普王虽兼有三种资格，而联邦宪法上，并无统一之名称，惟刑法法典有云凡侵犯联邦首长者治罪加重。联邦首长，即指兼有三种资格之普王而言，学者谓自刑法上有联邦首长之称，遂变普鲁士王之资格，为德意志皇帝之资格。其实不然，当时虽称为联邦首长，而并无皇帝之名称，后来南部与北部立约，南北合一，弃南部北部之名，直名曰德意志联邦，于是取北部联邦宪法，重加修订，改为德意志联邦宪法，宪法第一一条云，普鲁士王为联邦行政首长，但普鲁士王行联邦首长之权时，许以德意志皇帝之名行之。又巴威伦王①与普鲁士

① 巴威伦，疑为“Bayern”，今译拜恩、拜仁等。中文中常以其拉丁文名称 Bavaria 的汉译“巴伐利亚”称呼之。下文同。

王书云:朕与陛下应通知各邦,以后行行政首长之权时,以德意志皇帝之名行之。此实为皇帝之名所自始。一八七〇年宪法第十九条云:凡前应称大元帅之处,改称行政首长,大元帅与行政首长,合而为一。然宪法六十条尚有大元帅称号。又有一条云:德意志联邦海军由普鲁士王指挥。是三种名义,宪法上并未消灭,即联邦中所结条约:关于海军仍用普鲁士王之名;关于陆军仍用大元帅之名;关于行政仍用行政首长之名。是时虽有德意志皇帝之名称,而从前三种名义,仍相沿未改。现在联邦宪法,凡从前称行政首长者,均改称皇帝,即刑法上亦改称皇帝,关于海陆军政,皆以德意志皇帝之名行之。考历史上之沿革,德意志皇帝在宪法上之名称,可分为三时期:第一,兼有三种名义之时;第二,改称德意志皇帝而仍不废三种名义之时;第三,全废三种名义,称为德意志皇帝之时。但德意志皇帝在宪法上之地位,有宜注意者二:

(一)德意志皇帝与立宪君主国君主不同。德意志宪法第一七条第一项云,德意志皇帝,凡行处分之命令,须以德意志帝国之名义行之。同条第二项云,凡命令处分,非经大宰相副署,作为无效。由是观之,德皇办事之权,有两种限制:(1)须以帝国之名,(2)须大宰相副署。但从前宪法,北部联邦宪法,止[①]言行政事务,以行政首长之名所行之事务。须大宰相副署,若以大元帅及普鲁士王之名义行事,海陆军政。则无须副署。今据一七条之规定,无论何事,均须副署,则与从前宪法不合,亦为事理所必无。故解释一七条之意义,范围不可太宽,当依从前宪法解释,始为正当之解释。或疑德皇昔为

① 止,仅、只之意。下文同。

行政首长，行政首长之权限，君主之权限也，其权限与立宪国之君主同，今为德意志皇帝，其权限较大于昔，何以谓与立宪国之君主不同。盖据宪法一七条之规定而知其有不同之点焉。昔为行政首长，凡处分命令，以行政首长之名行之，与立宪国之以君主之名行之者，无甚差异。今为德意志皇帝，凡处分命令，不能以皇帝之名行之，必以帝国之名行之，其权力之狭隘，为立宪国君主所未有。故立宪国君主为主权总揽者，德意志皇帝非主权总揽者，此其所以不同也。然于此又生两种问题：(1)德皇非主权总揽者，然则主权总揽者谁欤？(2)德皇非主权总揽者，是否为帝国之臣民？欲解决此两种问题须观察德意志帝国如何成立。德意志帝国，系各联邦及自由市组成。自由市有三。德皇办联邦全体事务，须用帝国之名，故主权总揽者，为各联邦及自由市。德皇对于帝国议会，以政府之名行之。如开会、闭会、召集等由德皇一人决定，但表面上不可以皇帝之名，又不便以帝国之名，故以政府之名行之。是德皇为帝国政府之一人，非帝国之臣民也。

（二）德意志皇帝与立宪民主国大统领不同。大统领以私人之资格论，乃共和国臣民中之一分子。以公法之资格论：(1)乃由人民所选举之官吏，主权者对于官吏有任免之权，官吏办事之权，为主权所付与。德皇不然，并非为德意志主权所任命之官吏。德意志全国，无能任免皇帝之人。德皇行使行政首长之权，为自己固有之权，非由于他人之付与，其不同者，一也。(2)大统领对于议会，须负责任，德皇对于议会，不负责任，其不同者，二也。德皇既非君主，又非大统领，究竟居如何之地位？以吾辈之意见，下一结论，则当曰：德皇者，德意志之组成员也，亦可曰主权之共有者。关于此问题，又分两种学说，第一学说，为德人马尔抵斯非写耳①所主张，谓主权贵乎统一，断无可以分有之理。德意志主权，系德皇与他人分有，即共有。主权可分，即不成其为主权，则谓德意志国家，为无主权之国家可也。第二学说，为红末耳②之学说，谓近世国家，大概分为君主民主两种，代表君主国者曰君主，代表民主国者曰大统领，德皇既非君主，又非大统领，则德意志帝国，并非完全之国家。是二说者皆误也。研究德皇之地位，须知德皇原系普王，普王者乃普鲁士国主权总揽者，普鲁士国为组成帝国之一国，普鲁士王为组成帝国国权之一员，故曰德皇者，乃德意志帝国之组成员也。质言之，普鲁士国，为德意志联邦之一分子，普王总揽普国主权，为德意志国总揽主权之一部分，但此并非普王特别之点，其余国王，皆总揽其国之主权，撒国③王为撒国主权总揽者，巴国④王为巴国主权总揽者，皆为德意志国总揽主权之一部分。故曰德皇者，乃主权之共有者也。以此可知德意志国确为完全之国家，不过与其他国家性质不同耳。并可知德意志国家，确为有主权之国家，不过与其他国家主权性质不同耳。然于此有宜注意者，以下分为数段说明。

第一，当知德皇为总揽主权之一部，与各联邦君主同，而有一种特权，则与各联邦君主异。特权何？即行政首长之权也。按：行政首长，岩井氏于此处改译统领，易与大统领混，故宁从原译。故德皇权力，在各邦君主之上，各邦行政与德意志帝国有关系者，德皇得以行政首长之

① 马尔抵斯非写耳，不详。
② 红末耳，不详，可能为 Hommel 霍梅尔。
③ 撒国，德意志联邦构成国之一。此处为略称，故难以考证。
④ 巴国，疑为前文所举之“巴威伦”，即巴伐利亚州，德意志联邦构成国之一。

权监督之，其于帝国有妨碍者，得干涉之，此等权限，为各邦君主所无。

第二，当知德皇为德意志主权之一部，非主权之全部。德皇权力，在各邦君主之上，以其有行政首长之权故耳。然德皇亦仅能于行使行政首长之权时，可发布命令于各联邦。至各联邦之内治，与帝国全体无关系者，各联邦君主，各有自主之权，并不受德皇权力之支配。是德皇仅能行使主权之一部，不能行使主权之全部也。

第三，当知德意志帝国，与人的联合不同。人的联合何如？白耳义他书多译作比利时王兼为非洲公果他书或译作孔戈，或译作刚果国王是也。白公两国，各有自主之权，虽共戴一王，而两种主权，不能并合为一。故人的联合之结果，两国不能连络。若德意志帝国则不然。普王本有普鲁士国之主权，以行政首长之权加入之，两权并合，成为德意志皇帝之权利，若普王无普国主权，则行政首长之权，无所附丽，因不能为普王，即不能为德皇也。故普国主权为主权利，行政首长权为从权利。

第四，当知德皇行政首长之权，乃得之德意志帝国者，非由于联邦之委任。（德国学者查依得尔[①]谓由于联邦君主之委任，其说大谬。）委任何？乃主权者对于臣民而任命之之谓也。德皇非联邦君主之臣民，恶得受联邦君主之委任？以吾辈之意见，则当曰德皇者，乃第一次机关也，乃德意志帝国之机关，非各联邦之机关。联邦各国对于德意志帝国有两种资格，分而观之，皆为组成德意志帝国之一员；合而观之，皆当服从德意志帝国之命令。德意志皇帝，直接为帝国政府中之一人，各联邦君主，为联邦协议院之议员，止能间接与

① 查依得尔，不详。

闻帝国政事，其权力远在德皇之下，则德皇非由联邦委任之理益明。

第五，当知帝权之主体何在，北部联邦宪法第一一条云，行政首长之权属之普鲁士国之王位。现在德意志宪法，则言行政首长之权属之普鲁士王。王者，有形之自然人也，王位者，无形之地位也。然则帝权之主体，果属之普王之自然人乎？抑属之普王之地位乎？那板德氏[①]谓王与王位，初无区别，故此等问题，并无研究之价值。罗美氏[②]谓王与王位，显有区别，故此等问题，为必当研究之问题。他不具论，即摄政一端，非先解决此问题不可。以德意志宪法，并无摄政之规定，惟普鲁士宪法有之。普鲁士宪法不能适用于德意志，德意志宪法以普王为帝权之主体，则帝国之主权，非普王自己行使不可。虽有事故，不得设置摄政，即设置摄政，亦为普鲁士之摄政，非德意志之摄政也。

以吾辈之意见，则不以罗美氏之说为然。德意志宪法第一〇条云，德意志皇帝，以普鲁士王为之。是普鲁士王为德意志皇帝之要件，普鲁士王为完全君主，即是德意志皇帝。若普王不能亲政，或未成年，或有疾病，而置摄政，是普王与摄政合而为完全君主，即是德意志皇帝，摄政为普王之半身，即为德皇之半身。既为普王之摄政，即为德皇之摄政。普王之置摄政也，依普国宪法之规定。德皇之置摄政也，亦依普国宪法之规定。因德皇与普王，不可分而为二也。普国宪法，本以适用普国为限，但其影响有波及于德意志全国之时，此类是也，故帝国之主权，属于普王也可，属于普王之王位，亦无不可也。

第六，当知帝权之内容如何。帝权之内容，分二种：一施政权

---

① 那板德，Paul Laband(1838—1918)，德国有名的国法学学者，今译拉班德。

② 罗美氏，不详。

(Regierungs Recht)，二身上权(Personliche Recht[①])。欲知德皇在宪法上之施政权，德皇之权利，如税务军务邮电等，皆有密切之关系，观各项章程自知，兹不赘。当先知德意志帝国在法律上之性质，德意志在法律上之性质，为公法上大国家组合。组合者，私法法人也。国家者，公法法人也。组合按私法上之原则办事，国家按公法上之原则办事，其性质回殊。德国国家之成立，与组合之成立略同，兹称为大国家组合者，就成立之形式上言之也。联邦中之各邦，为组合员。组合与联合同，详行政法。德意志宪法，即组合合同；或曰定款。德意志帝国机关，即组合机关；德意志帝国皇帝，如组合中之董事，德皇为帝国全体办事，与董事为组合全体办事同。德皇对于各联邦，非以君主之资格为辖属之关系，乃以董事之资格代团体办事而已。观此，可知德意志帝国在法律上之性质，即可知德皇在宪法上之权利矣。兹将德皇所有施政权，分说于后。

(壹) 对于第三者有单独唯一之代表权。单独唯一云者，非无限制之谓，其谓单独使用代表权，于代表权之外无权也。代表权分为二种：(甲)国际法上之代表权。国际交涉，可为德意志帝国代表者，以德皇及由德皇所派遣之公使为限，其他机关，不能代表。即帝国议会及协议院，只能协赞德皇，不能代表国家，故代表国家，为德皇之权利，亦即德皇之义务。但德皇与外国结约，必经帝国议会及协议院之承诺，否则失其效力。至关于条约上之内容，法律上有一定之限制，德意志宪法第一一条第一项规定，德皇对于第三者有宣战媾和及同盟之权，但缔结一切条约，须以帝国之名行之。(乙)国内法上之代表权，又可分为二种：(一)国内公法上之代表权：(1)帝国官吏对于德

---

① 即 Persönliche Recht，个人权。

皇，可以要求增加俸糈。(2)颁布法律，可用德皇之名行之。(二)国内私法上之代表权。如募集公债、卖渡财产，皆可以德皇之名行之。

(贰) 政治权，Regierungs Recht(政治二字之意义，有广有狭。就广义言，则代表权亦赅括其中；就狭义言，则专指内政而言也)。德皇所有之政治权，即内政权，法人之成立，公司国家，皆谓之法人，但有公法私法之分。必备两种机关：一代表机关，一办事机关。代表机关何？即对于第三者代表法人，为法律行为是也。公司之买卖行为，国际之交涉行为，皆谓之法律行为。办事机关何？即执行业务是也。执行业务何？为达法人之目的起见定办事之种种规则是也。此两种机关，有以一身兼任者，有分任者。代表人在公司中以一身兼任两种机关，故对于外部代表公司，对于内部执行业务。德皇在德意志帝国，亦以一身兼任两种机关，故对于外部代表德意志国家，对于内部执行业务。执行业务，学者称为 Geschaftfûlnung①，执行业务权。执行业务，为私法上之名词，非公法上之名词，但德皇之政治权，实与执行业务之意相通，故借用之。执行业务权，或谓之 Executive，有行政意，即以执行业务为行政权利。以吾辈之意见，当解作行政权，以此种权，乃一种权力，非权利也。德皇执行业务权，并非漫无限制，所办之事，必须帝国议会，及联邦协议院协赞，始有实施之效力。其办事权限，为法律所规定，不能自由行动，破坏法律。至执行业务为何种业务，宪法上皆有明文。宪法第一二条之规定，凡帝国议会联邦协议院之召集、开会、闭会、延期，如开议以三月为止，如有重要事件，更延长一月，谓之延期，皆德皇主之。第一五

① 即 Geschäftsführung。

条，德皇有选任联邦议长之权。第七条第二项，各联邦提出之议案，德皇有交议权。交议与否，权在德皇。第一六条，凡已经联邦协议院议决之案，德皇有以自己之名，提出于帝国议会之权。第一七条，经帝国议会及联邦协议院之协赞，制定法律，德皇有施行之权，各机关执行法律，由德皇监督之，且得以宪法为根据，有发命令权。三六条第二项参看。第一八条，德皇有任命大宰相之权。德国大宰相，与日本国务大臣不同，大宰相权力非常之大，至称为负责任之皇帝，任命之权，虽操之德皇，而办事实权，则操之大宰相，且德皇只能任命大宰相，不能免黜大宰相，只能命其休职而已。第十一条，德皇有外交权。各联邦与外国交涉事件，德皇得整理之，与五六条参看。德皇办外交之权甚大，学者谓为无限之权。有疑外交权即是代表权者，其实不然。代表者，言其人有如何之身分也，外交则为执行业务之一种，故代表与外交当分而为二。例如公司中理事，对于第三者声明自己在公司之资格，有代表公司之权，其与第三者为买卖行为，仍是执行业务。德皇对于第三者声明自己在德意志帝国之资格，有代表之权，其办理外交，仍是执行业务。第六八条，德皇有指挥军队之权：(1)与外国有战争时，军队之活动，德皇主之；(2)联邦中有不服从帝国命令者，德皇可统率军队以征服之；(3)各联邦人民，有谋内乱时，德皇可宣告戒严，统兵以削平内乱。以上所举，皆德皇之执行业务权，为宪法所规定者。然德皇之权，有为宪法所未规定者，犹有二种。一为[①]德皇有行使国权于阿尔札斯[②](Alsass)、鲁朵林克[③]

---

① 此处又为“第一”，编码甚乱，故改为“一为”，以下类推。
② 阿尔札斯，德语 Alsass，即今日阿尔萨斯大区。
③ 鲁朵林克，德语 Lothringen，即今译洛林省。

(Lolhlingen)二州之权。普法战争,法割二州与普。德意志帝国,本各联邦组织而成,二州则非联邦,亦非联邦之属地,为德意志帝国直接管辖,由德皇行使国权。因得二州在制定宪法之后,故宪法上无明文。而宪法之精神,则惟许德皇行使国权,各联邦君主不得从而干预也。何言之?帝国宪法之规定,德意志帝国之安宁秩序由德皇维持,使各联邦争辖二州,则违反国家之安宁秩序,为宪法所不许。故惟德皇能行使国权于二州,为当然之事。二为德皇于阿非利加[①]有保护领土权,德语谓之 Sutzgebiet[②]. 此等领土,并不成为德意志帝国领土,亦非德意志保护国,其事甚暧昧不明。从实际上言之,不过为德意志国际法上之一部分耳。因外国认德国在此领土上行使主权,一切交涉事件,由德意志负其责任,为国际法上之关系也。保护领土,由德皇行使主权,为一八七一年法律所规定,非宪法所规定也。按前以施政权、身上权并举,施政权者,施行政务之权,身上权者,专属自然人之身体上之权,以上皆言施政权,而身上权竟未提及,不免疏漏。

英国君主在宪法上之地位。英国宪法,与他国不同,英国君主之地位,亦与他国君主之地位不同。他国有成文宪法,君主之地位,宪法有明文规定,英为不成文法国,无统一之法典,英国君主之地位由宪法历史之变迁而来。宪法历史之变迁何?条顿民族(Anglo,安克鲁[③],Saxon,沙克逊[④],为条顿民族之一种)在欧洲大陆之时,本有自治制度。自条顿民族入英国,亦带自治制度而来,而自治制度,遂

---

① 阿非利加,疑为 Africa,非洲。
② Sutzgebiet,疑为"Schutzgebiet"之误。
③ 安克鲁,今译盎格鲁。
④ 沙克逊,今译撒克逊。

为英国宪法之根据。自治制度何?各部落之事,经团体协议而行,无所谓君主也。而英国本有之民族,为 Briton 普里颠[①]民族,不用自治制度。彼此种族不同,制度不同,因之从事战争,殆无虚日。于是条顿民族,改行封建制度。封建制度,本与自治制度不相容,因激于外族之竞争,遂分为多数小团体,使人自为战,亦一时权宜之计也。各小团体,各有君主,其君主由团体选举,即位之日,须对众宣誓,不为一切秕政。表面虽为封建,而精神仍为自治。故自治制度,实为后来议院之基础。其后法兰西北部 Norman 诺尔曼民族侵入英国,征服条顿民族,建立诺尔曼王国,创业者为威廉孔可拉[②],纯用封建主义。而条顿民族,仍保存其固有之自治制度,永久不忘。

威廉孔可拉为不世出之英主,虽实行其侵略之政策,而仍欲博推戴之美名。故不欲失条顿民族之民心,遂一变其行政之方针,一切从旧日之习惯。自己乐与同化,维持条顿民族从前之制度,以维持自己之地位。威廉孔可拉为英国最先之君主,为笼络民心起见,故当时君权并不甚大。其后君主之地位,随宪法历史上之种种变迁,而成为今日之情形。今日英国君主,并非主权总揽者,不过为内阁行政长官之一耳。以英国君主与他国君主比较,他国君主之权,宪法列举之,为君主之完全权,英国君主之权,宪法并无规定,故英君主所享有之权,不能完全。

但英君主以个人之资格对于臣民,亦有两种 Trerogative[③]特权:一、政治上特权;二、身体上特权。政治上特权,又分数种:

---

① 今译不列颠。

② 威廉孔可拉,今译威廉公爵。

③ “Privilege”(德语)或“Prerogative”(英语)之误,即“特权”之意。

第一，Capacitq[①]，其后学者 Blackstone，普拉克斯登[②]，改名曰 Direct Coergative[③]，直接特权，一曰固有特权。此种特权，属于君主之一身，为专属权。直接特权又分三种：

（一）不死权。英之君主，以自然人为之，而英之臣民，则认君主为单一法人，自然人无不死之理，而法人则永无死亡之时。国家一日不亡，君主一日不死。普通法人，必二人以上之组织，无所谓单一也。单一法人，则以现在君主为法人之中心，而在其前者有祖父，在其后者有子孙，历代相传，为单一之承继。故据现在言之，谓之单一法人，合过去未来及现在言之，亦谓之直系法人。单一法人之资格，每适用于皇位承继之时，其承继也，即用普通法。民法承继法。以单一法人之资格，乃传之于祖宗，祖宗对于臣民所享之权利，即为承继君主所享之权利，祖宗所负之义务，即为承继君主所负之义务。自然人虽有变更，而应享之权利，应负之义务，则永无变更，此法人之所由称为单一也。所谓不死者，即指单一法人而言，非指自然人而言也。此英国特别情形，为大陆诸国所未有。

（二）不为恶之权。不为恶者，非谓君主有不为恶之义务，乃谓君主尊严，必不为恶，故虽有恶事，亦不认为君主所为，即君主不负责任之意也。（王不为恶，英语谓之 King can not do wrong，即王不能为恶之意，乃出于法律上之拟制。谓王虽为恶，亦不认为王之恶。故为王之权利，非王之义务。若改 Can 为 may，则是义务，非权利也。德国学者 Ilatschuke，[④]著有英国宪法学，即英国国法学，言王不

① 不详。

② 普拉克斯登，即布莱克斯通爵士，Sir William Blackstone(1723—1780)。

③ 疑为“Prerogative”之误写。

④ Ilatschuke，不详。

为恶为一种权利甚详。）因有此不为恶之原因，遂生两种结果。（1）无论何人对于君主不能兴讼，君主或用压制手段，虐待臣民，臣民只能请愿哀恳之意。君主求其改革，英语谓之 Petition of right，权利之请愿。（2）君主所享权利不计时效，永无消灭之期。时效分二种，一取得时效，二消灭时效。因时效制度，为儆权利者之懈怠起见。权利者自己不行使权利，故法律上定有一定时期，过期消灭。懈怠者，过失之谓也。王不为恶，不能谓王有过失，故时效制度，不能适用。但权利不计时效，亦非绝对原则，其出于例外者有二：①民法上之例外。君主对于人民，有不动产之请求，若过六十年不起诉，则不动产之权利消灭。②刑法上之例外。（甲）人民谋杀君主罪，若三年之内不起诉，即用期满免除之例，以后不得诉追；（乙）漏税罪已过三年，不得起诉（税为国家之税，非君主之税，而漏税罪之起诉权属之君主。何也？因英国学者，相沿如此，故吾辈从之）。

（三）不可侵之权。为君主最重大之权，若漫无限制，将启人主骄横之渐，故英德日本诸国，君主不可侵之权，皆受法律之限制。英国国体，与诸国不同，其限制亦较诸国为甚。英国君主，既受法律之限制，又可以自己之意思限制自己之意思。故英君主不可侵之权，范围最狭，不过在法律范围之内，有此特权而已。其特权之属于法律范围以内者，分为二种：（1）财产优先权。例如某甲对于某乙有债权，君主对于某乙亦有债权，此两种债权经某乙约定同日偿还，应先偿君主，不得先偿某甲。因私法上之权利，先尽君主取得，不许人民与之竞争，即君主不可侵之意也。（2）诉讼上特权。诉讼法上，无论何人，皆有为鉴定人及证人之义务，独对于君主，不能令其至裁判所为鉴定人及证人，亦不可侵之一端也。

第二,一般特权。

(一) 对于外国,有代表权。

(二) 派遣使臣之权。

(三) 对于外国公使,有接受拒绝之权。派遣公使,接受公使,议会不得干预。

(四) 有认外国主权者为主权者之权。对于外国主权者,是否认为主权者,则我国家之待遇不同,此欧美之通例也,英国君主,对于外国主权者,有认否之权,英国人民及裁判所,不能干预,盖英国裁判所之权甚大,凡事皆能干预,其不能干预者独此耳。

(五) 指挥军队权。亦分数种,(1)宣战媾和①;(2)指挥海陆军;(3)任命海陆军官吏;(4)战时捕获敌国军舰及军人;依海上捕获法办理,另详国际公法;(5)港口封锁,抑留战国游弋船舶;(6)宣告局外中立,皆为君主在军事上应有之权,但维持海陆军,如编制训练造船配械等事。则必须议会协赞,至关于海军,君主有征兵权,法律上有明文规定。关于陆军则无明文。惟征兵之时,有种种限制:(甲)二年间航海者,无论其在商船邮船;(乙)三年间从事海务者。非海航之人,乃经营航海事业之人;(丙)五年间从事海军勤劳者,如船、厂工人之类,以造船为海军之基础,故称为海军勤劳。遇以上各种人,皆不得征之为兵,但微有区别。第一项人,绝对不能征之,第二、第三项人,则以一定之时期为限,过期仍可征之,以二年为限。特英国现在,皆系志愿兵,略如中国之召,募当兵者皆出于自愿。征兵之法,久成虚设耳。

① 原文为“媾如”。

（六）司法权。英国最高裁判所，即议会，乃以君主之名，行使司法权，故关于司法事项，亦属君主之特权。但据国法所设之裁判所，君主不能改废。君主在司法上之特权，亦分数种：(1)有新设裁判所之权。新设裁判所：(甲)有在内地者。如内地旧有之裁判所，辖地太广，诉讼甚繁，君主可发命令，于旧有裁判所之外，另设一裁判所。(乙)有在殖民地者。如新得一殖民地，即设一新裁判所是也。但新设裁判所之时，不可与国法相冲突，设在内地，当依内地普通法，设在殖民地，当依殖民地法。(2)赦免权，所谓赦免权者，乃君主对于已经裁判之案件，有赦免之特权也。赦免权分为三种：(甲)大赦。为效力普及之赦。(乙)刑之变更。即减刑。(丙)刑之犹豫，经过若干期限，免除刑之一部。君主在内部行赦免权，由君主自己行使，但须内务大臣副署，在殖民地行赦免权，可委之殖民地之总督，(或长官)代君主行使。但君主之赦免权，并非绝对的，法律上定有种种限制。(甲)对于将来之犯罪，无赦免权。按中国古时，待有功之臣，有赐铁券，免三死者，即对于将来之犯罪，行赦免权，虽原本议功之意，而实不可为训。(乙)对于议院之弹劾，无赦免权。国务大臣，有不法行为时，由议院弹劾治罪。(丙)赦免者，赦免刑之执行，不能赦免其犯罪也。即不能谓其所犯之罪为无罪。例如国会议员，由贿赂而得，行贿[①]有应得之罪，有应科之刑，只能赦免其刑，不能赦免其罪。(丁)对于犯 Pralmunre 普列姆尼耳之刑者，无赦免权。普列姆尼耳，为一种最重之自由刑，徒、流，系威廉三世所创。当威廉三世时，以耶稣教为国教，反国教者奉天主教，不奉耶稣教者。谓之反国教。

① 原文为“行赂”。

处此刑，自后推而广之，凡议员在议院宣言，不认君主在议院所享之权利即拒绝权者。亦处此刑（惟学者勃马斯顿[①]，谓此种刑法，多年不用，为有名无实之刑）。（戊）君主赦免之权，其影响不能及于第三者之权利。例如裁判上之离婚，赦免后仍为有效是也。西例夫犯罪，其妻至裁判所请求离婚，经裁判所许可，谓之裁判上之离婚，其后夫虽赦免，而离婚仍为有效。

（七）立法权。欲知君主在立法上之地位，须先知英国立法之状态。英国议案，由内阁起草，经君主承认，然后以君主之名，提出于议会。承认与裁可不同，承认在提出之前，裁可在议决之后。是君主对于内阁有承认议案之权，对于议会有提出议案之权。此两种权即为君主在立法上之特权。但此两种特权，亦非漫无限制也。(1)对于内阁特权之限制，由内阁起草之议案，君主有承认与否之权，无修正之权，因英君主不列内阁会议故也。从前内阁会议，本由君主主持，自约翰二世，不能英语，约翰二世本外国人为英人所推戴，不列议会，此后遂成惯例。(2)对于议会特权之限制，议案分二种：(甲)未经交议之案；(乙)已经议决之案。英国君主，对于未经交议之案，有提出之权，对于已经议决之案，无裁可之权。议案必经议会议决，方可施行，议决者，决议其可否之谓也，君主提出之议，案经议会承诺，谓之可决，议会不承诺，谓之否决。君主无裁可权，为一般所公认，至有无拒绝权，则学者间尚无定论也。（拒绝与裁可不同，Sahetion[②]，裁可者，君主以为可，而法律案得以成立之谓也。Vcot[③]，拒绝者，君主以为不可，而法

① 勃马斯顿，不详。

② 疑为“Sanktion”。

③ 疑为“Veto”。

律案不能成立之谓也。谓之裁可权拒绝权何？心中虽有可否，而口中不置可否，则裁可与拒绝，无由而知。故可否必自其口出，为君主行使其权之必要。）英国大宰相巴马斯顿①，谓君主本有拒绝权，因久未行使而至消灭。Derby，得耳比②则谓君主之拒绝权，并未消灭。吾辈及多数学者，皆赞成之。立法者，统治权之最为重要者也。论英之国体，既为君民共治，则君与民皆有立法之权，于理为不可易。若谓君主无拒绝权，则立法事项，一切操之议会，而君主与法律，无毫发之关系，岂理也哉。况英国刑法，有明文规定，凡不认君主有拒绝权者，处以普列姆尼耳之刑，则君主之有拒绝权，章章明矣。然于此又生两种疑问。①王不为恶，为一种权利。虽有恶事，人民亦不认为君主所为。至由君主提出之议案，议会可以否决。否决者，不以为然也，即认君主所为为恶事也。不知一为法律上之见解，一为事实上之见解，两说并无冲突。从法律上言之，君主为政，皆合民心。按：即所欲与聚所恶勿施之意，可悟中外政略，大致相同。议会为人民之代表，故君主与议会，无不合意之时。其实君主为政，断难悉合民心，故王不为恶，出于法律上之拟制。从事实上言之，立法为议会之专司，议会对于议案决议可否，皆为立法事业，非对于君主之行为得置可否也。故议案否决，亦非认君主所为为恶事。②未经交议之案，君主有承认权，已经议决之案，君主有拒绝权。同一议案也，既已承认于前，又何以拒绝于后？此等疑问，即巴马斯顿所主张之理由。巴马斯顿，谓君主本有拒绝权，因久未行使而至消灭，其消灭之原因，即承诺于

① 巴马斯顿，Palmerston，英国首相。

② 得耳比，不详。

前，不得拒绝于后也。欲解决此问题，亦分法律上之说明与事实上之说明。从法律上言之，君主有承诺权，为对于内阁之特权；拒绝权，为对于议会之特权。主体同而客体不同，故两权各自独立。从事实上言之，由君主提出之议案，或经议会修改，则必为君主所拒绝，以议会议决之案与原案不符故也。英国内阁，由政党组成，内阁之首领，必系议会之党魁，故内阁与议会，通同一气，由内阁起草之议案，经议会修改者绝少，惟政策变更时（即变更内阁），有修改之事。尝征之历史，英国君主本有拒绝权，至威廉三世，以外国人为英国君主，于英国法律不甚明晰，当时议会即主张君主不应有拒绝权。而威廉三世不从议会之说，仍实行其拒绝权。至十八世纪初叶安拿女王[①]之时，则终身未尝行使。至维多利亚，曾实行两次：一八五八年，因维多利亚车场 Pimlico，比母里可[②]铁道议案，由君主提出于贵族院，经贵族院修正而后议决。内阁不以为然，要求贵族院仍照原案议决，不尔，则君主将实行拒绝权。又同年犹太人自由法案，亦实行拒绝权。故君主行使拒绝权，大抵皆在修改议案之时。以上所述，皆政治上特权。按立法权，本属政治上之特权，岩井氏讲授时，列于身上权之后，今特移置政治权中。至身上特权，一曰名誉权，亦分数种。名誉权不应属身上权，吾辈与多数学者意见相同，惟此处系述英国学说，故无暇辩驳[③]也。(1)授与爵位徽章宝星之权。(2)享有徽号权（英国君主之徽号，谓之保有天佑之大英国爱尔兰联合国王及印度皇帝）。(3)有不受刑法拘束之权。(4)有向议会提出公费之权。英国

① 今译安娜女王。

② Pimlico，又被译为“皮米里科”。

③ 原文为“辨驳”。

皇室经费,每年须英金四十万镑,合日本四百七十万圆。(5)使用公物权。如君主所居宫殿,并非皇室私产,乃国家之物,故称公物,唯君主使用之。此等是否为名誉权,吾辈不能断定,不过英国学者,皆以此为名誉权耳。英为不成文法国,君主之权限,散见于各种法律,故研究英国宪法,较他国难。观于此,可知君主在宪法上之地位,各国不同。日本、奥、德、英。但有宜注意者,一是[①]讲义所列举者,自一至十[②],为各国君主通有之权限,各国亦小有增损,但大致相同,即君主为国家机关自己应尽之职务,并非君主所有之权利也。但此专就国法学之理论言之耳。英国学者,则谓君主在国法上之特权,即君主之权利,与欧洲大陆学者之见解不同,亦因英国情形与大陆诸国不同故也。故英国宪法,有特别之解释。二是讲义所列十条,除第九条外,荣典之授予,皆为国家统治权之作用,其内容应于统治作用中详之。三是十条中惟关于第六条、编制军队,第九条之事项,皆君主自由活动,无庸国务大臣副署,其余皆须副署。若国务大臣同时免黜,第五条任免官吏,新授国务大臣之敕令无副署之人,则如之何?关于此问题,学者之议论不一。德国学者额尔伯尔[③],谓无国务大臣时,便可不用副署。又德国学者额买野尔[④]则谓新授国务大臣之敕令,即可由新授国务大臣副署。旧国务大臣免官之敕令,即由旧国务大臣[⑤]副署,可以类推。日本学者市村光惠[⑥]以额买野尔之

---

① 原文又开始"第一""第二",编码甚乱,故改为"一是"、"二是",以此类推。

② 此处的"自一至十",指本章开篇所列之君主之十项权限。

③ 额尔伯尔,不详,或为盖尔伯(Gerber),下文同。

④ 额买野尔,不详,或为后文之"Georg Meyer"(详见35页注释)。

⑤ 原文为"务国大臣"。

⑥ 市村光惠(1875~1928),日本政治家、宪法学者。法学博士,曾任京都帝国大学教授。

说为然。即吾辈亦以为然。盖副署之性质,并非发生君主行为之效力之条件,不过确保其行为系适法者而已。君主之行为,须有副署,为宪法所规定,必经副署之行为,乃为适法之行为。换言之,即君主行为之效力,不必由副署而发生,故新授国务大臣之敕令,即可由新授国务大臣副署。

君主之公权。君主不第为国家机关,且有公法上人格,故君主亦享有公权。君主之享有公权,非徒君主之利,亦国家之利也。盖君主为一国之统治者,必尊崇君主地位,而后国家受益,为古今中外之所同。君主公权,即人格权,分为四种:(一)神圣不可侵权;(二)费用请求权;(三)皇家自治权;(四)荣誉权。

一、神圣不可侵权。神圣不可侵者,即君主不负法律上制裁之意,非谓君主无法律上之义务也。何则?君主据宪法上之条规有统治国家之义务,自不待言,其得有民法上之义务,亦为今日法律思想之所许,此多数学说公认之事。然君主虽有此等义务,而不履行其义务时,则不受制裁,所谓神圣不可侵者,即此意义。

学者或以不可侵为无责任,或无答责之意,各国宪法,亦有用无答责之语者。然以无答责作无义务解释则误矣。兹所谓责任、所谓答责者,即受制裁之意也。

君主不可侵之范围甚广,不必以政治上之行为为限。一切之行为,俱不受法律上之制裁,故君主不履行民法上之义务时,不得强制执行。侵害他人之人格权或财产权,不受行政法上、刑法上或民法上之制裁，且不负诉讼上之责任。例如传作证人之类。盖以君主不负责任故也。然民法上之裁判，则虽君主亦不妨受。何则？民事裁判，所以明权利、义务之存在，即受裁判，亦于君主在民法上之义务，无所增加。学者有谓君主并可受刑事裁判者，盖谓刑事裁判与民事裁判同，不过确定权利而已。民事裁判确定私权，刑事裁判确定国家之刑罚权，故刑事裁判，亦可施之君主。此实误解刑法之本质，不明刑事诉讼目的之故。刑法之本质，本非规定权利（权利者，或为人格权，或为财产权，乃刑法以外之民法及其他法规之所规定），系规定对于害此等权利者之制裁。刑事诉讼之目的，在对于加害者具体的示以制裁，而确定其制裁之程度。国家之刑罚权，存于主权之内，不因刑法而始存在者也。刑事裁判，不过确定刑罚权之适用，质言之，即仅定刑罚之执行而已。对于不受制裁之君主，何得有确定制裁之程度之刑事裁判？学者之说，不当可知。学者或又以民人对于君主之犯罪，刑法从重处罚，此即刑法认君主有不可侵权之规定。是说也，亦由于误解刑法性质之过。刑法专定制裁之要件，无论何人，不能因此而得权利。刑法之所以特设对于君主犯罪之规定，不过因刑法所当保护之法益较为重大而已，非因刑法遂得不可侵之权也。

神圣二字，不可作天神解，亦不可作圣人解。解为天神或圣人者，乃宗教家道德家之观念，非法律上之观念。法律上之观念，学者各有不同，今将各种学说，分列于后。第一学说，谓君主神圣不可侵，乃因君主无义务之故。第二学说，谓君主神圣不可侵，乃因君主无责任之故。君主不负责任，故由国务大臣副署，代负责任。第三学说，谓君主有法律上之义务，不受国家公力之制裁。有义务者应受制裁，为一般人所同。惟行政法、民法，间有有义务而不受制裁者。例如警察见某甲房屋破坏，令其修理，房屋为某甲所有权，是某甲有修理之义务，乃某甲日久不修，行政法上并未有何等制裁，盖行政法以无制裁为原则，有制裁为例外（行政法上定有行政罚，为一种制裁，此外皆无制裁）。又如民法规定父母有扶养子女之义务，若父母不尽其义务，民法上亦未定有制裁。有义务而不受制裁，则为君主所独。此神圣不可侵之语所由来也。

三说各有理由，吾辈系主张后说也。君主有义务而不受制裁，于何见之？（一）就宪法言，君主行使统治权，必依宪法所规定，为君主之义务，即不依宪法，亦不能加以何等之制裁。（二）就民法言，君主有债务，必须偿还，为君主之义务，若君主不履行债务，不能加以强制执行。强制执行，为民事上之制裁。即因债权债务而起诉讼时，臣民为原告，管理君主财产者为被告，不能以君主为被告。依外国皇室典范之规定，凡皇室间民事诉讼，不受普通裁判所裁判，另由宫廷裁判所裁判之，故君主不受普通裁判所之支配。又普通臣民有到裁判所为证人之义务，当为证人证言时须宣誓不为伪证。为伪证者,有伪证之制裁,君主不为证人,亦不受制裁。(三)就刑法言,人民之身体财产不可侵犯,为君主之义务,即有时侵犯人民之身体财产,亦不受刑事上之制裁。君主有义务而不受制裁,并非徒凭法理,外国确有此等实事,参考各国历史,自能知之。至第一说谓君主无义务,第二说谓君主无责任,责任与义务,意义略同,而两说亦同为谬解。君主有宪法上之义务,有民法上、刑法上之义务,何得谓君主无义务,此第一说之谬也。"责任"二字,在西文、日本文中,意义极广,第二说谓君主无义务故无责任,使国务大臣代负责任,亦颇不能自圆其说。何则?必本人有责任,而后可以使人代负责任。本人无责任,他人何从代负责任?其误一也。自吾辈言之,不如谓君主有义务而不受制裁,使国务大臣代受制裁,较为正当耳。国务大臣为宪法上之机关,对于君主之行为,有副署之义务,为自己之义务,因副署而负责任,为自己之责任,而非君主之责任也。谓国务大臣代负责任,其误二也。况国务大臣所负责任,以政务为限,其范围小。君主神圣不可侵,则不以政务为限,其范围大。君主不受民事上之制裁,为民事上之不可侵,不受刑事上之制裁,为刑事上之不可侵。即谓国务大臣代负责任,乃不可侵之一部,非不可侵之全部也,其误三也。知第一、第二两说之谬误,益可知第三说之正当矣。至君主神圣不可侵,关于刑法上之问题,亦有两派学说,欲明两说之当否,须先知刑法之性质,德国学者马依尔[①],谓刑法者,乃命令禁止之法也。当为者命令之,不当为者禁止之。

以吾辈之意见,则谓刑法者,乃定犯罪者加以何等制裁之法,非定人民权利义务之法。我之身命财产,他人不得侵犯,他人之身命财产,我亦不得侵犯,为人民彼此之权利义务。观于刑法之条,文可晓然矣。第一派学者 Georgmeper,[②]谓侵犯君主,刑法上加重治罪,君主不可侵之权,乃刑法所付予。第二派学者 Jellinek,[③]谓刑法乃规定罪质,并非规定权利,君主不可侵之权,乃由宪法而得,非由刑法而得也。君主之身命财产,受刑法之保护,人民之身命财产,亦受刑法之保护,若谓君主在刑法上有不可侵之权,亦可谓人民在刑法上有不可侵之权矣。夫生命财产,乃刑法上之法益,为刑法所保护之目的物,并非刑法上之主体,从未有因目的物而主体得享有权利者,人民不过因刑法上之目的物而受保护之利益,非刑法付予[④]人民以权利也。侵犯君主者罪加重,乃君主受刑法上之待遇,较异于平人耳。刑法为尊重君主法益起见,故加以特别保护,乃法之反射作用,亦非付予君主以权利也。自吾辈言之,以后一说为正当。

---

① 马依尔,疑为奥托·迈尔,Otto Mayer(1846—1924)。

② 不详,疑为"Georg Meyer"之误,即 G. 麦耶(1841—1900)。

③ Georg Jellinek,耶林涅克(1851—1911)。又译作耶林律克、耶里内克。德国哲学博士、法学博士。

④ 付予,付,通赋。下文同。

二、费用请求权。费用请求权，非民法上之请求权，亦君主以公法上之人格者所有之公权也。故此权利，乃与民事裁判毫无关系之权利也。

费用请求权，非民法上之权利，乃宪法上之权利也。国家据宪法有支给君主一定金额之义务。参照日本宪法第六十六条，普国宪法第二卷第十三章十四款。虽其额之定也，议会有协赞之权，而不得废其课目。故议会若否决之时，即为违反宪法，君主可不裁可违反宪法之豫算[①]案。此即君主以不裁可维持自己之费用请求权，不必在裁判所兴诉以追求之也。

费用请求权，实发源于英国，英国皇室财产，本为皇室所私有。当十八世纪，君主浪费，致皇室支出之款，异常拮据。至觉儿第三世[②]，乃商之议会，以皇室所有财产全数交出，作为国有之财产，皇室支出之款，制为定额，每年由议会如额筹拨，列入豫算，谓之皇室经费。以后各国皆仿行之，遂有费用请求权之名。但英国习惯，以费用请求权为君主私权，与普通各国情形不同。各国皇室经费，皆规定于宪法，年有定额，由国库支出，则为公权无疑。讲义以费用请求权为君主公权，从普通各国之例也。此项费用，既为公权，若国家不肯发给，或减少定额，君主亦不能到裁判所请求裁判，因裁判所止受私权之请求，不受公权之请求也。然则奈何？据日本法例言之，日本宪法第六十六条云，皇室经费，照现在定额，岁额三百万元。每年由国库支出之，除增额外，不必经帝国议会之协赞。依宪法之规定，

① 豫算，豫，通预。下文同。

② 觉儿第三世，即乔治三世（King George Ⅲ）。

每年豫算案内必有支给皇室经费一项目录,若议会废此目录,即为违宪。违宪之议案,君主不为裁可,则本年豫算案,不能成立。据日本办法,本年豫算案不能成立,即用前年豫算案。如本年豫算案内,无皇室经费,用前年豫算案则有之。故君主遇议会不支给费用时,惟有不裁可其豫算案而已。

三、皇家自治权。君主于皇室典范之规定范围内,不受国家之干涉,有自治其家之公权,曰皇家自治权。

西文 Hausgesetz①,直译即家法之意,日本则曰皇室典范。皇家自治权,出于皇室典范所规定,为君主公权之一种。但此种公权,亦非绝对的公权,不过在皇室典范范围以内,自治其家而已。

欲知皇家自治权之性质范围,不可不知皇室典范之为何物,兹按说明之顺序,说明皇室典范之本质。

(一) 皇室典范之意义。

皇室典范者,本皇家自治权制定之家法也。

古时德意志联邦各国,皆订有家法,但与今日所谓家法不同。古时联邦君主,在领土上行使统治权,即视领土为其所有权。以一国之领土,为君主一家之私产,可以随意处分,传之子孙。按:禹王传子,开家天下之局,历代相承,无不以一国之领士为君主一家之私产,此中国二千年来专制之弊所由来也。不图德意志古时,亦适有此事。故将统治权作为私权,而定之于家法,在后世观之,以为奇异,而在当时,则以为固然。因统治权与所有权混合,无公权私权之分,亦无公法私法之别也。日本皇室典范,即沿袭联邦家法而来,因

① Hausgesetz,德语。

联邦家法有以上之沿革，故日本学者，有谓皇室典范为私法者，有谓皇室典范等于宪法，确系一种公法者。此两派学说，适相反对，而持论皆出于极端。据吾辈之意见，不可纯认为家法，亦不可作为一般之国法。皇室典范者，亦家法亦国法之法也。故讲义下一定义曰：“皇室典范，为皇家自治权制定之家法也。”

学者往往谓皇室典范为对于人民强制直接遵守之法令，其实不然。兹举此说之论据，以说明其所以致误之由。

1. 皇室典范，定国家重要统治机关之组织，例如皇位继承顺序之规定是也。

2. 宪法上有不得以皇室典范改废宪法条规之规定。

3. 皇室典范，有不交议会协议之规定。

论者以为皇室典范既有国家重要机关组织方法之规定，而宪法上又定宪法与典范效力之关系及典范与议会权限之关系，则不谓为一般人民所当遵守之法不可。论者更谓典范若系家法而非国法，则不拘典范中有何规定，不惟裁判官无适用之义务，即皇族亦属臣民，亦应受普通法之适用，不为皇室典范所拘束也。

然以上之论，我辈未敢赞成。论者之说系误解家法之本质及其法律上之地位所致。故余先述家法之意义，次论其法律上之位置。

第一，家法之意义。

家法乃支配皇家威权团体之法律上手段，为其族长之君主据宪法上所有之自治权制定之规则也。故其规则之目的,系关于皇家之内事,究其适用,则只为关于皇族之公法,非如一公司之作定款、一家之定家宪也。

家法系公法,即系国法,只其适用范围,限于皇家威权团体,与一般国法不同。然似此特种之法令,不无他例。如府、县自治团体所发之府、县令,市、町、村所发之条例皆然[1]。裁判官之尊重家法,为其所拘束,殆与尊重府、县令及市、町、村条例而为其所拘束无异。论者谓裁判官不须尊重家法,其不当也明矣。

德语 autorital verbatd[2],译为威权团体,皇家为家族团体之一,君主为皇室之族长,有管辖其家族团体之威权,故称为威权团体。日本为家族制度,故人民之家,亦可称为威权团体。公司定款,为一种契约;一家家宪,为一家收入支出之办法,及子弟分任家务之规则;皇家家法,皆与此不同。西文 Autoimuie[3],译为自治权,私人之家,无自治权,惟皇家有之,此即皇家与私家区别之点也。私家无自治权,何?就日本家族制度言之:家有户主,家族皆归其管辖,谓之户主权。户主权为民法亲族法所规定。民法者,以国家公力制定之法律。家族服从户主,乃遵守国家所定之法律,例如未成年者结婚,须得户主之承诺,为民法所规定。结婚必请之户主,即是遵守民法。户主对于家属,行使权力亦必根本于法律。若所定家宪出乎民法规定范围之外,或与民法所规定者相牴触[4],皆为无效。户主与家族,

① 此处的府、县、市、町、村皆为日本的行政区划。

② 拼写疑有误,autorital 为拉丁文“权威”之义,verbatd 疑为 verband。

③ 疑英文之 Autonomy,或德文之 Autonomie。

④ 牴触,通抵触。

皆当遵守国家之法律。户主有管辖家族之权，无制定法律之权。所谓无自治权者，即无制定法律之权之谓也。至皇家则不然，皇家有自治权。君主为其族长，族长有管辖家族之权，又有制定家法之权，但不反于宪法，虽增损皇室典范家法之条文，亦无不可。故皇室典范，为皇家自治权所制定之公法。此外如府、县令及市、町、村条例，亦为自治团体自治权所制定之公法。公法者，国法也。但此为特种之国法，而非一般之国法。一般之国法能适用于一般之人民，而皇室典范适用之范围则以皇族为限，犹之乎府、县令及市、町、村条例适用之范围以本府县及本市町村为限也。然既为国法，裁判官即有适用之义务，其适用皇室典范，与适用府县令及市町村条例无异，其比例[①]甚明。学者谓裁判官不能适用家法，特未知家法之意义耳。

第二，论者误解家法之法律上位置。

家法者，皇家之法也。宪法只定充国家统治机关总揽者之机关，应由皇男子孙充之，然皇男子孙彼此之间，何人应为君主，系皇家之内事，故应据皇室典范定之。由是观之，典范者，家法，而非直接定国家统治机关之国法也。明矣！可知论者第一点之误。

论者以家法为一般之国法，即以皇室典范定国家重要机关之组织为第一根据点，而不自知其误也。直接定国家机关之法乃宪法，非家法也。不过宪法只定其大纲，其详细规定，则委之于皇室典范。其理由安在？盖皇位承继，有或以人民或以皇男子孙之问题，关于此问题，则为国家之事，当以宪法规定之。故宪法直定皇位由皇男

---

① 比例，即比拟、比较之意。后文同。

子孙承继,以绝他人觊觎之萌。至皇男子孙,何人可以承继,则非国家之事,乃皇家之内事,当以皇室典范定之。故皇室典范,非定国家统治机关总揽者之法,乃定皇男子孙承继顺序之法也。

典范既如以上所述,知其为家法,自不得改废宪法之条规。何则?宪法与典范,其目的异,其范围亦不同。宪法之设如此规定者,以典范、宪法,均为君主之命令,虑万一以典范变宪法之条文,故有用意周到之规定,在法理上固非重要者。如论者自信其如法律与命令之关系,典范系国家一般之命令,无不可规定,故典范设有与宪法牴触之规定时,即所以示二种规定之强弱也。然本条之设,不可作如是解释,此论者第二根据致误之点也。

论者谓不得以典范改废宪法,即不得以命令改废法律之谓,是典范与宪法,效力有强弱之不同,而为一般之国法则同,因法律与命令,皆称国法故也。此为论者第二根据点,而不自知其误也。1.误在应区别而不知区别。典范者,家法也,宪法者,国法也,不得以家法变更国法,为当然之事。是典范与宪法,二者应有区别,而同视为一般之国法,则误矣。2.误在无区别而妄为区别。典范宪法,同属君主之命令,无效力强弱之可言,是二者并无区别,而指为法律与命令之关系,则又误矣。

论者所述之第三点,因不知典范之为家法,故其结果,遂误以宪法上如此条文。宁谓其为认皇家自治权之一条件,据此自治权而作之典范,不再须议会之协赞,非有为国家一般法之性质也。

论者谓典范无庸交议会协赞,为其特色,在一般法律中,尤为尊重,人民必当直接遵守,此为论者第三根据点,而不自知其误也。就典范一方面言之,国法必须协赞,宪法则无须协赞,宪法上有典范不须协赞之规定,即证明典范之为家法也;就宪法一方面言之,有典范不须协赞之规定,乃宪法上认皇家有自治权,皇室典范由自治权自行制定,不使议会干涉,亦可见典范之为家法。总之无论论者如何主张,终不得以其主张之理由,遂认典范为一般之法律也。谓皇室典范为皇家自治权所制定之家法,乃德儒 Ceorg meye,觉耳买耶①、Auschutz,安休子②之学说。觉耳买耶首先发明此说,并举一例,谓如议会自治,由议会自定章程,有不遵守之议员予以惩戒,非其他机关所能干涉。皇家自治亦然。皇室典范,由皇家制定,亦非议会所能干涉也。然此比例为不当。君主一面有为国家机关之地位,一面又有人格者之地位,故有自治权,其自治权乃附丽③于人格者之公权。若议会仅有为立法机关之地位,无人格者之地位,故议会并无自治权。谓之自治者,乃形容词耳,就实在情形言之,议会之自治,乃行政机关之作用,所发命令处分,如惩戒会员等。皆关系议会内部之事,不得出议会内部之范围,议会本立法机关,而处分其内部之事,则为行政事务。与皇家有自治权不同。故德国学者 Yellinek④ 即以其比例为非是。至安休子虽主张觉耳买耶之学说,亦不以其比例为然也。

---

① 觉耳买耶:疑为第 35 页所举之"Georg Meyer"之误。

② 安休子:疑为 Gerhard Anschütz(1867～1948)。

③ 附丽,即依附之意。

④ Yellinek,疑为第 35 页所举之"Jellinek",即耶林涅克。

（二）皇家自治权之内容。

皇家自治权，分为四种：（1）家法制定权；（2）族长权；（3）财产权；（4）特别诉讼权。

（1）家法制定权者，君主不问议会及国务大臣而自行制定改废家法之权也。

日本《皇室典范》第六十二条："将来改正此典范之条项，又当有可增补之必要者，咨询于皇族会议及枢密顾问，而可敕定之。"据此规定，典范之改正增补，以咨询皇族及枢密为限，则议会及国务大臣不能干涉可知。日本宪法第七四条云："《皇室典范》之改正，不要经帝国议会之议。"典范第五十五条云：皇室会议者，以成年以上之皇族男子组织，以内大臣、枢密院议长、宫内大臣、司法大臣、大审院长、使参列[①]。皇室会议，惟皇族有发言之权，有投票之权，内大臣以下，仅列席而已，无发言权，亦无投票权也。内大臣，为宫内官，随时侍从天皇，专掌御玺，并职司天皇一切细事，宫内大臣，为宫内一切行政之长官。皇室典范之改正，既非国务大臣所能干涉。司法大臣，为国务大臣之一，何以参列皇室会议？盖司法大臣，必为光明正大之人，有司法大臣列席，则议员会议之时，无所容其私曲。故司法大臣，虽对于会议之事件，无发言之权，而隐有监督会议之意，与议会开议、裁判公开许人民旁听略同。至改正典范，天皇必咨询于枢密顾问。是枢密顾问，对于典范之改正，似有干涉之权。而不知其

① 根据日本旧《皇室典范》（明治22年，即1889年）第五十五号，其应译为：皇室会议者，以成年以上之皇族男子组织、使内大臣、枢密院议长、宫内大臣、司法大臣、大审院长参列。

不然也。枢密顾问,乃立于受动者之地位,必天皇遇有疑难,以咨询为必要而咨询之。则枢密顾问,可以陈述其意见,至所陈者是否采用,其权仍操之天皇。故枢密对于典范之改正,亦无干涉之权也。

(2) 族长权者,组织皇家支配或惩戒皇族及定其顺序阶级之权也。

君主为皇族之长,得实行其族长权。族长权有广狭二义:就广义言,则家法制定权,亦可谓族长权;就狭义言,则除家法制定权以外之权,谓之族长权。族长权分为四种:(一)组织皇家权;(二)支配皇家权;(三)惩戒皇家权;(四)定皇家顺序阶级之权。组织皇家权何?日本皇族,惟天皇任教养之责,故何人为皇族,必有一定之范围,使范围太宽,恐皇家力有未赡,或有失养失教者,滥厕其间,致失皇族之尊严,故不得不豫防其渐也。亡清皇族,凡属爱新觉罗之系统者皆称宗室,传世既久,人数过多,宗室中贫而无业者,往往有之,即坐范围太宽漫无限制之弊。日本皇室典范第三十条云:称皇族者,以天皇之祖母,即太皇太后,但中国之所谓祖母,专指父之母而言,日本之所谓祖母,则兼指父之母、母之母而言,未免混淆,母,即皇太后,天皇之配偶,即皇后,及子,皇太子,孙,皇太孙,子孙之配偶,皇太子妃、皇太孙妃,亲王,亲王之配偶,亲王妃,内亲王,公主,王,王之配偶,王妃,女王为限。第三十一条云:自皇子长子为皇太子,余子为皇子。至于皇元孙,男为亲王,女为内亲王。五世以下,男为王,女为女王。除三十条所列举外,则支派较远,均不得谓之皇族。由天皇赐之姓氏,侪于平民。故组织皇家之权,唯天皇有之。但有宜注意者,日本养子制度自古已然,而皇家则立有限制,即为人之养子者,不得为皇族是也。《皇室典范》第四十二条。支配皇家权,何?天皇为皇族之长,凡属皇族,皆受天皇权力之支配。《皇室典范》第三十五条云:皇族者,惟天皇有监督之权。监督权,即支配权也。惩戒皇家权,何?皇族有不法行为,由天皇惩戒之,可停止皇族特权之一部,或剥夺全部。《皇室典范》第五十三条。皇族有浪费者,天皇可依民法禁治产之规定,为禁治产之宣告。第五十三条。定皇家顺序阶级之权,何?皇家之顺序,与国家有重大关系,故君位承继之顺序、摄政之顺序,皆由天皇定之。其定顺序之方法,则先嫡后庶,先长后幼,先亲后疏。遇承继君位及应置摄政时,依天皇所定之顺序,故皇室从无夺权争立之事。日本亲王,从前定有品级,自一品、二品至几何品[①],有一品亲王、二品亲王之称。与中国官吏之品级略同,今已废而不用,统称亲王,不分品级之高下。

(3)财产自治权者,管理皇室财产,裁定皇室用费之豫算决算之权也。

皇室财产,为皇室私有之财产,由皇室自行管理,国家不得干涉。日本皇室财产,有世传御料,或为土地所有权,或土地上之物权,世代相传,不得分割变卖。皇室典范第四十五条。如有为卖买御料之契约者,其契约作为无效,但卖买行为,为法律行为,民法上认为有效,而关于卖买御料之契约,则作为无效也。何居?盖人民财产,必适用民法之规定,而皇室财产,则适用皇室典范之规定。皇室典范,有不得变卖御料之明文,则民法之不能适用,不待言矣。皇室典范之有此规定者,为充实皇室经费起见,但编入世传御料之土地物件,必咨询枢密顾问,以敕书定之,由宫内大臣公告之。典范第

① 几何品,即若干品。几何,常作“多少”。

四十六条。至皇室用费,岁有常额,日本岁额三百万元。由国库支出。典范第四十七条。至关于皇室用费之豫算、决算,亦由君主裁定,典范第四十八条。议会及会计检查院,皆不得干涉。

(4)特别诉讼权者,关于皇族之民刑诉讼,定有特别之手续,或得据特定手续之权也。按日本之例言之,皇族彼此之民事诉讼,不受通常裁判所之裁判,应临时设宫廷裁判所。又皇族为被告之民事诉讼,于东京控诉院行之,刑事诉讼,于大审院行之。

据日本皇室典范第四十九条之规定,皇室相互之民事诉讼,定有特别之手续,所谓特别手续者,即得临时设宫廷裁判官,开宫廷裁判所,以裁判之是也。此等制度,实沿袭于德国。德文称宫廷裁判官曰 Hofrichter,称宫廷裁判所曰 Hofgericht。惟皇室诉讼,虽定有特别之手续,行特别之裁判,而其所适用之法律,仍系普通之法律。如民法、商法等。但与民人诉讼微有不同。民人诉讼,即适用普通法律;皇室诉讼,皇室典范有明文规定时则适用典范,必典范无明文,始适用普通法律,其不同一也。人民诉讼,以裁判确定,执行力即发生为原则;皇室诉讼,虽裁判确定,执行力不能即时发生,必奏经天皇裁可,而此项判决始有执行力,其不同二也。此等办法,并无其他宗旨,不过出以郑重而已。然此专就皇室互相之民事诉讼而言,若皇族与人民间之民事诉讼、刑事诉讼,亦得据特定之手续。所谓特定手续者,即视皇族之为被告或为原告而办法各异是也。皇族为原告,则照普通民人诉讼办法,区裁判所、地方裁判所皆可行之。关于民事者,款项不逾二百元之事件由区裁判所起诉,二百元以上之事件由地方裁判所起诉。关于刑事者，窃盗事件由区裁判所起诉，强盗事件由地方裁判所起诉。若皇族为被告，则不得于区裁判所、地方裁判所行之，而于东京控诉院民事大审院刑事行之，亦所以昭郑重也。然学者于此又生一疑问。谓皇室间之民事诉讼属宫廷裁判所裁判，宫廷裁判所为特别裁判所，皇室间民诉于此行之，可谓特别诉讼权。若控诉院及大审院皆普通裁判所，皇族与民人之诉讼，仍于普通裁判所行之，似不得谓为特别诉讼权。不知皇室间民诉属宫廷裁判所，为定有特别手续之权。皇族与人民间，民事属控诉院，刑事属大审院，为得据特定手续之权。此两种权，皆谓之特别诉讼权。何言之？民事属控诉院，为《皇室典范》所规定。依据典范之规定：以民事属之控诉院，乃《皇室典范》认控诉院可以管理皇族民诉之结果，即皇家自治权之结果，因皇室典范为自治权所制定故也；刑事属大审院，为裁判所构成法所规定，构成法所以有此规定者，乃认皇家有自治权之结果也。但有宜注意者，君主有义务而不受制裁，为学者所公认。是君主无刑事上之问题，而不免有民事上之问题。当民事问题发生时，是否照皇族办法，亦一疑问也。有学者谓《皇室典范》条文上，有天皇对于皇族云云，是天皇与皇族显有区别，则天皇之诉讼，自不得照皇族办法。此等学说，似是而非。典范言天皇对于皇族，系指天皇为皇室之族长而言，天皇虽为族长，仍为皇族中之一人，天皇诉讼，照皇族办法，为当然之事。故天皇与皇族为诉讼，是由宫廷裁判所行之，与人民为诉讼时，由东京控诉院行之。但天皇自己不受裁判，由诉讼代理人代受裁判。

四、荣誉权。荣誉权者，得自用特别尊称之权也。

君主所用之特别尊称，各国不同。日本曰天皇，清国曰皇帝，德国曰凯查[①]，英国曰王，又曰皇帝。

荣誉权，为一种公权，君主得自用特别尊称，各国皆同，而所用之特别尊称，则不必尽同。德国曰 Kaiser，凯查，为德国宪法所规定，其对于外国，则称德意志皇帝。日本宪法，只言君主有授与荣典之权，至自用特别尊称之权，宪法并无明文。而臣民称君主为天皇，君主自称为皇朕，则自古已然。与外国宣战，则自称为日本天皇，与外国结约，则自称为大日本天皇，皆特别尊称也。此外关于君主之荣誉权，尚有三种学说，分述于后。

学者或以陛下或为耳斯提[②]之语，为君主之尊称。然此称号，非必君主所专有，皇后及皇太后亦用之，故不列之荣誉权中。

英语 Majeste[③]，译即陛下，称皇帝曰皇帝陛下，似陛下亦为君主之尊称。然外国称皇太后亦曰皇太后陛下，称皇后亦曰皇后陛下，陛下非君主之专称，则不得为荣誉权，可知。

学者或又以刑法有不敬罪之规定，故君主有使人民特别致敬于己之权，此权亦为君主之荣誉权。以余考之则不然。刑法之规定，非与君主以荣誉权，不过为维持国家之利益及秩序起见，于君主名誉之法益，不得不特别尊重之耳。君主因此规定而得者，人格权之保护，非特别之权利也。

学者又谓君主之授与荣典为其荣誉权者，然此非君主

---

① 凯查，即恺撒。以下同。

② 耳斯提，即 esteem，尊敬。

③ 疑为 Majesty。

之公权，乃君主以机关行动之权限耳。殆如君主之统帅海陆军，谓为其职务或职权可也。以此为权利，是不知权利与权限之别，然竟以此为施政权，又大不可。何则？君主之授与荣典，本据其自身由历史上尊崇之地位而获得之，非如行政官厅为行政之目的，藉以表章名誉者。故荣典之授与，不必国务大臣副署，此即与行使施政权不同之处也。

第二章　君位承继

君位继承云者，充国家统治权总揽者机关地位之自然人之事实的更替也，分说如下。

一、君位继承者，在君位之自然人之事实的更替也。非权利义务实行之结果，乃因一定法的条件之完成而发生法之客观的作用也。因继承而使在君位自然人之变更，不过为法之自力作用之结果。

二、君位继承者，充统治权总揽者机关地位之自然人之变更也。非如身分相续取得前君主之身分，亦非如财产相续取得前君主之财产也。

统治权之总揽者，乃国家之直接机关，永久存续。充此机关自然人，系暂时存在者，故不可无皇位继承之法。

学者或以君主继承为统治权之授受，不知统治权乃国家所专有，君主不过总揽之耳，故予不采此说。

君位继承，乃前君主去位，后君主即位之谓。君主之去位，不外两种原因：(一)让位；(二)死亡。让位须出于本人之意思，然各国法律，有许让位者，有不许让位者，因让位有时不能无流弊故也。惟英国法律规定，君主若违反法定要件时，即当退位。英国皇位继承，有一定顺序，先践位，次宣誓，次即位。宣誓者，誓保护英国寺院，确守英国法律。若践位之后，不肯宣誓，为违反法律，应行退位。英皇名觉[①]者，即因不肯宣誓而退位者也。但退位之时，尚未成为君主，故不能认为君主之去位。德国君主即位之后，应对议会宣誓，恪守德意志宪法，以统治德意志帝国，为德国宪法所规定。德国学者列内，谓德皇对于议会，有宣誓之义务，若不尽义务，可以退位。而德国学者那板图[②]，即不以为然。谓德皇宣誓在召集议会之后，非完全君主，即不能召集议会。当召集议会之时，已实行皇帝之权利，以后即不宣誓，亦不能退位。与英国情形不同，宣誓固为德皇之义务，然德皇尚有种种义务载在宪法，若不尽义务即行退位，实为理之所无。盖君主神圣不可侵，虽有政治上之义务，而不负责任，故宣誓虽为德皇之义务，并不能为退位之条件。以宪法上并无不宣誓即退位之明文也。故退位之事，现在无之，其得为继承之原因者，仅死亡而已。君主因死亡而更替，不曰法律的更替，而曰事实的更替。何也？君主为统治权之总揽者，乃国家之直接机关，除革命外，则此机关求久存续，并无更替之时。惟充此机关之自然人，则不能不死亡。是君主之更替，为法律上之所无，而自然人之更替，则为实事上所常有也。有以君位继承，认为主观的作用者，即以皇位为皇太子之权利，继承皇位为权利之实行是也。此等学说，倡于德国学者里尼苦[③]，日本学者市村光惠亦从而和之。里尼苦谓君主以统治权传之子孙，与人民以财产传之子孙同。信如其说，以继承为统治权之授受，即以

---

① 名觉，不详。
② 那板图，疑前述及的那板德(见前第17页)。
③ 里尼苦，即前述黎尼苦(第6页)。

君主为统治权之主体。统治权非君主所有权,故君主为行使统治权之机关,并非统治权之主体。而君位之继承,与人民之继承不同:人民之继承,或为身分继承,或为财产继承;君位继承,乃因法定条件之完成而发生法之客观的作用也。法定条件有二:一、君主死亡;二、继承人在。只须条件具备,则继承者立刻成为君主,且继承之时,不必经本人之承诺,即无继承之意思作用,如皇太子幼冲,亦当然继承。

第三章　君位继承之顺序方法

君位继承之顺序及定之之法，最为重要，兹示其方法如下。

一、选举主义；二、世袭主义。

一、选举主义者，君主由一定之机关选举之主义也。

选举主义，古来有之，现在君主国无用选举主义者。当德意志封建时代，各小国诸侯，皆由人民选举，曰选举侯。德意志皇帝，则由各选举侯选举。一千三百四十七年，德意志嘉列斯帝[①]，订有一种选举律例，曰 Golden Ball. 戈尔登波尔，译言金例[②]，即犹金所铸成之律例，选举之用金例者，所以昭郑重也。英国君主，亦有由选举者。一千八百七十二年，威廉三世即由议会所选举，马里亚[③]亦然。意大利未统一以前，Savoy，沙颇尼国[④]为意大利各邦中之小国之君主，名亚马得我斯[⑤]者，即由西班牙政府所选举。古时新创之国，其君主皆由选举而来。如普里雅士亚[⑥]，

---

① 即查理四世。

② 金例，亦曰黄金诏书、金玺诏书。

③ 即马利亚。

④ Savoy：意大利语作 Savoia，萨伏依，法国东南部和意大利西北部历史地区。

⑤ 亚马得我斯，疑为“阿默德奥”。

⑥ 普里雅士亚，不详。

因柏灵[①]条约而创国，其君主即由于选举。他如比利时、希腊创国之时，其君主亦由于选举。由于选举之君主与由选举之大统领有无区别，亦不问题[②]也。大统领被选举以后，法律上定有种种限制，仍预受人民之监督；君主不然，当君主被选举时，固随人民意思为左右，而既被选举之后，即为国家之第一次机关，既无法律之限制，亦不受人民之监督。例如大统领在任期内，有不法行为时，人民得以弹劾，使之去位；君主则不受弹劾，不能以人民[③]之意思使之去位，此君主与大统领之大别也。惟德国君主，法律上定有一种限制，即德皇由选举侯选举，德皇即位以后，不得废选举侯是也。然此外则别无限制。

二、世袭主义者，顺第一君主之统系，其子孙世继君位之主义也。分五种。

甲、绝对一系主义，相对一系主义。

绝对一系主义云者，非特定君主之系统绝对不能承继[④]君位之主义也。

相对一系主义云者，特定君主之系统绝时，更认别系创立之主义也。

第一君主，即开国君主，不问得国之原因如何，而世继君位者，必第一君主之子孙，曰世袭主义。世袭主义，因观察之点不同，而分为多数主义。所谓绝对一系主义、相对一系主义者，则专就系统之

① 柏灵，柏林。

② 讲授者原文可推想为："問題になるない"，校者推想此处原意为强调君主与大统领的区别显而易见。

③ 原文为"民人"。

④ 承继，日语，即继承，下文同。

纯杂言之也。绝对一系主义以特定君主即第一君主之系统为限，若第一君主之系统绝时，其他系统概不得承继。例如日本继承皇位，必开国皇祖之子孙。若不幸而绝，别无承继之人。相对一系主义继承君位。先特定君主之系统，当特定君主之系统绝时，非特定系统亦能继承。现在匈、奥、意等国，均采用之。奥大利皇位承继法：奥大利皇位以嘉列斯[①]三世及三世子孙承继，若嘉列斯三世子孙绝时，则以觉舍夫[②]子孙承继，若觉舍夫子孙又绝时，则以猎波尔夺[③]子孙承继。

乙、绝对男系主义，相对男系主义。

绝对男系主义云者，非第一君主之男系，不能承继君位之主义也。

相对男系主义云者，第一君主之男系绝时，由母系得承继君位之主义也。

如皇祖一系，有男有女，必男系始能承继，为绝对男系主义。此主义为普鲁士、英吉利、日本所采用。继承君位先男系，若第一君主之男系绝时，女系亦能承继，为相对男系主义。俄国、奥国及德意志联邦中数小国皆采此主义。但德意志联邦中采此主义之国，有限定以未嫁之女承继者，如沙克逊、巴威伦是也；有无论已嫁未嫁之女，皆能承继者，除沙克逊、巴威伦外之国是也。

---

① 嘉列斯，即查理。

② 觉舍夫，即约瑟夫。

③ 猎波尔夺，即利奥波德。

附:巴威伦承继顺序表

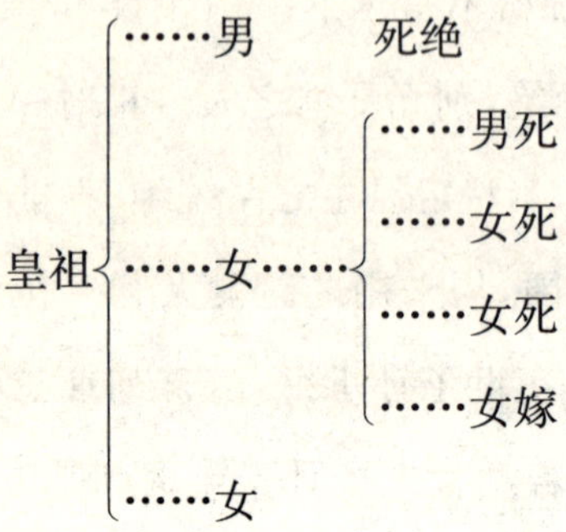

男系绝时以女系承继，女子死后以女子所生之男承继，女次之，若女子所生之男女，或死或嫁，则另以皇祖直下之女系接续之。

丙、绝对男子承继主义相对男子承继主义。

绝对男子承继主义云者，君位非男子不能承继之主义也。

相对男子承继主义云者，君位之承继先男子，无男子时使女子承继之主义也。

采绝对男系主义之国，又分二种。非皇祖之男系不能承继，非男系之男子亦不能承继为绝对男子承继主义。此主义为日本所采用。非皇祖之男系，不能承继，其承继之顺序，先男系之男子，无男子，则男系之女子亦能承继，为相对男子承继主义。此主义为普鲁士、英吉利所采用。专用男系与专用男系之男子，微有不同，观下表自明。

皇祖
- 1 男
  - 3 男
  - 4 女
- 2 女
  - 5 男
  - 6 女

1 男系

2 女系

3 男系之男子

4 男系之女子

5 女系之男子

6 女系之女子

丁、最近亲者承继主义最年长者承继主义。

第一主义者，使君主之直系卑属亲承继君位之主义也。

第二主义者，不问君主之直系旁系以其系统中现在最年长者承继君位之主义也。

现在各国，无采此两种主义者，但亦有略采其意者，如巴威伦用相对男系主义。当男系绝时，以女系承继，若应承继之女子死，则以所生之子女最年长者承继是也。

戊、前君主指定主义、法定主义。

前君主指定主义者，以前君主生前或死时处分，由系统中指定承继者之主义也。

法定主义者，豫以法定君位继承之顺序和方法之主义也。

继承之顺序与继承之方法，皆以法律定之，谓之法定主义。法定主义，为现在各国所采用。指定主义，现在无采用之国，考之历史，惟俄国从前曾采用之。当俄皇大彼得①以前，俄国一切制度，皆

① 大彼得，即彼得大帝。

与亚洲各国近似。自大彼得游历欧洲回国，锐意改从欧制，恐嗣皇不能继述其志，故不用法定主义，而用指定主义。择族中最贤者，使为嗣皇帝。当时政府，颇有以指定主义为不然者，而大彼得毅然行之。指定主义流弊甚多，使前君主贤明，必能得人，若无知人之明，则不免为权臣所左右。权臣为维持自己权力起见，必立其所私好，则前君主所指定者，亦未必贤也。俄国自大彼得后，沿用指定主义，至安拿①帝时，继位非人，国事紊乱，是其明证。至一千七百九十七年，颇尔②帝时，乃改用法定主义。中国用何主义，利弊若何，诸君自能知之。但此外尚有数种问题，亦当一并研究。第一，私生子能否承继。男系之私生子，前君主并未认知，未认知故谓之私生子。当然不能承继。女系则不然，虽无其父之认知，而亦成为其母之子，承继时易至混乱。若日本制度，非男系不能承继，即无私生子之问题。此问题之发生，大抵在女系可以承继之国。关于此问题，无法律以为根据，则解决颇难，然亦有可为类推解释者。凡采用女系可以承继主义之国有一限制，即女子非对等结婚，其子不能承继是也。对等结婚，为门户相当之意（即贵族与贵族结婚，彼此皆阀阅之家之谓），故有时正当婚姻所生之子，因其非对等结婚，其子尚不能承继，则非正当婚姻之私生子，其不能承继可知。第二，庶子能否承继。据日本制度，承继不以嫡子为限，庶子亦能承继。第三，胎儿遗腹子，能否承继。德国学者觉克买耶③，谓据民法之规定，胎儿于家督相续，财产相续，则视为已出生者，皇位继承，亦可适用民法之规定，

① 安拿，即安娜。
② 颇尔，即保罗。
③ 不详。

但胎儿未出生以前当置摄政，与君主未成年时应置摄政，同一理由。日本学者一木氏及市村光惠，则不以觉氏之说为然。谓胎儿作为已生之人看待，乃医学上之观念，非法律上之观念。法律上以胎儿为母体之一部，故刑法上堕胎罪不得作为杀人罪，以胎儿尚未成为人也。但民法上之观念与刑法异。民法上规定，凡对于胎儿有损害时须任损害赔偿之责，是视胎儿为已出生者。然民法上乃假定胎儿为人，亦非一定以胎儿作为已生之人，不过付与胎儿应享之权利，作为权利之主体而已。若因民法上有假定为人之说，遂推广其义，谓胎儿当然作为已生之人，则误之甚也。何则？民法上凡未成年者，有后见人，假使以胎儿为已生之人，亦应有后见人，而民法上无胎儿之后见人，可见并非一定以已生之人看待胎儿。民法为私法，私法上且不以人视胎儿，则宪法上自然不以人视胎儿，胎儿自然不能承继。故前君主已死，因无子而使其他男系承继时，虽有遗腹之子，承继者亦不能以君位让之也。按：《左传》季孙有疾，命正常曰："南孺子之子，男也，则以告而立之"。是大夫之家，可以遗腹子承继，即皇家亦可承继，少康之中兴，即其例也。中外礼俗不同，故有此异议耳。

第四章 大 统 领

第一节 大统领之国法上地位

大统领者，为国家统治之第二次机关，据宪法总揽国家行政权，对于外国代表国家主权者也。分说如下。

一、大统领者，国家统治之第二次机关也。

民主国主权之总揽者，即人民之总体也。民主国之人民，与君主国之臣民异，乃以国家第一次机关为一切国家机关编制之第一发源。而大统领亦据此第一次机关之意思，得充其机关的地位者，故为国家之第二次机关。

大统领，西文谓之 President，伯里玺天德。民主国大统领与君主国君主不同，民主国人民与君主国人民不同。君主国君主，在法律上之地位，乃主权总揽者，为国家第一次机关。而君主国人民，乃构成国家要素之一，非机关也。民主国则不然，民主国人民，乃主权总揽者，为国家第一次机关。而由人民选举之大统领，在法律上之地位，则为国家第二次机关。此君主国与民主国之大别也。由此原因所生之结果，则君主国之一切机关，发源于君主；民主国之一切机关，实发源于人民。然于此又生疑问，民主国之行政机关，或由大统领编制,或由元老院编制,未尝[1]尽由于人民也。谓一切机关发源于人民也,何居?不知民主国大统领,由人民选举,即元老院之议员,亦由人民选举,是大统领与元老院,由人民直接编制之机关。其余行政机关,由人民间接编制之机关。则谓一切机关,皆由人民编制而成可也。或谓君主国人民,得与民主国人民享有同一之权利者,则选举议员权是也。从表面上观之,民主国议员由人民选举,君主国议员亦由人民选举,似彼此享有同一之权利。而从实际上言之,则迥乎不同。何则?民主国之选举乃人民固有之能力,君主国之选举非人民固有之能力,其不同一也;民主国之选举乃人民为自己选举,君主国之选举乃人民为君主选举,其不同二也;此等不同之点,于何见之?曰于改正宪法时见之。君主国改正宪法,其提案权属之君主,先由君主提出议案,再由议会协赞,议会协赞后,则改正之手续终。民主国不然,民主国改正宪法,既经议会协赞,又须全国人民投票一次,所谓总投票是也。

二、大统领者,据宪法总揽国家行政权者也。

大统领乃宪法上当然总揽行政权之机关,无论何种机关,不得命令规律之,故学者有谓为大统领(自然人)者非官吏之说。然此乃混淆官职与官吏之议论。宪法上当然总揽行政权系大统领官职之职权,而带有此官职之自然人,即为官吏。具大统领资格之官吏,非如君主之当然带有其职,乃由人民之选举而得充其地位者也。民主国当然充机关的地

① 原文为"末尝"。

位者，为人民之总体，且官吏亦未必本命令以行其职务。例如，国务大臣不俟君主之命令，而奏达其意见，不可不副署。又如，裁判官行其裁判时，不受君主及上官之命令。故以不受命令之点为非官吏，则国务大臣及裁判官，皆非官吏矣。然无人敢下此臆断者，则此说之不当可知。

据三权分立之说，则大统领在宪法上之地位，不能为总揽立法权之机关，亦不能为总揽司法权之机关，仅能为总揽行政权之机关而已。至大统领是否为民主国之官吏，则学说不一。有谓大统领非官吏者，有谓大统领是官吏者。前之学说，为伊挨林克[①]所主张，后之学说，为那板图所主张。吾辈系赞成后说也。伊氏以大统领非官吏，有二理由。第一，由他人所委任者，谓之官吏。大统领总揽行政权，为宪法所定，非由何人所委任，故非官吏。第二，受他人之命令者，谓之官吏。大统领对于人民，虽为第二机关，然绝不受其他之命令，故非官吏。此等学说，乃专以君主国之官吏与大统领比较，而觉其不类也。官吏之性质，不当就一国之官吏研究之，具体的研究。须就各国之官吏研究之。抽象的研究。官吏者，非据自己固有之权利，乃国家付予以权利，而执行其职务者也。第一，不必由他人所委任，然后谓之官吏。盖官吏之职务，大概由法律规定。例如国务大臣副署，为宪法所定，并非由君主所委任；裁判官之职务，乃代君主行使司法权，若君主之代理人，为法律所定，亦非由君主所委任是也。第二，不必受他人之命令，然后谓之官吏。除讲义所举国务大臣、裁判官外，司法上行政事务，裁判官须受长官之命令，乃当然之

① 伊挨林克，疑为“Jellinek”，即第35页所注之耶林涅克。

事，然裁判官者，专司裁判之官吏，虽有附带之行政事务，而非其本质也。如大学教授，外国认为一种官吏，教授编纂讲义，讲解科学，不受他人之命令，德语谓之 Lehrfreit①，教授之自由。又如为医官者，诊视某甲是否有传染病，须据自己学识断定之，不受长官之命令也。德国学者阿妥马耶尔②（治行政法最有名）有言曰：官吏于其职务上，有独立之权。此语未免太过，然可见官吏并非以受命令为天职也。（一）大统领由人民选举，其得充第二机关之地位者，非据自己固有之权利。（二）大统领总揽行政权，乃国家付与以权利而执行其职务，恰与官吏之定义相合。故伊氏之说，不足采也。

三、大统领者，对于外国代表国家主权之机关也。

大统领非主权总揽者，然于对外关系，则代表其国家主权。使宪法无明文规定，则充代表者，即立于主权总揽者之地位。民主国人民总体为主权之总揽者，然其主权之总揽者乃抽象体，不能自代表国家，故宪法言明以大统领充之。

大统领代表国家，与民法上之代理不同，民法上代理者与被代理者，均为权利之主体，代表则非权利主体之关系，乃机关与机关之关系。何言之？机关者，机关也。代表，亦机关也。今有甲乙两机关于此，甲机关发表乙机关之意思，即以甲机关之意思，认为乙机关之意思，则代表之谓也。至乙机关能否自己发表意思，为另一问题。质言之，即甲机关发表乙机关之意思，不要乙机关不能自己发表意思，为构成之要件也。至甲机关发表乙机关之意思后，即使被其他机

① 应为“Lehrfreiheit”，教学自由或学术自由。

② 阿妥马耶尔，疑为35页所注奥托·迈尔。

关取消其意思,而甲机关仍不失其为代表之机关。例如,大统领对于外国代表民主国主权,大统领之意思即主权者之意思。但与外国立约必经元老院赞成,然后交议会协赞。若议会否决,则所立之约,失其效力,而大统领之意思,不啻为议会所取消。然大统领前于立约时所发表之意思,仍为主权者之意思是也。至主权总揽者,为人民总体,是人民即主权者。民主国之议会,为代表人民之机关,即为代表主权之机关。而宪法上规定,不以议会为代表主权之机关,而以大统领为代表主权之机关也。何居?因国家主权在人民总体,国家为抽象体,人民总体亦为抽象体,不能代表主权。必自其总体中选举一人,以代表主权,而后可也。有学者谓不必大统领代表主权,议会亦能代表主权。人民总体为抽象体,议会亦抽象体,人民为多数之抽象体,议会为少数之抽象体。议会议决事件,即代表人民之意思,是抽象体亦能代表抽象体。如瑞士国以议会为代表主权者,是其例也。然对内关系与对外关系不同。议决事件,对内关系。议会虽能代表,而国际交涉,对外关系。必须有负责任之一人,不能以抽象的议会为国家之代表也。即以瑞士而论,立于议会之上者,有元老院,对于外国,以元老院院长代表主权。名为议会代表主权,实为元老院院长代表主权。故宪法上规定,以大统领代表主权,与瑞士以元老院院长代表主权,用意正同。况大统领虽代表主权,亦非完全行使主权之人。观于外交事件,必由元老院赞成,再交议会议决,其无独断之权可知也。

第二节 大统领之职权及职务

大统领之职权及职务,据宪法定之,各民主国不能一律。

据北美合众国宪法,大统领所有之职权如下。

一、大统领统帅合众国海陆军,指挥民兵。

北美合众国,海军甚为整顿,陆军次之。另有一种民兵,并未编成军队,无事时由民间自行训练,有事则为国用,亦归大统领统率。当民兵者,以二年为限,满二年则退伍,其制度不甚完善。

二、大统领督办外交事务,廷见外国公使,以元老院之协赞,缔结条约。

三、大统领得任用联邦政府之文武官,须元老院之同意,惟于下级官吏之任命,得免元老院之干涉。

大统领任命官吏,必经元老院之协赞。因宪法有此规定,其结果遂致一切文武官吏,无非元老院之党人。联邦议院,有鉴于此,因将官吏分为两项,上级官吏之任命,如国务大臣、审判官、公使、大使等重要官吏,由元老院协赞,下级官吏,则由大统领任命,不须协赞。自有此分别办法,而元老院之权限因之缩小,大领统之权限得以扩张。然使下级官吏由大统领自由任命,别无限制,则难保其不滥用私人。故又以法律明定,凡大统领任命之官吏,必经文官任用委员会考试及第之人,既可挽元老院树党之风,又可免大统领营私之弊,诚为正当之办法也。此外尤有足多者,则合众国人民,凡经委员会考试及第者,即有为官吏之资格,不必夤缘政党,而自有登进之途。盖合众国政党最多,每致以意见相倾轧,必藉文官任用委员会维持之,此民主国与君主国不同之情形也。

四、大统领遇有非常情形时,得临时召集国会。

君主国国会,由君主召集。合众国国会,有一定开会之期,不须大统领之召集。惟遇非常事故，非开国会不可，则大统领有临时召集之权。

五、大统领关于国会延期之事，两院协议不合时，得自行认定。

国会会议，有一定期间，期满闭会，如以百日为期，满百日即闭会，为各国之通例。若有一议案未经议决，须延长会期，满百日后，再展十日，或二十日。否则俟下届开会时再议。应当延期与否，君主国由君主命令定之，合众国则由元老院及联邦议院协议定之。惟两院意见不合时，则大统领有自行认定之权。两院协议不合，事所常有，大概为一地方利益起见，与全体无关之事。例如某种事业，为加州一州之利益事业，经加州被选举人由加州人民选举之议员。提出议案，若未经议决而闭会，则被选举人无以对本州之选举人，故主张延期。其余议员，则因某种事业，并非为全体利益之事业，故不愿延期。遇此等问题发生时，应否延期，由大统领以自己意见定之。

六、大统领得据法律及判决例，行免除权，及刑之执行犹豫。

免除权免除者，免除刑之执行之谓，而免除租税，亦赅其中。及行刑犹豫权，惟大统领有之，然必以法律或判决例为之根据。行刑犹豫[①]，日本由裁判官主持，美国裁判官，则只有宣告行刑犹豫之权，无实行行刑犹豫之权。因行刑犹豫之性质为一种行政事务，非司法官权限以内之事，故必由大统领行之，大统领为行政首长，故行政事

① 原文为“独豫”，行刑犹豫，即延期行刑、缓期执行之意。

务,应由大统领行之。此美国纯粹三权分立之结果也。但所谓大统领有免除权及行刑[①]犹豫权者,以对于合众国全体之犯罪为限。若对于各联邦之犯罪,如盗窃罪等。则免除刑之执行及行刑犹豫,以各联邦首长行之,非大统领所能干涉也。因合众国有合众国刑法,各联邦有各联邦刑法,必犯合众国之刑法者,大统领始有免除及行刑犹豫之权也。

七、大统领常注意合众国之现状,得报告国会,或考究有益于国之方策,交国会协议。

如现在经济上之情形,应如何整顿,与外国交涉事件,应如何办理,大统领得下敕书于国会,使之协议,为大统领之职务。美国当第一、第二大统领时,自己有一种政策,则亲诣国会演说。至第三大统领,拙于言辞,不能演说,只下教书于国会,以后相沿为例。

八、署名于法律及拒绝署名等。

合众国修订法律,必经元老院及众议院议决,又必经大统领署名,然后成为法律。若大统领不以为然,可不署名,交议会再议,谓之拒绝署名。寻常议案,只须有过半数之议员列席,即能议决,唯再议之案,必三分之二以上之议员列席,始能议决。但大统领之拒绝署名,与君主国君主不裁可不同。君主不裁可,则议案立刻作废。大统领拒绝署名,乃希望国会改定议案,以符大统领之意。假使国会再议之后,仍照原议议决,大统领亦无如之何。学者有谓大统领之拒绝署名,为大统领之监督法律。监督法律,字义甚晦,为吾辈所不采。

法国大统领职权之重大者如下。

---

① 原文为“刑刑”。

（一）大统领督率海陆军，然非有议会之特别授权，不得向外国为攻击及防御之战争，除调动兵士或维持法国及殖民地之防御外，毫不得行其指挥之权。

法国海陆军，虽由大统领统率，然未经议会议决，大统领不得发动员命令，故得行指挥之权，以调动兵士维持防御为限。调动兵士何？如演习战术，或彼此互调是也。维持防御何？如某处地居冲要，防兵单薄，添派劲旅是也。此外若对于外国为战斗行为，则大统领不能专断。故决战与否，必经议会协议，而宣战之权，唯大统领行之。因宣战媾和，皆行政上之事，大统领为行政首长，当然有此权也。

（二）大统领监视法律之执行，或确实之。

法律执行属于行政事项，大统领为行政首长，本有执行法律之权。而法国之法律执行，则以大臣主之。因法国大臣，皆最有势力之政党，故大臣得执行法律，大统领不过监视之、确实之而已。监视者，监临视察之谓，确实者，由大统领保证大臣之执行法律为合法之谓也。

（三）大统领任免文武官。

任免文武官，亦属行政事项，为大统领固有之权，但法国大统领，并不能自由任免，其理由有二：1. 法国政党，势力最盛，与英国略同。其人为政党中之有力者，则不得不任为大臣，是任官不能自由也；2. 任免时，须大臣副署，不副署则失其效力。若免其同党，则大臣不肯任署，是免官不能自由也。因之任免官吏，悉由大臣之举劾（为大臣所举者，则从而任之，为大臣所劾者，则从而免之），是任免全出于大臣之意见，大统领仅虚有其名，已成惯例。故论者谓法国大统领等诸木偶，势力薄弱已极，无论何人皆能为之，以大统领之职务，止于画诺故也。

（四）大统领得将法律案交议会再议。

大统领有交议权，无裁可权，与美国同。

（五）大统领因元老院之同意，有解散代议院之权。

宪法虽许大统领有解散代议院之权，而实际绝无其事（自有代议院以来，从无为大统领所解散者）。惟遇大统领有不法行为时，代议院有弹劾之权，则事所常有也。即此一端，亦可见法国议院势力之盛矣。

（六）大统领以一月为限，得命元老院及代议院之停会。

君主国停会无一定期限，法国停会，则以一月为限。停会之问题，大抵发生于议会与大统领意见不合之时。盖议会与大统领反对，或出于一时之意气，大统领不能即解散之，可命其停止会议，使之反省。俟一月后意见渐平，再行开会，或不致仍持前议也。

（七）大统领解散代议院时，须于二月以内行总选举，选举毕后十日内召集新议会。

君主国议会，必由君主召集，不得自行开会。民主国大统领，则无召集议会之权。故法国议会，无须召集，以每年正月第二星期四为开会之定期，到期自行开会为原则。当议会解散后，新议会开会必须大统领召集，则例外也。

（八）大统领有赦免权。

与君主国之君主同。

第三节　大统领之终任

大统领因下项事宜，发生终任。

一、任满时。（任期长短，各国不同。法国七年，北美合众国四年。）

任期长短，并无重大之关系。大率民权最盛之时任期常短，恐久于其任，即成为君主国之情形。故美以四年为任满，即民权最盛时所定。但如法国定为七年，亦无不可也。

二、辞职、解职、死亡及成为无能力者之时。

辞职出于大统领之意思，各国无不许其辞职者。解职则非出于大统领之意思，乃出于议会之意思。如大统领有不法时或有病时，议会为国家利益起见，请其解职。若成为无能力者时，则当然退位，无须由议会请其解职也。终任原因各国相同，终任后办法则各国不同。

大统领有以上事由时，在合众国，则副大统领当然为大统领。副大统领有同样之事故时，按下列顺序，暂时代理其职，但代理者须有一定之资格。

（一）国务大臣；（二）度支大臣；（三）陆军大臣；（四）检事总长；（五）邮政总办；（六）海军大臣；（七）民部大臣。

美国副大统领，由同一之机关选举之。当大统领在位时，副大统领为元老院议长，名为大统领之副，实不过为元老院之一议员。故北美合众国人皆以当大统领为荣，而以充副大统领为耻。当大统领终任时，即以副大统领为大统领，并不须何等之手续。惟副大统领亦有以上事由，指第二项之事由，则以大臣中有一定之资格者代理其职。但宪法之代理，与民法之代理不同：（一）民法之代理乃代理人格，宪法之代理乃代理事务；（二）民法代理出于本人之意思，宪法代理与本人无关系，当然代行其职务。故宪法之代理，不过为一种形容词，不可以民法之代理解释之。其代理之顺序，首国务大臣者，以其周知全国事务故也。次度支大臣者，以其综理全国财政故也。第三以下，并无何等重要之理由，不过为偶然之顺序而已。就君主立宪国制度言之，各省大臣，一面为行政长官，一面为国务大臣。北美合众国则不然，各省大臣如度支大臣，陆军大臣等，第[①]为各省行政长官，于各省大臣外，另有国务大臣。

法国不似美国有副大统领，故暂时由大臣会议代理其职。

法国大统领，当任期未满一月以前，即准备选举新大统领一切事宜。准备之方法何？即召集国民议会是也。国民议会，乃元老院与代议院并合组织而成。新大统领例由国民议会选举，限一月内选定。故大统领终任之时，即以新选之大统领为大统领，并无须代理之人。所谓由大臣会议代理者，乃专指大统领满任新大统领未立之时而言也。何言之？当大统领任满前一月，不为选举新大统领之准备，不召集国民议会。则新大统领无从选举。依法国定例，遇有此项情事时，则于大统领任满后十五日，元老院与代议院可不必奉大统领之命令，大统领既经满任，无召集之人。两院自行组织国民议会，选任新大统领。新大统领未经选定以前，暂由大臣会议代理其

① 第，此处为“只”“仅”。

职。大臣会议与内阁不同。内阁对于大统领，有副署关系，对于议会，有连带负责任之关系，故内阁乃介于大统领、议会间之重要机关。大臣会议，乃受大统领之命令办理行政事务，为大统领之补助机关。然此专就表面上言之耳，若从实际上言之，并不一定受大统领之命令也。盖法国主权在于国会，国会之意思由大统领发表，故大臣会议，名受大统领之命令，实则本诸国会之意思。

第四节 大统领之选举

一、被选资格

大统领之被选资格，各民主国互有异同，然以一般之标准而论：女子、未成年者、不能有参政权者，不能被选为大统领，如美国则须备下列条件。

（一）生于合众国之公民。

（二）宪法制定时，在美国者，又须年在三十岁以上，住居合众国十四年以上者。

美国宪法规定被选之条件：一、生于美国者，二、制定宪法时在美国者。有此二个条件，则年在三十以上，住居美国十四年以上之条件，可不必要。然美定宪法，距今甚远，彼时躬逢其事者，今已死亡殆尽，故现在被选之条件，只须年在三十以上，住居十四年以上足矣。

法国凡旧王家之子孙，有不得为大统领之限制。

旧王家之子孙，如拿破仑之子孙等，皆不得为大统领。盖恐如君主国之世袭,故为此限制,以豫防其渐,此外则别无限制。法国大统领,由国民议会选举,其被选者,非元老院中人,即代议院中人,然必有相当之人望者,始能与于选也。

二、选举方法

选举大统领方法有两种:(一)直接选举法;(二)间接选举法。

(一)直接选举者,直接由国民投票选举之方法也。此法盛行于古时之民主国,然现今选举大统领,无用此方法者。

古时如雅典、日耳曼,皆用直接选举法,现在惟瑞士用之。瑞士联邦,无大统领,关于一切行政事务,以联邦行政委员行之。选用委员,用国民投票法,即直接选举法。但此等方法,只能行之瑞士小国,不能通行各国也。

(二)间接选举者,由人民所选出之选举委员投票选举之方法也。此法现行于法国、合众国,然所用之法,亦微有不同。

美国由各邦[①]人民举出一定之选举人,使此选举人选举大统领,然各邦选出之选举人,与其所选出代议士[②]之数相等。

法国则由元老院及代议院合成之国民会选举大统领。

法国、美国,凡选举大统领,非得过半数之多数,不能当选。

---

① 各邦,即各州,下文同。

② 即本州国会议员。

法、美两国选举大统领，即用间接选举法，各国选举议员，亦有用此方法者。而办法各有不同。美国大统领由人民间接选举，不过宪法如此规定，而实际不然。何则？美国政党势力，足以左右人民。当选举大统领之前，各邦皆开政党会议，议定大统领之候补者。至选举大统领时，就各候补中选举之，以投票得过半数之多数者当选。美国政党有二，曰民主党，曰共和党，当选举时，视何党最盛，而新选之大统领，必其党人。故就宪法言之，大统领由人民选举，而就实际言之，谓大统领由政党选举可也。人民在法律上之地位，本有自由选举之权。愿意举甲则举甲，愿意举乙则举乙，谓之自由选举。至为政党所操纵，则人民无自由之意思，皆仰承政党之意思，与立宪宗旨不合。然美国所以有此等办法者，非不遵守宪法，实出于不得已也。盖由人民选举，则得过半数之多数甚难，如百人中同举一人者，过五十人，谓之过半数之多数。而大统领之选定无期，于国家甚不利益。由政党选举，则得过半数之多数较易，而谁可为大统领者，亦不难即定也。故美国选举大统领悉由政党主持，已成惯例。法国则以立法机关，为选举大统领机关，但开国民议会不在巴黎，而在伯耳沙由[1]。伯耳沙由，距巴黎不远。因巴黎过于繁盛，故另择一清静地以开会，为避嚣起见，无他意也。

第五节 大统领之特权

大统领之特权，较之君主加少。各民主国大统领之特

---

① 伯耳沙由，疑为凡尔赛（Versaille）。

权,亦不能一律。

北美合众国大统领,除每年受五万弗俸给之外,别无特权。俸给在任内不得增减。

君主国君主有不可侵之权,而大统领无之。故君主对于议会不负责任,由国务大臣负其责任。美国亦有国务大臣,与君主国之国务大臣不同,美国国务大臣对于议会,自己负自己之责任,不负大统领之责任。大统领对于议会,须自负责任。有不法行为时,议会得弹劾之。遇有诉讼事件,大统领须受裁判官之裁判(如大统领为民事之被告时,须强制执行,为刑事之被告时,须受刑之执行),与平民无异。

法国大统领,较之美国大统领,其特权加多。

一、法国大统领,受普通俸给六十万佛郎[①]、旅费三十万佛郎、代表费用三十万佛郎,然每年须议会协赞,议会得自由削除增减之。

美国大统领俸给,议会不得增减,法国议会,得增减大统领俸给,此两国立法例不同之处。普通俸给,即常年俸给;旅费,舟车旅行之费;代表费用,乃大统领代表法国国家与外国交际之费用。

二、法国大统领除为国事犯外,对于其行为不负责任。

美国大统领,在宪法上、政治上皆负责任,法国大统领,则两面皆不负责任。但大统领不负责任,与君主不可侵不同。君主不可侵,乃本诸历史之习惯。君主国人民对于君主有尊敬心、有信仰心,

① 即法郎。

遂成一种习惯。大统领除为国事犯外，不负责任，乃由宪法所规定。宪法之为此规定者，有单简之理由。法国国法学之思想，谓国务大臣对于议会而负责任，不必大统领再负责任。然大统领虽在宪法上不负责任，而对于国家须负责任。因国家为主权之主体，大统领不过一种行政机关。一切行政机关，对于主权者，皆负责任，故大统领为国事犯时（由代议院议员起诉，而元老院裁判之），亦不能不负责任也。至大统领亦负民事上之义务，亦当受民事上之裁判，但受裁判时，不过以个人之资格，非以大统领之资格也。且大统领仅受裁判，而不受强制执行。其故何欤？因民事裁判乃国家司法权之行动，大统领对于国家须负责任，故不得①不受裁判。至强制执行，乃行政上之作用，大统领为行政长官，故强制执行不得加之大统领。至关于大统领之行政命令，必须内阁大臣副署，始有效力。内阁大臣，皆政党中人，名为大统领任用，实由议会推举。故内阁与议会，通同一气。若议会不信服大统领，则内阁不肯副署，而大统领命令不行，势不得不自行退位。故大统领对于议会，名虽不负责任，实际却不能不负责任。或疑大统领有任免文武官之权，不难斥退不肯副署之大臣，而任用与己同意者。不知此等议论，与法国实在情形不合。法国内阁大臣，为议会之首领，即政党之党魁。若内阁大臣为大统领所斥退，新任内阁大臣必非议会之党人，其所提出之法律案、豫算案，议会一概反对，而国事至不可收拾矣。故内阁大臣，不肯副署，大统领亦无如之何，惟有自行退位之一法。君主国君主，遇议会反对时，有解散议会之权，豫算案未经议决，则用前年之豫算。法国

① 原文为"改不得"。

大统领,欲解散议会,须元老院之同意,元老院为议会之一部,其不表同意可知,故法国大统领,实无解散议会之权。

三、大统领就职,得受法国最高勋章。

最高勋章,即第一宝星。大统领得受最高勋章,惟法国有之,美国无之。因美国一切平等,大统领无以异于平人故也。

南美各民主国制度,皆以法、美二国为标准,其宪法与法、美大同小异,不能一一说明。总之大统领对内关系,为第二次机关,与君主不同。君主为第一次机关。至对外关系,则大统领有代表之权,可以派遣公使、接待公使、缔结条约,与君主同。

第五章　摄　　政

摄政，西文作 Legent[①]，前清及日本立宪前所谓摄政，乃一种官职，与西文意义不同。监国，即欧洲各国所谓 Stellvertreter，政务代理人，代理全部或一部。东西各国皆有置监国之事，亦是一种官职，与レゲント[②]之意义亦不同。本章所论，乃专就レゲント之意义言之。

第一节　摄政之国法上地位

摄政为国家次位的第一次机关，君主欠统治能力时，代表君主之机关地位，行使统治权者也。分说如下。

一、摄政者，国家次位的第一次机关也。第一次机关者，据自己之意思，总揽统治权，无论如何机关，皆不从属之机关也。故摄政乃权限之主体，非官厅也。

摄政虽为第一次机关，然非国家所常有之机关，乃遇有特别情形始表现之机关，故谓之曰次位的机关。

谓摄政为第一次机关何？摄政总揽统治权，乃据自己之意思之

① 疑为"Regent"之笔误。

② レゲント，日语，即"Regent"。

谓也。或谓摄政系传达君主之意思。诚如其说,则必君主有完全能力而后可。必有完全能力乃有意思。君主既有完全能力,则无须置摄政,置摄政时,必君主欠缺能力。君主欠缺能力,即无意思,摄政何由传达?故吾辈不主张此说。当摄政时,除宪法明定限制外,不得变更宪法及典范之类,如裁可法律、发布敕令、召集议会及解散、发紧急命令、行紧急处分、编定官制、任免官吏、统帅军队、宣战媾和皆出于自己之意思。盖摄政之意思,即国家之意思,非传达君主之意思也;摄政机关,乃国家机关,非从属于君主之机关也。故摄政在宪法上有一定之权限,而摄政实为权限之主体。或谓国家行政官厅皆为权限之主体,摄政既为权限主体,即为一种官厅。而不知官厅者,必从属于他人,或为他人所构成者之谓也。摄政虽为权限主体,而不得谓之官厅,其理由有二:(一)摄政为第一次机关,非从属于他之机关;(二)摄政非由于何人之任命,乃因法定要件之发生君主未成年或为无能力者时,应置摄政,谓之法定要件。而当然成立。然于此不免生学者之疑问。第一疑问:各国设置摄政,办法不同。日本于咨询枢密院后置摄政,欧美各国,经议会议决后置摄政。是摄政必由枢密院之委任,或议会之选举,而后成立,与官厅之由于任命略同。不知摄政之要件,为宪法所规定,必咨询枢密院及议会议决者,乃讨论法定要件是否完备之关系,非委任选举之关系也。质言之,即君主能否亲政,摄政应否设立之问题,由枢密及议会决定,非摄政之成立,由于枢密议会之任命也。第二疑问:摄政之顺序。有以法律明定者如日本,亦有不然者,如中国,无法律明定之国,其摄政之成立,大抵由前君主遗训所任命。摄政由前君主之任命,则不谓之官厅不得也。不知遗训乃死后处分,法律上认有效力。遗训并不能任命官吏。是摄政之成立，亦非由前君主之任命也。故摄政当称为国家第一次机关，而不得谓之官厅，其理不可易也。谓摄政为次位的机关何？次位者，非常有之谓也。

二、摄政者，代表君主之机关地位之机关也。代表乃公法上之关系，使特定之机关意思，直成国家或自治团体或他机关之意思之关系也。摄政系代表君主之机关地位者，故摄政之机关意思，有君主机关意思之价值。质言之，摄政即作君主机关意思之机关也。学者或曰摄政与君主之关系，非法律关系，乃事实关系。君主事实上不能行统治权，故有摄政补君主之能力，自外部视之，只有君主，只有皇位而已。统治无能力者之君主，与摄政合成统治权之主体。以余考之，为此说者，盖由于解君主为统治之主体，以国家不可一日无统治主体，为[①]统治主体之君主有故障，不得行其统治，则事实上与无统治主体无异，故摄政从而补之，使无能力之统治主体，其行为得以有效。然宪法以明文规定，摄政代君主而行大权，君主与摄政，明示其为两人。学者欲贯其所误认之前提，故合君主与摄政为一体，实不能自圆其说。夫统治之主体，国家，非君主也。君主虽有故障，国家固以统治之主体俨然犹存，特因君主有故障，别使摄政据其次位的机关，代君主以总揽其统治权，而不夺君主总揽主权者之地位，君主不失其本来之地位，此摄政之所以为代表机关也。

① 表假设，“如”、“若”之意。

就以上观之,君主为国家第一次机关,摄政亦然,是摄政几与君主同。其不同之点,则君主为代表国家之机关,君主之意思,即国家之意思,摄政乃代表君主之机关地位之机关,必组织君主机关之意思以合于国家之意思,为间接国家之机关。何则?摄政之设,必有君主,必君主为欠缺能力者。若君主不欠缺能力,无庸设置摄政。故君主之欠缺能力,为摄政之要件。若并此欠缺能力之君主而无之,则摄政即成为君主,亦无所谓摄政。就日本言,摄政之要件为宪法所规定,摄政之顺序为《皇室典范》家法所规定,故摄政与君主之关系为法律关系,摄政之机关为代表机关。关于摄政之问题,有两种学说:(一)代理说;(二)机关说。余辈所采,即机关说也。盖余辈以国家为统治权之主体,君主为国家第一次机关。摄政者,代表君主之机关地位之机关也,此机关说之要旨也。有学者谓君主为统治权之主体,与前二说代理说、机关说适相反对。其所主张之理由,谓国家统治权,只有一个,统治权之主体,亦只有一个。民法上未成年者,有法定代理人,代理人以自己之意思意思主体代被代理者与相手方[①]为法律行为,其效果及于被代理者,因被代理者为权义主体故也。以摄政为君主之代理,则君主为权义主体,摄政为意思主体,是有两主体矣,故代理说不可采也。机关者,与主体分离之谓也。摄政与君主之关系,有不可分之关系。自外部观之,只有君主,无所谓摄政。自内部观之,君主之能力不完全,有摄政以为之补助,成为完全君主。是摄政与君主为一体,君主为统治主体,摄政为君主之补助者,非机关也。故机关说亦不可采也。德国多数学者,及日本穗

① 相手方,日语,即"对方"之意。

积八束，皆如此主张。此等学说，为以君主为统治主体之结果，其根本观念错误，故解释摄政亦错误。又有学者市村光惠谓君主为统治主体，又谓摄政为行使统治权之机关，为日本最有名之学说。其主张之理由，谓统治权分立法、司法、行政三种，君主总揽统治权，为统治权之主体，但统治权虽由君主总揽，并非由君主自己行使。立法权由议会行之，立法机关。司法权由裁判所行之，司法机关。行政权由国务大臣及其他行政机关行之。行政机关。是统治权悉由各种机关分任行使。摄政代君主行使统治权，即成为一种机关，与议会裁判所国务大臣等机关同。穗积氏谓摄政补助君主，与君主为一体，而摄政代君主行使统治权，为君主之一部，不成为机关。诚如其说，则议会裁判所，皆代君主行使统治权，即皆为君主之一部，皆不成为机关也。乃穗积氏谓摄政为非机关，而不得不谓议会裁判所为机关，则又何也？此市村光惠批评穗积氏学说之说也。然穗积氏谓摄政为非机关，固属错误。而市村光惠谓摄政机关，与议会裁判所等机关同，则亦不免错误也。议会裁判所，为常设之机关，摄政则非常设，其不同者一；议会裁判所之参与统治权，并不问君主有无完全能力，摄政则不然，必君主无完全能力时，始置摄政，其不同者二；假使摄政性质与议会等机关同，则立法、司法、行政，各有机关，何必另置摄政？所以必置摄政者，因君主为统治权之原动力，各机关之活动，皆发动于君主。君主无完全能力，以摄政代表君主，摄政所以发动行使统治权之意思，即作成君主之意思。质言之，即摄政代表君主总揽统治权，与议会等机关之参与统治权之作用不同，故不可以一概论也。市村氏既谓君主为统治权主体，又谓摄政为行使统治权之机关，既采主体说，又采机关说，前后语意两歧，转不如穗积氏谓君主为统治主体，摄政非机关之说为一贯。自余辈言之，则曰，君主为[①]直接机关，摄政为间接机关。即代表机关。不可谓摄政为非机关，亦不可谓摄政机关同于议会等机关也。

三、摄政者，总揽统治权之机关也，故摄政非行私法上行为之机关，与后见人[②]不同。摄政非为君主个人之利益而存，乃为国家之利益而存者。后见人系为保护一个人之权利及利益而存者。故摄政与后见人，虽偶然同为一人，又常同时开始，而法律上则两者性质绝不同也。

德意志古代法，无公法、私法之分，对君主于国家，非统治权之关系，乃所有权之关系。君主以国家领土为其所有权，君主如大地主，人民如小作人[③]。当时摄政，为保护君主之所有权，故摄政与后见人混同。后来国家思想发达，知领土为国家之领土，并非君主之所有权，摄政乃国家之机关，非保护君主个人之利益。然学者间虽知摄政为国家之机关，尚有兼认为君主之后见人者。惟额尔柏尔，始谓摄政非后见人，摄政乃公法上之资格，当就公法研究之，不当从私法研究之。又有学者朽尔则[④]，亦谓摄政非后见人，其持论微有不同。此二说于德国国法学之发达，大有影响。自后虽知摄政非后见人，而古来视摄政为后见人之观念，未能尽变。后见人与君主有密切关系，非与君主最亲近之人，不能为之。摄政亦与君主有密切关系，亦非与君主最亲近之人不能为之。不过一为公法上之关系，一

① 原文为“为君主”。
② 后见人。日语，即监护人。
③ 小作人，日语，佃户之意。
④ 朽尔则，不详。

为私法上之关系而已，故德意志联邦中小国，Brannschweiy[1]为君主后见人者，即可为摄政，可谓为古时摄政与后见人混合之余波。现在立宪各国，国法学思想，日益发达，知摄政与后见人为一人，不惟不利于君主，且不利于国家。何则？摄政所以维持国家之利益，后见人所以维持君主个人之利益。使一人而兼有摄政、后见人两种资格，设国家利益与君主个人利益相冲突时，势必不能两全。与私法上一人而兼为债权者债务者之代理人无异（为债权者之代理，则利于债权者，不利于债务者，为债务者之代理，则利于债务者，不利于债权者。故为债权者之代理人，不能兼为债务者之代理人）。即此可见摄政与后见人判然分为两事。摄政是甲，后见人是乙，必不可以混同。日本宪法，即有明文规定摄政与后见人不可以一人兼充。至额尔伯尔[2]、朽尔则等谓摄政为公法上之资格，其资格如何，则两说不能一致。额尔伯尔谓摄政为不完全君位之承继，谓摄政与君主承继相似，特不完全耳。朽尔则则谓摄政为中间君主。前君主死亡，后君主尚未承继，中间以摄政承其乏，故谓之中间君主。以吾辈之批评，则两说皆得失参半。何言之？二说均主张摄政非后见人，是消极一面，确不可易。必有君主时，始有摄政，既有君主，则不能谓摄政为君主。二说皆以摄政作为君主看待，是一国有两君主矣，此积极一面之错误也。

第二节　摄政之权限

摄政虽代表君主，总揽统治权，然亦有一、二制限。例

---

① "Braunschweiy"之误，即布伦瑞克。

② 前为额尔柏尔。

如日本则不许摄政改正《宪法》及《皇室典范》。盖《宪法》及《皇室典范》为国家之大法,苟可改正,则乘君主不能亲政之时,此等大法,将有变动之虞矣。

日本宪法规定,摄政代天皇行大权,只言代行大权,不言代行统治权,故学者解释,其说不一。有学者谓摄政代行大权,专指宪法上大权事项而言,是摄政只能行使大权,大权外之统治权,摄政皆不能行使。但何者为大权事项,宪法上并无明文。学者假定某某事项为大权事项,何以知某某事项以外之事项,非大权事项,是其说并无一定之根据,不可从也。有学者谓大权即统治权,但宪法上既曰大权,又曰统治权,似大权与统治权有别,不知大权之实质即统治权,宪法上以大权属之天皇,乃尊敬天皇之辞,非谓大权与统治权有别也。摄政代天皇行大权,即代天皇行天皇之权,就原则言,天皇所有统治权,摄政皆能行使。然置摄政之时,必定有一、二例外。因宪法及皇室典范皆于国家有重大之关系,摄政不能变更为绝对的规定。但学者对于此等规定,不无疑义。有谓统治权绝对无限制,摄政代天皇行统治权,又定有此等限制,与统治权性质不合。是说也,乃误解宪法与统治权之关系也。统治权之地位,在宪法之下,故受宪法之限制,为当然之事。有谓天皇为制定法律之人,不应受法律之支配,摄政代天皇行使统治权,亦不应受法律之支配也。是说也,与立宪国君主之性质不合。立宪国君主为宪法上国家之机关,应受宪法之支配,是摄政不能变更宪法及典范。受宪法之限制,与摄政代天皇行使统治权,并无冲突。使摄政得以变更宪法,则国家常设之机关,摄政或以其不利于己而改废;使摄政得以变更典范,则难保其不为自己或其子孙计,变更皇位继承之顺序,以便其私图,其害有不可胜言者。盖摄政之上，无监督机关，不可不以宪法豫为限制。此等限制，各国皆同，不独日本也。宪法及皇室典范改正时，手续甚多，本不容易改废，似可无此规定，但有此规定，则限制尤为严密耳。

第三节 摄政之开始

摄政因下列事由发生而开始。

一、君主未成年时。

二、君主因久有故障，不能亲政时。

二者有一，即能开始。

第一，君主未成年时，君主之成年年龄，各国不同。然常较普通成年年龄为早（例如日本十八岁，西班牙十六岁），其理由盖在务使置摄政之情形少耳。

日本民法规定，以二十岁为普通成年，君主则以十八岁为成年。迟于日本者，如墨克能堡[①]，十九岁；早于日本者，如西班牙，十六岁。民法上成年年龄各国不同（或二十岁，或二十三岁，或廿五岁），故君主之成年年龄亦不同。然无论何国，君主成年，必较普成成年为早，可断言也。民法上有成年、未成年之分别，其理由安在？因未成年者精神作用未能十分发达，与人交际易受损害，故有未成年之制度，所以保护未成年者之利益。至君主亦有成年、未成年之分别，其理由与民法不同。君主不受制裁，虽未成年，其所为之法律行为亦不

① 墨克能堡，即梅克能堡，神圣罗马帝国之一邦国。

受损害，以其一切行为，皆不负责任故也。特精神作用未能十分发达，办理国事未能尽善，故君主亦有未成年之制度，所以保护国家之利益，非保护君主个人之利益也。其成年较早者何故？因国家之事，有国务大臣负其责，又有国会协赞，虽成年较早，无害于国，君主未成年时，则置摄政，摄政是一种变格，不若君主自己亲政为正当办法，故君主成年较早，尤有益于国也。但有宜注意者，君主成年年龄与君主以外之皇族不同。例如君主在位时，皇太子仍以廿岁为成年，虽有十八岁、十九岁，仍为未成年者。若君主死亡，皇太子继承皇位，则因继承皇位之结果，立刻认为成年。按：行政法、刑法上之成年年龄非与民法不同，特观察点不同耳。民法为私益起见，未成年者无行为能力；刑法、行政法为公益起见，刑法上未成年不负责任；行政法上男子必二十岁以上，始得为官吏（女子十六岁以上，得为判任官，即咨调官）。但行政法上有成年未成年之规定，而不明言以若干岁为成年者，以民法成年为标准也。

第二，君主因久有故障不能亲政时，遇此情形，须下之二要件。

一、久有故障。

二、不能亲政。

久有故障者，盖指有疾病，或不在，而其性质非暂时者而言。所谓久者，并非有一定期限，单以非暂时解释之。故期限时有长短，为法之所豫认，然亦有明定故障期间之国，例如巴威伦是也。

故障者，事故障碍之谓，故障分二种，一有疾，二不在。暂时有疾,暂时不在,均不至生何等之问题,惟久有故障,并非暂时,则为摄政开始之要件耳。有疾之故障,后当详言之。不在之故障何?例如君主游历外国,许久不归,即可谓之不在。然为事实所罕见。惟临战为敌所止,欲归不得,或航海遇险,生死不明,皆为不在也。然此等故障,必阅几何时期而后谓之久乎?各国均无一定。有学者谓久字只能作消极的解释。所谓久者,即非暂时之谓也。就法律言,君主与国家不可须臾离;就实际言,国家当无事之时,二、三月亦可谓暂时,若当国家多事之秋,存亡在于呼吸,虽一月亦可谓非暂时。暂时非暂时,视国家之情形而定。此种学说,期限可长可短,于实际上较为便利,故讲义从之。然不能认此种学说,遂绝无流弊也。何谓久?曰非暂时。何谓暂时?何谓非暂时?曰视国家之情形而定。国家万机待理[①],未尝一日无事,国家之情形,以何者为无事情形,又以何者为多事情形,虽辨者亦无以应也。由是观之,国家情形之缓急,既不能以一言断定,则故障之久与不久,未尝不可以意为操纵,而弊由此生。何则?故障之久与不久,即摄政之设与不设所由定。认为久,或认为不久,而决定机关,实操其权。决定机关何?即关于摄政之设立与否,法律上认其有决定之权之机关也。普鲁士设置摄政,由国会决定。为国家之利益起见,为公平之议决。法非不善也。使国会政党与君主不合,亟欲设置摄政,则不久亦认为久。日本设置摄政,由皇族会议及枢密顾问共同决定。然皇族枢密,若不悦于君主,其弊亦与之同。故各国有鉴于此,亦有以法令明定故障期间者,如巴威伦一千八八八年皇位继承法规定,君主苟有故障,必阅一

① 原文为“万几待理”。

年以上，方谓之久，始能设置摄政。君主故障期间，宜用法定乎？否乎？欲解决此问题，仍须视其国之情形如何耳。如国民舆论，极有势力，虽法律不明定期间，而君主左右，亦不敢售其私，若民力薄弱，左右有权，则以法定期间为得策。

不能亲政者，指为以上之故障，失其亲行统治权之能力而言，然不必全失智觉精神。故身心衰弱，不能任国家之大事时，固可设摄政也。若君主自己不欲亲政，或不尽力亲政，则不得遽设摄政。

故障指精神的故障而言，若仅有肉体的故障（如手足不仁之类）于亲行统治权毫无影响。盖行使统治权，纯是精神的作用，非肉体的劳动也。君主手足不仁，不能亲政[①]，谓为肉体的故障，未为不可。但现在君主不必亲政，虽有肉体的故障，于亲政无碍。精神的故障，是否要绝对的故障，始置摄政？如精神病者，全无知觉，谓之绝对的精神故障。曰不必绝对的，只须身心衰弱，即可置摄政也。何谓身心衰弱，其程度如何，宜用客观的断定，不宜用主观的断定。主观的断定者，君主自称衰弱之谓也。客观的断定者，以医学为标准而确知其衰弱之谓也。据医学家言，人类有生而智识缺乏者，谓之发育不完全。病在先天不足，虽达相当之年龄，而不能有同等之知识，或不辨菽麦，不知父母之名，所谓有精神的故障者，此类是也。若天性愚鲁，或未尝学问，则聪明人所能知者，愚鲁人不能知，有学问人所能知者，无学问人不能知，乃世间常见之事，不得谓为精神的故障（故障之程度，日本由皇族会议及枢密顾问协

① 原文为“亲征”。

定,并非由医生决定,不过皇族枢密协定之时,须以医学为标准耳)。

学者或谓不能亲政,即当置摄政,不必久有故障。然此说不足采也。第一,蔑视明文;第二,此明文之设,即所以示不欲因暂时故障而置摄政也。

关于摄政之议论,分二种:一事实论,一法律论。主张事实论者,谓以上二要件,不重在久有故障,重在不能亲政,久有故障,乃不能亲政之形容辞耳。摄政本为君主不能亲政而设,故故障无论久暂,但系不能亲政,即当设置摄政。此种学说,不得谓其全无见解。日本宪法学者穗积八束,即主张是说。穗积氏以君主为统治权之主体,若君主自然人偶有故障不能亲政,事实上与无统治权主体无异,故立刻当设摄政,以补助君主之能力,而成为完全统治权之主体。此说为采用君主为统治权主体之结果,就论理上言,亦颇能自圆其说。然吾辈所主张者,乃法律论,非事实论也。吾辈以国家为统治权之主体,君主乃国家之机关,先有宪法,而后有机关,君主为国家机关,亦受治于宪法之下,与穗积氏之说,根本观念不同。故关于摄政之问题,亦持论各异。从法理上言之,君主为国家机关,乃法律上一种制度,纯是为国家利益而设。君主身有故障,应否设置摄政,当视其于国家有无利益(有利则设之,无利则否)。君主暂有故障,不必设置摄政,使国家生出一种变局。其不设摄政者,为国家利益也。若久有故障,则不得不设摄政。其设摄政者,亦为国家利益也。故久有故障,为摄政条件之一,当与不能亲政并重。此二说之是非,姑置勿论。就常识言,若君主偶得热病,神识昏迷,或受伤昏愦,医治得法,三五日内精神即能回复,此系暂时故障,国家政事,有国务大臣及各种机关分任，即不能亲政，可决其必无贻误。故法律明文，于不能亲政上，复冠以"久有故障"四字，可见君主虽暂时不能亲政，非久有故障，仍不能置摄政也。若如穗积氏之说，一面君主不能亲政，一面即设摄政，实于国家有害无利。何则？人心不同，如其面焉。故充国家之机关者，政见恒不能一致。若因君主三五日之故障，即置摄政，其对于君主所办之事，不免有所变更。三五日后，君主知识回复，废去摄政，其对于摄政所变更之事，又不免有所变更。于内政外交，均有不利。且摄政之设，关系重大，旋设旋废，亦不成政体。故穗积氏之说，不可从也。

然于此尚有一疑难之问题，即君主之遗腹即胎儿，能否认为君主是也。学者有不认胎儿为君主者，亦有认胎儿为君主者。若认胎儿为君主，设置摄政，其以未成年为理由乎？抑以久有故障为理由乎？有学者谓为胎儿置摄政，当以未成年为理由。以吾辈之意见，则此说未为正当。何则？胎儿并未出生，无所谓成年、未成年之区别。必不得已，当以久有故障为理由。虽于理论上尚未能十分完全，然较之以未成年为理由者，差胜一筹耳。

学者有不认胎儿为君主者，有认胎儿为君主者，自吾辈言之，当以前一说为是。何则？胎儿未出生以前，未有人格，故胎儿仅为母体之一部，不得认为皇太子，何得认为君主？有谓民法上规定，胎儿有受遗赠权，有要求损害赔偿权，是认胎儿为有人格也。不知民法上此等规定，非认胎儿为有人格，乃予出生者以溯及权也。且民法之规定，不能适用于宪法。宪法上无胎儿可以承继皇位之明文，则不能认胎儿为君主也可知矣。

摄政因以上要件之发生，而当然开始。然是否因有故障,不能亲政,且故障是否历久者,非有人定之不可。故诸国为定此事实起见,设有特定之手续,或委之于国会,或由国会与皇族会议协定,或由皇族会议及枢密院协定。

摄政之设置,非有人以命令之也。从法理上言,须以客观的要件决定,故国家常设有决定之机关。非设置摄政之机关,乃决定事实之机关。机关之组织,各国法律不能尽同。巴威伦以国会为决定之机关(普鲁士亦然)。其理由有二:(一)以认定摄政之要件,作为国家一种政务;(二)以摄政与国家关系最重,故以决定之权属之议会。沙克逊[①]则以皇族会议及国会为决定之机关。日本则以皇族会议及枢密院为决定之机关。决定要件必经皇族会议,沙克逊与日本同。其不同者,则沙以国会协定,日以枢密协定耳。其必经皇族会议何?君主不能亲政,应置摄政,不啻夺政权于君主之手而予之摄政。是摄政与国家关系固重,与君主关系亦重,经皇族会议,庶不至侵害君主之利益。沙克逊以国会协定何?盖以国会为人民之代表,由国会协定,庶不至侵害国家之利益。日本枢密院,在法律上较重于国会,故不由国会协定,而由枢密院协定。此由各国之习惯不同,不能臆断其是非也。

第四节 为摄政之资格及顺序

摄政之为摄政,自有一定之资格及一定之顺序,此各国之所同也。至其要件,则不能一致,今举日本之例如下。

---

① 沙克逊,作为德意志联邦构成国之一,今多被译为萨克森,下文同。

甲、摄政资格。

一、系皇族。

但系皇族，无分男女。皇室典范称皇族者，谓太皇太后、皇太后、皇后、皇太子、皇太子妃、皇太孙、皇太孙妃、亲王、亲王妃、内亲王、王、王妃、女王。

二、系成年者。

皇太子、皇太孙，以十八岁为成年，其余皇族，则以二十岁为成年。太子、太孙，成年较早者，以其为承继皇位之人，若早能行使大权，实为国家之福也。

三、执大政无有故障。

君主有故障，故置摄政，若摄政亦有故障，与置摄政之宗旨不合。

四、皇族女子，则须无配偶者。

皇族男子，只须已达成年，又无故障，即有摄政之资格。皇族女子，则于二者之外，尚有一种重要之条件，即无配偶者，始有摄政之资格也。惟皇后不在此限，因君主不能亲政时，皇后可为摄政故也。日本皇族女子，嫁与皇族，或嫁华族，必由敕旨认许。若嫁于臣籍者，即取消其皇族之资格。女子既嫁，不得摄政，即嫁而夫死，亦不得摄政。

乙、摄政开始之顺序。

第一，皇太子；第二，皇太孙；第三，亲王及王；第四，皇后；第五，皇太后；第六，太皇太后；第七，内亲王及女王。

有皇位继承资格之皇族间之顺序，照皇位继承之顺序。

摄政之顺序，各国不同，有全照君位继承之顺序者，有与君位继承之顺序不同者。讲义所列，系专就日本之例言之。首皇太子，次皇太孙，与君位继承之顺序同。惟皇族女子，能摄政而不能继承君位，此宜注意者也。德意志联邦中小国，阿尔顿卑尔①，摄政顺序，先尽皇族年长者，亦有理由。盖摄政不过暂时摄政，并非君主，年长者阅历较深，办事较妥也。西班牙摄政顺序，先尽君主最近尊属，如君主有父以父，无父以母，无母则以祖父或祖母，亦有理由：摄政于国家有关系，于君主个人尤有关系，故以君主最近尊属为之。日本摄政首皇太子，其理由有二：（一）皇太子，为继承君位之人，政权不至变更；（二）以皇太子为摄政，办事必能认真。以日本主义与阿尔顿卑尔较：摄政因君主有故障而设，无论其故障如何，究属国家之不幸，亦君主之不幸。设置摄政，宜使君位不致动摇。阿尔顿卑尔以年长者摄政，阅历深矣、办事妥矣。能保君位不动摇乎？自不佞言之。国家一切政事，有国务大臣负其责，虽摄政年龄稍幼，阅历稍浅，亦无妨碍，故不如以皇太子为之，而君位较为安固也。以日本主义与西班牙较：西班牙以君主尊属摄政，直为君主设后见人，为君主一身起见，于国家政务，并不注意。摄政与后见人混而为一，于法理不合，故亦以日本主义为善也。

第五节　随摄政地位之公权

摄政虽以君主之名，总揽统治权，然君主身上之公权，

① 阿尔顿卑尔，疑为奥登堡(Ollnborg)。

依然属于君主，摄政不得有此权利。学者或谓摄政为总揽统治权者，故职务上当然有不可侵权。然君主之有此公权，乃宪法直接间接认之，对于摄政，如认其有同样之特权，亦不可无明文规定。且统治权之总揽者与其责任，观念上非不相容，故予以为不独不可侵权，凡君主所有之公权，摄政皆不得享有。

摄政总揽统治权，以君主之名义行之，是摄政统治权之范围，与君主统治权之范围相同。至君主身上之公权，摄政能享有乎？否乎？不可侵权，名誉权、财产权，皆君主身上之公权。有在宪法上订明，许摄政有君主身上之公权者，如德意志联邦中沙克逊—可补尔—古达[①]是也。此外则宪法皆无明文。学者不无疑义，有谓摄政总揽统治权，为最高无上之权，应不负法律上之责任。何则？责任者，由法律命令而发生，摄政为制定法令之人，不受法令之支配，其享有不可侵权，为当然之事。此种学说，为德国勃永哈克[②]、克本海姆[③]，日本穗积八束所主张。此说认君主为统治权之主体，摄政为君主之一部分，君主立于法令之上，摄政亦然，以君主主体说为根据，自然生此结论，无足怪也。有谓总揽统治权者，非统治权之主体，乃宪法上之机关，无论为君主、为摄政，乃充机关之一人，在机关之地位，行使国政。至不可侵权，属于君主一人之身，非属于机关也。且君主之不可侵权，乃由宪法所规定，并非因充统治

---

① 即萨克森—科堡—哥达（Sachsen-Coburg und Gotha）。
② 勃永哈克，不详。
③ 克本海姆，不详。

权总揽者而得也。故摄政代君主行政，虽为国家之机关，而充摄政之自然人，则仍为国家之臣民，应负法令上之责任。此种学说，为德国查得尔古氏①及日本一木博士②所主张，吾辈系采用后说也。从法理上言，可举一最明之例，如火车之行，机器为之也，故有主动力者，称为机器。而运转机器者，称为技师。若谓有主动力者为技师，使技师离乎机器，能促火车之进行乎？不能也。摄政如机器，充摄政之自然人如技师，摄政总揽统治权，而充摄政之自然人，不能不负责任。从事实上言，亦不乏其例。如北美合众国大统领，乃行政权总揽者，而行政时仍负责任。如审判官以君主之名，行其审判，有实行审判之权，亦可谓总揽权，但其权以审判为限，与摄政之总揽权，有范围广狭之不同，而以君主之名义行之则一也，审判独立，虽君主不能干涉，而充审判官之自然人，不能不负责任。如杀人，应受刑事之制裁，不履行债务，应受民事之制裁。摄政亦然。至称君主为皇帝、为王、为天皇者，乃君主之名誉权也。日本宪法，摄政以天皇之名，总揽统治权。是摄政之外，尚有天皇，不得称摄政为天皇。犹之乎审判官以天皇之名行其审判，不能称审判官为天皇也。故君主之名誉权，摄政亦不得享有。有学者谓陛下为君主一种名誉权，摄政亦称陛下，则摄政亦有名誉权。不知称陛下者，不独君主，皇族亦可称陛下，如皇太后陛下、皇后陛下之类。是陛下并非名誉权，以陛下为名誉权，则前提已误。至费用请求权，亦属于君主，不属于摄政。《皇室典范》：摄政以族长之名监督皇

① 查得尔古，不详。
② 一木，一木喜德郎（1867—1944），日本公法学者，法学博士。

族,故请求费用,许摄政为代理行为。但非以摄政之名代理君主,乃以族长之名代理君主耳。摄政每年亦有一定之俸给,当豫算时,对于议会,可请求自己应得之俸给,但不得谓为费用请求权。至皇家自治权,摄政亦不能有。《皇室典范》有摄政不得变更典范之明文,故摄政所享有之公权,仍以皇族之资格得享有之,而君主所有之公权,非摄政所能享有也。

第六节 摄政之终了

摄政因下之事由而终了。

一、至无设置之必要时。

(一)君主达成年时。

因君主未成年,故置摄政,君主成年,则摄政终了为当然之事。

(二)君主死亡时。

摄政为君主而设,君主死亡,摄政终了,亦当然之事也。但君主既死,太子尚未成年,或久有故障,应置摄政乎?否乎?若不置摄政,摄政可以终了,应置摄政,则摄政不得终了也。不知此亦一问题,彼亦一问题,不可混而为一也。为前君主设置之摄政,前君主死亡,则摄政终了,后君主即应置摄政,不必仍用前此之摄政也。盖君主变更,则摄政之顺序,亦从而变更也。

(三)君主能亲政时。

君主能否亲政,为一种事实,决定此种事实,与决定应否摄政,同一办法。

(四)君主让位时(或退位时)。

让位为日本法律所不许,有许让位之国,则君主让位之时,即摄政终了之时。

二、为摄政者有不能摄政之事故发生时。

(一)依为摄政者之意思时。

摄政以不得退职为原则,然皇太子或皇太孙达成年时,得以其职让之。

依摄政意思,为主观的。就日本制度言,摄政之顺序,首皇太子,次皇太孙,若皇太子、皇太孙未成年,则以其他皇族为摄政。迨皇太子、皇太孙满十八岁后,非谓摄政应以其职让之也。特摄政出于自己之意思,情愿让职,则亦为法律所许耳。故摄政以不许退职为原则,因皇太子、太孙成年而让之为例外也。

(二)不依为摄政者之意思。

不依摄政意思,为客观的。

1. 摄政之死去。

摄政死去,可以再设摄政,特此摄政者之关系终了耳。

2. 无能力。

无行政之能力,则摄政之关系终了。

3. 为摄政之皇族女子他嫁时。

皇族女子,许为摄政,但既为摄政,是否许其出嫁,亦一问题也。据日本制度,皇族女子,得族长之许可,方可出嫁。女子既为摄政,则兼为族长,是出嫁可以自由,但出嫁之后,不能复为摄政。嫁异族者无论矣。日本许同族为婚,皇族女子嫁皇族亦不能复为摄政。

4. 不宣誓对于君主愿尽忠实确守宪法时。

欧洲古代宪法，摄政有宣誓之例，如皇太子未成年，君主遗嘱，以皇族某为摄政，须召集议会，对众宣誓。不宣誓，则不得为摄政。

第六章　监国(代理政务)

监国,即代理政务之意,中国古时即有监国之事,与外国意义相同,但现在监国摄政王与讲义监国之意义不同,不可误解也。

监国云者,乃君主以宪法上当然属于他机关之政务以外之事务,委任于已所任命之官吏,使其办理之统治机关也。故监国系以君主之名执行政务,可以由君主自由存废者也。监国权限之广狭,据君主之意思而定,但宪法上当然属于他机关之权限,不在此例。监国非行政执行机关,乃君主得于宪法上设立之统治机关也。

一国官吏,由君主照官制所定而任命之,其如何行使任命权,为君主之自由。君主应办之事,有时不便亲裁,即委任官吏办理,亦无不可。监国者,即君主任命之官吏,受君主之委任而代理政务者也。但同属国家之政务,有不能委任监国办理者,如审判权属之审判厅(司法机关)、立法权属之议会(立法机关),皆宪法所规定是也。有能委任监国办理者,两权以外之政权是也。故监国所办之事,与君主所办之事同。君主权限,乃宪法上权限,非行政法上权限。君主以其权委之监国,则监国之权限,亦宪法上之权限,监国之机关,为宪法上之机关。

据以上所述,监国与摄政相似,其实不然,今述其区别如下。

一、监国乃君主之所自由任命者,摄政则据法律之规定当然开始。

摄政以客观的要件发生时当然开始,无能任命摄政者;监国则由于君主之任命。充摄政者,依法定之顺序,不必问本人之愿意与否;任命监国,必须本人之愿意,若本人不愿意监国,君主不能强之。依法定之顺序,设置摄政,亦不问君主之愿意与否,即君主不愿意,亦不能变更摄政;监国则由君主任命,为君主之自由,可以随君主之意思变更之。摄政以不能辞职为原则;监国愿意辞职,君主不能不许。其所以不同者,则一由于任命,一由于法定故也。

二、监国之权限限于君主所委任之范围,摄政之权限则宪法上直接所定者也。

监国由君主委任,其办事之权限,不出君主委任之范围,至范围之广狭,由君主自定,以大权全部或一部委之,均无不可。官吏权限,定在官制。各国官制,由君主自定。监国亦是一种官职,其权限之广狭,由君主自定,固当然之事也。如巴敦国①王约可尔②使其太子佛柳多③领监国,只委以一部分之权限是也。裁可法律及署名。至摄政之权限,则由宪法直接规定,非君主所能增减。如君主欲变动摄政之权限,法律上视为无效。故监国乃对于君主负责任(与其

① 巴敦国,疑为巴登(Land Baden)。
② 约可尔,不详。
③ 佛柳多,不详。

他之官吏同），摄政则对于国家负责任。盖摄政为国家第一次机关，其所办之事与君主同，乃国家所委任，非君主所委任也。

太傅之职务，定在官制，本不应在国法学中说明，但恐与摄政相混，故连类及之。太傅与摄政，有宫中、府中之别。太傅为宫中抚育君主之官，因君主年幼，不可无老成人为之典型，故太傅专为君主个人而设，与国家无甚关系；摄政则为第一次机关，与国家关系重大。太傅、摄政，不能以一人兼充，因为宪法所禁止故也。但太傅之设，在幼稚之君主一身上观之，颇为紧要。而其性质又与私法上之后见人不同。私法上后见人，有一定之权利，亦有一定之义务；太傅无甚权利，亦无甚义务，其职务不过抚育君主而已。

学者亦有谓宪法上君主不得设监国者，然余不采此说。

君主在宪法上能否设监国之机关，视其国之宪法有无明文而定。如德意志联邦中巴威伦、沙克逊等国宪法，皆许君主有设置监国之权。此外如普鲁士及日本等国，宪法皆无明文，学者之议论，不能一致。有谓君主不能设监国者。其主张之理由，谓宪法者，根本法也，君主能设监国，宪法上当有明文，宪法既无明文，则不能置监国。何则？宪法上明定君主权限，为宪法精神所在。君主权限以内之事，必须君主自己办理，不可委之他人。若君主不能亲政，当设摄政。能亲政而委之监国，则主权下移，有太阿倒持之患，不惟与宪法之宗旨不合，亦于国家不利也。此种学说，为德人罗美氏[①]及日本穗积八束所主张。有谓君主能设监国者，其主张之理由，分为二种。第一种学说，谓君主能设监国，须照本国习惯法设置，君主不得自

① 罗美氏，不详。

由。遇习惯法所许之情形,方能设置,否则不能。此说为德人安休子所主张。但各国宪法,有认习惯法为补助宪法者,亦有不认者,则为此说者之前提未定,其无甚根据可知。然其所以如此主张者,乃就普鲁士之情形言之也。普鲁士当一千八百五十七年,斐利亚[①]王时,曾以太子为监国,至一八七八年,犹是斐利亚王时代,又设监国。凡此皆宪法无明文而为习惯法所许者也。第二种学说,谓君主能设监国,宪法虽无明文,而为宪法精神所许,不必问惯习之有无。盖君主大权,或自己行使,或使其他机关代为行使,皆是行使大权之方法,故大权虽属于君主,而行使多委之他人。例如任免文武官吏,为君主之大权,而甄别群僚,皆委之国务大臣,及各省行政长官。又如统率海陆军,亦属君主之大权,至两国交战之时,仍以指挥军队之权,委之将校是也。若谓一切大权,皆须君主自己行使,则君主不胜其劳,故宪法精神,许君主得委任大臣,行使一部分之权限。至君主之委任监国,其理正同,但权限有广狭之分耳。监国之权限广,大臣之权限狭。监国对于内部,代表君主,对于外部,所行政务,即君主之政务,故君主设置监国,与宪法精神,并无不合,此说在今日,最有势力。

通常设监国之理由,如君主旅行,历二、三月之久,则设监国,或君主有疾,暂时不能亲政,则设监国,若久有故障,须置摄政。或君主亲征,则设监国。一八五二年,巴敦国王约可尔病,使其太子佛柳多领监国,裁可法律,发布命令。又有佛尔顿卑尔国王,亦因病使其婿卫尔俾尔[③]为监国,此历史之可征者也。

---

① 斐利亚,腓特烈。

② 佛尔顿卑尔,疑为乌腾堡(Würtlemberg)。

③ 卫尔俾尔,不详。

第七章 国 务 大 臣

第一节 国务大臣之国法上地位

国务大臣云者，辅弼君主或大统领，副署其施政命令之宪法上第二次机关（就君主国而言）或第三次机关（就共和国而言）。今分析说明之。

一、国务大臣者，宪法上第二次或第三次机关也。故国务大臣，在君主国则以第二次机关，隶属于君主，在共和国则以第三次机关，隶属于大统领君主、大统领得命令其服从，且得任免之、惩戒之。然国务大臣之机关，乃宪法上之机关，故君主或大统领不得以法律或命令废止之，或变更其权限。

国务大臣，在宪法上之地位，各国不同。兹专就其通常性质言之。君主国君主为第一次机关，国务大臣由君主任命，为第二次机关；共和国第一次机关，为人民之总体，大统领为第二次机关，国务大臣由大统领任命，为第三次机关。君主国国务大臣，对于君主命令，但不违法，皆当服从。共和国可以类推。若君主有不法之命令，国务大臣，能拒绝与否，亦一至重要之问题也。欲解决此问题，当分别立宪国君主与专制国君主。专制国之一切法律,君主可以命令变更。君主之命令,即是法律,无所谓不法命令。且专制国不必有国务大臣,即有国务大臣,亦与立宪国之国务大臣不同。故专制国大臣,对于君主之命令,只有服从,不能拒绝。至立宪国情形,则与专制国不同。立宪国君主,不得以命令变更法律。变更法律,当依一定之手续。若君主有变更法律之命令,即为不法命令。例如君主废止国务大臣之机关,或变更国务大臣之权限是也。对于此等不法之命令,国务大臣可以拒绝。或为国务大臣有服从君主命令之义务,或为任免之命令,或为惩戒之命令,皆当服从,不能拒绝。独关于废止机关之命令,或变更权限之命令,可以拒绝也。何居?不知服从命令者,就国务大臣之个人言之,免甲而任乙,惩丙以戒丁,皆君主行使大权之作用,非臣下所能干预。而拒绝命令者,则就国务大臣之机关言之也。国务大臣之机关,为宪法所规定,国务大臣之权限,亦为宪法所规定。辅弼君主,副署命令。若君主欲裁撤国务大臣之机关,或不愿国务大臣辅弼及其副署,即为违反宪法。既为违法之命令,即失命令之效力,可以拒绝,固无疑义。至君主违反宪法外一切法令之命令,如违例加赋逾额征兵之类。国务大臣,应服从与否,亦一问题也。据吾辈之意见,解释法律权,惟君主有之,君主有制定法律权,故有解释法律权。而国务大臣无之(惟关于其职务以内有解释权)。以有解释权之君主,发布命令,无解释权之国务大臣,只得服从,以君主能命令其服从故也。国务大臣与君主之关系,详后。

二、国务大臣者,辅弼君主或大统领之宪法上机关也。辅弼即对于君主或大统领之施政述意见及答词之意也,本毫无限制君主或大统领意思之力。然辅弼非只好意的劝告，乃国务大臣在宪法上所有之职权且职务也。故君主或大统领于国务大臣所献议之内容，采择虽可自由，而不能漫然竟拒其辅弼也。

国务大臣，为辅弼之机关，即建言之机关，与枢密顾问相似。但国家应办之事，国务大臣可对于君主陈述意见，与枢密顾问之仅供咨询不同；政务施行之当否，国务大臣当负责任，与枢密顾问之无责任不同。故辅弼君主，在宪法上为国务大臣之专责。由君主一方面观之，对于国务大臣之陈述意见，不得拒绝，但采纳与否，为君主之自由；由国务大臣一方面观之，对于君主可以陈述意见，但无束缚君主意思之力，使之必从。更有宜注意者，国务大臣之辅弼，异于朋友之劝告。朋友之劝告，不过出于好意，而国务大臣之建言，则为职务上不得不然者也。且国务大臣之辅弼，亦异于专制国大臣之谏诤。专制国大臣，对于国家政务之施行不负责任，其于君主也，听则谏，不听则否；立宪国国务大臣则不然，言而听，固不可不言，即言而不听，亦不可不言，因辅弼君主，为其职务，而国家政务之施行，须负责任故也。

三、国务大臣，乃副署君主或大统领之施政事务之机关也。副署即公布法律命令之际，于君主或大统领署名之侧，副书其官职姓名之意也。其效果在确保法律或命令之公布，系出于君主或大统领适法意思。故副署非法律命令效力发生之条件，乃示此公布出于君主或大统领适法意思，宪法上必不可缺公布之形式条件也。故无副署之法律命令之公布，不合公布之形式，对于国民无何等之效力。

辅弼何以为国务大臣之职务，不当就法律上言之，当就政治上言之。君主在政治上不负责任，若所为不利于国，无可挽回，故设国务大臣辅弼君主，负其责任。君主命令，必由国务大臣副署，即为国务大臣负责任之方法。君主所发命令，若不利于国，国务大臣不肯副署，君主不能为所欲为。若君主所为不利于国，而国务大臣为之副署，则非君主之责，乃国务大臣之责也。故副署之制度，为防政治上之流弊起见，而规定于宪法，为必不可缺公布之形式条件。非实质条件。何则？国家之法律命令一经君主裁可，即已成立，但对于人民发生效力，必须公布。法令有三期，曰成立期，曰公布期，曰实施期。公布有种种形式，日本有公文式，公布即形式之一种。不合形式，不能公布，即使公布，亦无效力。副署者，乃公布形式上必要之条件也，分说于下。

一副署之方式。已经成立之法律命令，君主署名签押，国务大臣，署官职姓名于其后，谓之副署。

御名	御玺
国务大臣某	

二副署之效果在确保公布之法令系出于君主适法意思。适法者，不违法之谓，又非不法之谓也。立宪国君主，同受治于法律之下，其行为之适法与否，人民不得而知，经国务大臣副署以确保之，而人民始共信为适法也。故君主施政之意思，其中必含有国务大臣之意思，法令出于君主之意思，副署出于大臣之意思始有效力，以人民对于无副署之法令，无遵守之义务故也。

按：副署之制，所以防君主之专横，故无副署之命令，失命令之效力。中国古语则云:不经凤阁鸾台,何名为敕?武后时刘祎之语。古今中外,其理正同。

各国国务大臣,不止一人,将全体副署乎?抑一人已足乎?关于此问题,学说不一。有谓各国务大臣皆须副署者,有谓关于主任事务由主任大臣副署。如关于教育,则文部省大臣副署,关于军政,则海陆军大臣副署之类,其余大臣无庸副署者。从实际上言之,君主命令有关于臣民之权利义务及重大事件,国务大臣须全体副署。关于主任事务,由主任大臣及总理大臣副署,其余大臣副署可,不副署亦可,为欧洲各国及日本之通例。

兹尚有一问题当述及者,即国务大臣能否拒绝副署是也。此问题视宪法上有无规定,而决定不同。若宪法有认定之明文,则此问题可勿庸解决。若无此明文,则学者之间,颇有异论。

国务大臣,有拒绝副署之权,惟巴威伦宪法有此规定。

以余辈之意见解释之,国务大臣当以不得拒绝副署为是。何则?国务大臣乃为副署之宪法上机关,为副署即其职权职务。宪法只定明须国务大臣之副署,未尝予以得拒绝副署之职权。副署既为国务大臣之职权职务,即有不得不为副署之势存焉。

然谓国务大臣,得拒绝副署之学者,亦自有其论据,兹举其说之大略如下。

(一)合于副署制度之政治的理由。

副署所以防君主之专横,即以救政治上之流弊。

（二）国务大臣，有国务大臣之责任，副署即所以使国务大臣负责任，故应有拒绝副署而负责任与拒绝副署而不负责任之别。

然余以为此二理由皆不足采。论者谓副署制度之政治上理由，在使君主之不法命令失法律的效力，民得免于受害。若虽君主之不法命令亦不得拒绝副署，则此制度之政治上利益归于乌有。是说亦不为无见。然使与国务大臣以拒绝副署之自由，君主之暴戾不法之命令，固可以不发生法律的效力，而善良合法之命令，其效力又难保不因此阻止。故如学者所主张，亦利害相半之说耳。立宪国政治上紧要之事项，皆依议会之协赞，以法律定之。故君主之命令，于人民[①]有至大之利害关系者甚少。学者所主张政治上之理由，实无甚价值也。

国务大臣，有拒绝副署之权，对于君主之乱命，不肯副署，当矣。若君主之命令，有利于国，因其不便于己，不肯副署，致仁政不能下逮，则如之何？故解释宪法者，不可谓国务大臣有不副署之自由也。何则？国务大臣，有不副署之自由，则君权尽移于国务大臣之手。君权下移，非宪法所许也。况国务大臣，只能陈述自己之意思，以备君主之采择，不能以自己之意思阻遏君主之意思。如河流然，上流之水必合下流之水以溉田，而上流之水亦必非下流之水所能遏抑也。然学者于此，不免有反对之说。谓君主总揽统治权，立

① 原文为“民人”。

法、司法、行政皆统治权之作用。因不能事事亲裁，故以司法权委之审判厅，以立法权委之议会。审判官之审判，必以自己之意思，非仰承君主之意思，而司法权不至旁落。议会之参与立法，亦必以自己之意思，非仰承君主之意思，而立法权不至旁落。何独至国务大臣有拒绝副署之权即有君权旁落之患也。不知为此说者，仅就事实上言之，非不娓娓动听，而于法理上并无根据，故不可盲从。何则？议会与审判官之自由，皆有法文明定者也。议会议决事件，性质上可以自由，为议院法所规定，审判官有独立性质，不受他人之干涉，为宪法所规定。至国务大臣，宪法上只有副署之职权，无不副署之职权，不能出乎宪法所定范围之外也。惟国务大臣之副署，确有政治上之理由，特不如论者之主张耳。所谓有政治上之理由者，君主不能以自己一人之意思或他人之意思发布命令，必参合国务大臣之意思发布命令，使人民对于君主之命令，咸晓然于君主与国务大臣之意思合致也。则谓副署之制度，为征信于民之符号可也。

学者所主张之第二点，亦有误处。盖国务大臣之责任与其副署，法律上异其归著之处。副署者，国务大臣之机关权限也。责任则关系于充国务大臣官职之自然人，只人格者得以负之，机关无人格者，故不得负责任。副署者，机关之问题。责任者，对于义务受制裁之可能性也。谓负担责任，故得拒绝副署，殆与官吏有责任故有行其职务与否之自由无异，故余辈不采此说。

国家所设之官职，为国家之机关，机关不能生过失，惟充机关之自然人，能生过失。过失者，责任之前提也，故责任乃自然人之关系。如税关官吏以征收商税为其职权，即有浮收，乃充官吏者负其责，非税关负其责也。如知事为行政机关，惩戒知事乃惩戒其人，非惩戒其官也。机关为权限之主体，自然人为权利义务之主体，故权限与责任，两不相涉。若如学者之说，国务大臣因负责任，故有副署不副署之自由，则是以自然人之权利可以左右机关之权限并可以改宪法上之条文。如知事有官制上所定之职务，亦有知事之责任，使谓知事因负责任故，可以行其职务，可以不行职务，其说为不通矣。故国务大臣，非宪法上有职权自由之规定，则无可以拒绝副署之时。

以上专就君主国言之，若北美合众国之情形，又当别论。君主国之君主不负责任，合众国大统领须负责任，而国务大臣之关系，亦不如君主国之重大。因辅弼无责之君主，则国务大臣之责重，辅弼有责之大统领，则国务大臣之责轻，为当然之事也。其不同之点一也。美国宪法第二章第二节：大统领以文书就各省之事务得咨询各长官。是国务大臣，为宪法上大统领咨询之机关。君主国国务大臣辅弼君主，美国国务大臣不过备大统领之咨询，其不同之点二也。君主咨询不用文书，大统领咨询必以文书，其理由安在？因君主不负责任，惟国务大臣负责任，故君主咨询，不用文书。美国大统领与国务大臣各负责任，其咨询必用文书者，以文书可作将来之证据也。过在大统领，则大统领负责，过在国务大臣，则国务大臣负责。其不同之点三也。（就法律上言，共和国国务大臣，不过为咨询之机关。就政治上言，则各民主国大统领，并无独断独行之事，其施行政务，必须国务大臣同意）。尤有宜注意者，美国之国务卿日本国务大臣不可与各立宪国之国务大臣相混。日本等国之国务大臣,并非行政长官,乃宪法上辅弼君主之机关。日本国务大臣,即由各省[①]行政长官充当,但另派人当国务大臣,亦无不可,宪法上并无限制。因国务大臣与行政长官,本属两种机关,要分可,要合亦可。美国国务卿,即行政长官,专司外交事务,欲其名实相孚[②],可称为外部大臣。日本宪法只有国务大臣之名称,无行政长官之名称(如外务省大臣、陆海军大臣等)。因各省大臣,定在官制,官制由天皇自定,故不列于宪法。美国宪法,则适相反,只有各部行政长官之名称,无国务大臣之名称。国务大臣之机关,为立宪国所不可少,美国亦立宪国,独无国务大臣也。何居?不知美国非无国务大臣,但其名称有异耳。国务大臣乃辅弼机关,美国宪法规定各行政长官备大统领之咨询,不能谓咨询非辅弼之一法,是美国各部行政长官,即美国国务大臣也。至法国情形,又与美国不同。美国大统领须负责任,法国大统领不负责任,负责任者,为大臣会议与内阁。大臣会议为筹议机关,即辅弼机关,一面备大统领之咨询,一面可陈述意见。即大统领不咨询时,亦可陈述意见。内阁为行政机关,即副署机关。此两种机关组织之人,并无差异,会议大臣即是内阁大臣,一切法令经大臣会议之后,必经内阁副署,始有实施之效力。若经大臣会议之后,大统领变更其法令之内容,则内阁不肯副署,而大统领之权不能行使。故法国政治,可谓之大臣政治,大统领无甚权力。

---

① 此处之“省”乃日本中央行政机关,相当于中国的部。旧制为十二省。

② 相孚,犹相符。

第二节 国务大臣之责任

一、责任之意义。

责任二字,以法律上之术语言之,其用语本无一定,或直以为义务,或解为制裁,或解为受责之可能性。余辈谓国务大臣之责任,宜以最后之意义解之。国务大臣之责任者,关于国务大臣行为之责任也,非就君主之行为代君主有其责任之意。何则?责任存于可受责任之人格者,所为之有责行为故也。

责任二字,即制裁之意,然国法学之所谓责任,与刑法上责任不同。第一,刑法上之责任,为物心两界之连络,责任能力,即辨别能力,无辨别能力,不负刑法上之责任。而国务大臣,必有完全能力之人。若无辨别能力,不能为国务大臣。即君主有违法之举动,国务大臣不知,或不能知,亦负责任。第二,精神病者,不负刑法上之责任,而国务大臣之责任,则以人格为归宿,虽有精神病,于人格无害(仍为权义之主体)。对于君主之行为,仍负责任。国务大臣死亡,丧其人格,方不负责任。此何以故?精神病者不负刑法上之责任,因刑法有特别之条文。从实际言之,要负责任亦可。国务大臣,有精神病,不负责任,宪法上并无明文,此皆与刑法不同之点也。但亦有与刑法相同者,即负自己行为之责任是也。然学者于此,不免疑问:刑法上之责任必系自己之行为,若国务大臣系对于君主之行为负责任(为特别责任),并非对于自己之行为负责任,乃谓与刑法同。

亦有说乎曰有孟德斯鸠谓君主不负责任，有国务大臣负责任。法国学者茅思坦[①]谓：君主者君临一国之谓，君主不能为统治行为，即无为之意。统治行为皆由国务大臣为之，故国务大臣，应负责任。是二说者，皆误解也。第一说误解责任，第二说误解行为。何则？国务大臣，只能为辅弼行为，不能为统治行为。国务大臣对于君主之行为，有辅弼之义务。故辅弼行为为国务大臣自己之行为，因辅弼行为负责任，即负自己行为之责任也。

国务大臣之有责行为，有出于过失者，有出于故意者，又有系积极者，有系消极者。

国务大臣陈述意见之行为为积极行为；君主有不法之举动，不为匡救，为消极行为（国务大臣，有精神病，或旅行，不能尽辅弼之职务，亦为消极行为）；明知政策不善，而实施之，为故意行为；以政策为有利于民，故实施之，后乃有害于民，为意料所不及，为过失行为。

责任与责问相表里者，故有责任不可无责问。宪法既规定国务大臣之责任，必须示责问者之所在。如宪法有此规定，可不必深论，否则何人为责问者，亦一重大之问题也。余辈以为无论以明文定责问者与否，责问者即为国家。然国家非机关，不能活动，故欲使责任之实现有效，须示定责问之机关。如不指定责问之机关时，国务大臣责任之规定，即属具文，无何等之效力也。

国务大臣对于国家负责任，则责问者为国家，固无疑义。但国

① 茅思坦，不详。

家为抽象无形,必设机关以责问。故研究此问题,不在责问者是否国家,乃国家以何种机关,责问国务大臣也。各国宪法,有以国会为责问机关者,有以裁判所责问者,有以君主责问者。后当详言之。日本宪法,无特设之责问机关,学者有谓君主总揽统治权,责问机关自当属之君主。以吾辈之意见,则不以此说为然。何则?国务大臣虽负自己行为之责,而负责之原因,乃不能纠正[1]君主之过失,国务大臣因君主负责,复由君主责问,必无实益也。从实际上言之,凡宪法未明定责问机关之国,大抵由国会责问,如否决预算案,即是责问国务大臣之方法。国务大臣,不尽辅弼之职务,则不为国会所信任,由国务大臣提出之豫算案,国会不认可,则国务大臣,自行告退,为各国常有之事。但日本议会否决权极其薄弱,因宪法规定,本年预算案不成立,则用前年预算案。故议会否决,不足以牵制政府。由从前起草宪法者,务尊君权,故定行政部之权限极强,而定人民代表部(议会)之权限极弱,与欧洲各国宪法扩张民权者不同。政府由国会监督,为立宪国之通例,日本亦立宪国也。而议会之权限极弱,不足以达监督政府之目的,实为日本宪法上之缺点。但有宜注意者:日本国务大臣,即以各省行政大臣充之,国务大臣,为宪法上之机关,对于国家负责,故由国会责问,为宪法上之问题;行政大臣,为行政机关,对于君主负责,仍由君主责问,为行政法上之问题,须分别观之。

二、责任之范围。

国务大臣,辅弼元首,而任其责。辅弼者,辅弼元首之

① 原文为"救正"。

施政也。故国务大臣责任之范围，不出元首之施政以外。至于元首之个人的关系，无论如何失德，不生国务大臣责任之问题。然国务大臣，对于国家一切政务，均有责任耶？学者之说，往往不同。或谓国务大臣（除德国外）仅对于其所分担之行政各部事项有责任，故某大臣所管事务，虽有过失，不能累及他之国务大臣，因此有以宪法明言国务各大臣者。余谓不然。论者之意见，殆以国务大臣与为各部行政长官之大臣相混。行政各部事务之分配，据官制定之，国务大臣之责任，则宪法上之问题也。宪法专定国务大臣辅弼一切国政，行政各部之长官，虽就其所管事务，各有别个之责任，然此不过官吏法上之责任而已。故国务大臣，系就一切国政负责任，是谓国务大臣之连带责任。

君主个人不合道德之行为，与国务大臣无关系。即君主不善调摄，致生疾病，亦与国务大臣无关系。因国务大臣之责任，以君主施政为其范围也。至君主杀人，犯刑法上之罪，国务大臣是否负责，须分别观之。若君主手自杀人，为君主个人的关系，国务大臣不负责任；若君主命令他人杀之，则为施政的关系，国务大臣应负责任。何则？君主命令，未经国务大臣副署，失命令之效力，不能杀人，君主有无故杀人之命令，而国务大臣为之副署，则非君主杀之，而国务大臣杀之也。故国务大臣所负之责任，乃负自己行为之责任，非代君主负其责也。若谓国务大臣代君主负责，则君主手自杀人，国务大臣，亦当负责矣。岂通论乎？学者论国务大臣之责任，往往分为二种，（一）政治上之责任；（二）法律上之责任。法律上之责任，又细分为三:曰民法上之责任;曰刑法上之责任;曰宪法上之责任。此等分别,殊非正当。何则?学者所谓有政治上之责任,犹言有道德上之责任。以吾辈之见解,则谓政治上之责任,乃实质上之责任,非道德上之责任也。况民、刑法上之责任,为君主个人之责任,国务大臣,不应负责。故国务大臣之责任,只可谓为宪法上之责任。学者为此区别,俨分国务大臣之责任为二。不知责任主体,并无二个,不过有实质、形式之分耳。就实质言,为政治上之责任;就形式言,为宪法上之责任。因国务大臣,以辅弼君主之施政为其职务,而责任之规定,则宪法也。德国国务大臣,只大宰相一人,关于责任问题之发生,由大宰相负之,不生何种问题。日本国务大臣,有十二人,则所谓负责者,是否各负责任,抑负连带责任,亦一至重要之问题也。学者以宪法上国务各大臣一语为根据,谓各大臣各负责任,无所谓连带责任,予辈则不以为然。各部大臣,分任辅弼,系为便利起见,非谓非其主任事务,即不得尽辅弼之责也。如甲乙丙丁四人,分任海陆外内四部,同为国务大臣,关于海军事务,宪法上无只要甲辅弼,不要乙丙丁辅弼之明文。故国务各大臣,非各负责任,乃连带责任也。连带责任,并非人之关系,与民法上连带保证不同。连带保证,即公共保证。如甲借戊款千金,乙丙丁三人为保证,对于甲之债务,皆负保证之责任。甲不履行债务时,乙丙丁三人,应代偿千金,然由乙一人独偿千金,亦无不可。故连带保证之责,可合亦可分。若辅弼行为,只有一个。同为国务大臣,同有辅弼责任,可合也,不可分也,此其所以异也。

三、责任之内容(效果)。

国务大臣之责任,即施政上之责任。对于其责任之制裁，即定责任内容之标识也。故欲知责任之内容（效果），不可不知对于责任之制裁如何。

国务大臣责任之内容及其手段，各国不一。或如日本宪法全无规定；或如普鲁士宪法，虽有可以制裁之规定，而无关于其施行之法律；又如英美法，或德意志诸国。关于此项，有各种之规定，要之制度既不相同，则立论自不免互异。兹特举诸国之例如下，而说明其制度之大要。

国务大臣，有应负之责任，为主观的责任，对于其责任之制裁，为客观的责任。日本宪法，仅有主观的责任之规定，施政上之责任。无客观的责任之规定。对于其责任之制裁。不惟宪法无此规定，并未尝留保于其他法律。宪法未定制裁，能否作为单独法律规定国务大臣之制裁，亦一问题也。以吾辈之意见，国务大臣之制裁，只能以宪法规定，不能以其他法律规定。何则？国务大臣主观的责任既规定于宪法，客观的责任亦应规定于宪法。日本宪法无此规定，实为宪法之缺点。普鲁士宪法，有制裁之明文，并无执行之法律。故虽有此规定，亦不能实行。惟英美德法等国宪法，规定主观的责任与客观的责任甚为详备，而各有不同，今先就英国言之。

（一）就英国而论，大臣之弹劾，下院行之，裁判，上院行之。

英国从前，大臣不惟对于其行为之适法与否负有责任，即是否正直公平及便利，亦负责任。近来不取此说，其大臣惟负政治上之责任，诉追之方法，多以下院之不信认决议表章之，大臣受下院之不信任决议时，以引责辞职，为宪法上之惯例。

各国既定宪法，即置内阁，惟英国内阁，由历史上变迁而来，非与宪法同时成立。英国内阁发达之历史，乃国王与议会权力消长之关系，兹分为两段说明。

第一，内阁之沿革。当条顿民族，安葛罗沙克逊[①]人种，为条顿民族之一，故亦称条顿民族。在德意志北部之时，即用议会政治。迨由德意志北部入英国，仍沿旧制而不变。其后法兰西北部威廉耳木王[②]，率诺尔曼民族侵入英国，征服条顿民族，为笼络人心起见，一切从旧日之习惯。威廉耳木虽为不世出之英主，而当时君权并不甚大，以沿用议会政治故也。条顿民族一切政事必经团体协议而行，曰大会议。威廉耳木利用其固有之大会议制度于中央召集，为咨询机关，大会议议员以僧侣僧中目头、贵族及代议士众中选出组织之，无下院上院之分，所谓一院制是也。至页夺瓦尔脱一世[③]，以大会议议员人数过多，地位不同则彼此关系亦不同，致会议时不免冲突，实际上殊多不便，遂改大会议为两院。以僧侣、贵族为上议院，代议士为下议院。然两院中人数亦复不少，遇有咨询事件，须召集多人，亦为不便。乃选上院中亲信之人作为常任顾问官，继又从常任顾问官中选出最亲信数人为枢密顾问，遇国家大事，备王咨询。而人皆以得入枢密院为荣。其后凡一般有势力者，有声望者，皆使入枢密院以示优异，以致人数渐多，不尽为王所亲信。至卡列斯一世[④]，复由

① 即盎格鲁-撒克逊，下文同。
② 威廉耳木，即威廉。
③ 即爱德华一世。
④ 即查理一世。

枢密院中选出亲信数人，即在枢密院中密室与国王讨议大政。如议国王私事之体裁，但国王与亲信大臣私议事件，必经枢密院共同议决。若枢密院不以为然，不能见诸施行也。至卡列斯二世遂名议事之密室曰内阁。内阁之名称，渐渐发表，尚未为一般臣民所公认（内阁成立，不啻夺枢密院之权归之内阁）。当时内阁大臣，与国会政党并无连络，以致时起冲突，于政治上有碍。至美利亚母三世①，创为调停之法，以最有力之政党组织内阁，所谓政党政治是也。为内阁大臣者，有二要件：第一，必系议员；第二，必系下议院议员。既为内阁大臣，当遵守数种惯例：(1)必以合意辅弼君主，不能以一人之意思；(2)各内阁大臣，须推载一总理大臣，既经推载，不能与总理大臣之政见相反；(3)辅弼君主之施政，须负连带之责任，遇国会有质问时，须详细解说，务使国会满意，不然，则内阁大臣须全体辞职。特当时所谓政党政治，又与现在情形不同。英国现在内阁，系以最大之一政党组织，从前内阁，乃以多数之政党组织，与日本现在相似。

第二，弹劾之制度。自内阁成立，有辅弼君主施政之职权，英人有恒言曰：王不为恶，为恶者乃内阁大臣。因请求国王付与国会监督内阁之权，凡政策不善，或违反法律，国会得以弹劾。非有法律规定，乃本于历史上之惯例。当十二世纪，里卡尔脱一世②时，将大法官罢免，大法官为内阁大臣之一。因其滥用权力，为议会所弹劾故也。又页夺瓦尔脱二世③时，大藏大臣赞成君主为不法行为，经议会

① 即威廉三世。
② 即理查一世。
③ 即爱德华二世。

弹劾,处以死刑。至里卡尔脱二世,又有弹劾[1]之事。当是之时,弹劾之事项,无一定之限制。凡经议会认为不当或不法之行为,内阁大臣皆负责任。弹劾之机关,亦无一定之限制。上下议院,皆可弹劾。至十七世纪,始定何者为可以弹劾之事项,如政略失败之类,何者为得行弹劾之机关。下院弹劾,上院审判。然自十九世纪中叶以来,内阁大臣不为下议院所信任,即行引责辞职,无须弹劾也。考欧洲内阁之制度,实导源于英国。英国内阁,其初为密室私议,当时内阁,权力甚微,枢密院不赞成时,则不能见诸施行。与议会并无冲突。其后内阁之权日重,与国会冲突亦日甚一日。现在内阁之权,与国会相当,亦无冲突之可言。从历史上言之,内阁所以便国王之咨询,有内阁,则大会议之权力以衰。内阁与议会权力消长之机,伏端于数百年之前,而发见于数百年之后,至今守旧者犹有余。慨焉!然内阁便于施政,虽有反对之学说,而内阁之权日益发达,现在各国无不以内阁定于官制者,从而[2]可知内阁之关系重大,为不可缺之机关也。

(二)就美国而论,下院有弹劾大臣权,上院有裁判之权。

裁判之效果,只剥夺公权,若有行刑之必要,移归普通裁判所管辖。现今合众国之宪法,虽以谋反、收贿及其他之轻重罪为限,为弹劾之原因,然实际上就便宜[3]政略上之问

---

① 疑为:德拉波尔。1386年,国会弹劾大法官德拉波尔和国库大臣福德姆之事,甚为轰动。

② 原文无“而”字。

③ 动词,斟酌、处理之意。

题，亦受弹劾。

美国宪法模仿英国制定，其形式与英国略同。但美国宪法为成文法，与英国由历史发达者不同。下院可以弹劾内阁大臣，并可弹劾副大统领。上院裁判，办法极其严重，几与刑事裁判相同，其效果以剥夺公权（免官）为止。但免官之后，不得为官，即名誉职亦不准充当，若有行刑之必要，则归裁判所管辖。例如铁路大臣，建筑之政策不合，由下院弹劾，上院裁判。如因铁道事件，有收贿情事，应归裁判所管辖是也。

（三）法国弹劾之权，在代议士院，而裁判权则在元老院。大臣之弹劾，行之于因大臣执行职务所犯之罪。

法国除弹劾外，与大臣责任相同之方法，即对于受责的质问之不信任决议是也。大臣之施政，代议院不以为然之时，代议院对于大臣求强制的答辨。若大臣之答辨不能使代议院满足时，大臣受代议院不信任之决议，决议之后，大臣即当引责辞职。

法国宪法，为大陆诸国所摹仿，弹劾大臣之制度亦然。一千七百九十一年九月，法国制定宪法，大臣对于宪法上、治安上有不法行为时，当负责任。或侵害人民之财产及自由，或滥用所管有之款项，亦负责任。一千八百四年改正宪法，大臣有不法行为，高等法院有审判之权。迨路易十八世时钦定宪法，大臣有谋反、抢夺情事，归下议院弹劾，上议院裁判。何谓谋反？何谓抢夺？弹劾之手续如何，宪法上并无规定。至一千八百三十年宪法，关于谋反、抢夺始有详细之规定：凡害王及女王、王太子之安全，及害国家内外之安宁，或违反宪法，蹂躏宪法所保证之国王及议会之权利，皆谓之谋反；不根据法律，浮收租税、国库款项，滥行开支（自贷，或贷人）及以国家权力供自己利益之用，皆谓之抢夺。此外尚有私曲一项，亦可为弹劾之理由。所谓私曲者，即擅行变更法律或增或减及不遵公理，滥用权力侵害人民利益之谓也。至一千八百四十八年改正宪法，关于弹劾之手续，始有详细之规定。凡国会弹劾大统领及大臣，由高等法院审判，其弹劾之原因，分为二种：（一）施政行为，大统领及大臣对于一切施政行为须负责任，如国会认为不法或不当时皆可弹劾；（二）谋反行为，无故解散国会或妨害国会事务，则视为谋反，亦可弹劾。至高等法院之组织与寻常法院不同，判事五人均由大审院判事中选出，用无记名投票法。陪审员三十六人均由国会议员中选出。一千八百五十一年改正宪法，专言大统领对于人民须负责任，不言国务大臣之责任，非国务大臣不负责任之谓，其谓国务大臣附属于大统领。大统领系对于人民负责任，国务大臣乃对于大统领负责任，如属官对于长官，为行政法上之责任。一千八百七十五年改正宪法，大统领为国事犯时，代议士院有弹劾权，元老院有裁判权，国务大臣为国事犯及有受贿情事时亦然。（一千八百七十五年宪法，即现行宪法。）此法兰西宪法之沿革也。但就现在实际上言之，法国大臣只须受议院不信任之决议，即当引责辞职，无须弹劾，与英国略同。国务大臣之施政，若议院①认为不当，对于国务大臣有质问权，谓之吃责②的质问。吃责的质问，与寻常质问不同。寻常质问，必得

① 原文为“议会”。

② 吃责，斥责之意，下文同。

国务大臣之许可，吃责的质问无庸俟国务大臣之许可。且国务大臣，对于此等质问，必须详细答复。若所答复者，不能满足议院之意，则国务大臣不能安其位也。

（四）德意志诸国大臣弹劾之制不能尽同，然诉大臣时，以违反宪法或有以明文揭示之行为为限之点，则一致也。违反宪法时之弹劾，殆与刑事诉讼相似，然其制裁，则以剥夺公权而止，与美国同。

行弹劾之权，一院制之国则于议院行之，两院制之国，或由两院之会议行之或由各院各自行之，或以下院为限，或附与君主以交特别政治法院审问之权。

沙克逊为两院制，各行其弹劾权。巴威伦亦为两院制，其弹劾权，则由两院会议行之，或下议院专有弹劾权，或交政治法院审问。为联邦中各小国之制度。

行裁判之权，一、二国属于控诉院，一、二国设特别政治法院。判事由上级裁判所判事选出之，其方法即半属君主选之，半属议院选之。

普鲁士沙克逊、裁判大臣之权属于控诉院（即大理院）。武攸典补尔[①]，则特设政治法院。其判事选之上级裁判所，审问之法，用口头审问。大统领对于既受判决有罪之大臣，非得国会之同意不能大赦或特赦。

① 疑为乌腾堡（Württemberg）。

第八章 枢密顾问

枢密顾问者，君主咨询重要国务之宪法上第二次机关也。因其为宪法上之机关，故非变更宪法，不得废止之。枢密顾问，又为君主任免之官吏所充之机关，故曰宪法上之第二次机关也。枢密顾问官于枢密院审议国务，其所审议之事项，皆国家重要之政务。重要政务，枢密院不能议定，乃君主自行决定者也。然既发布枢密院官制，规定其权限，则一定之事项必须交枢密院审议，虽君主亦不得不从该官制之规定。但系官制或敕令所定，君主之能改废，又不待言。枢密院官制规定，其官制及事务规定之改正应咨询该院，然此规定决不能束缚君主之敕令权。

枢密顾问官乃君主之咨询机关，有答君主咨询之职权，故不得如国务大臣，不待君主之问而进呈其意见也。

枢密院者，枢密顾问官执行其职务之宪法上合议机关也，其组织及权限以官制定之。

德国亦有枢密顾问官，日本宪法多与德国同，枢密顾问，其一端也。枢密顾问之制度发源于英国，而德、日两国之枢密顾问又与英不同。立宪君主国，君主为第一次机关，枢密顾问由君主任免，故为第二次机关。枢密顾问之机关为宪法所认许,而其职权职务,则为枢密院官制所规定。日本枢密院令,即枢密院官制。日本国会亦为宪法所认许,而其职权、职务则定在贵族院令、下议院法。兹分为两段说明。

第一,枢密院之组织及权限。枢密院者,非指建筑物而言,乃指枢密顾问办事之地,为合议制之官厅而言也。枢密院官制,议长一人,副议长一人,顾问官数十人,议长、副议长亦由顾问官中选出,但非一经选任即为议长、副议长也,又必须君主亲任之。必彼此会议,以共同之意见答君主之咨询,不能以单独之意见为之也。然枢密院之为合议制,固为学者所公认,是否为一种官厅,则议论不一。惟认为官厅始有权限争论之事,故认为官厅与否,其关系颇为重大。日本学者冈实[①]谓枢密院虽合议制,而非官厅,以其权力不能发表于外部也。即对于外部无发达命令之权。德国学者及日本一木博士谓不必有对外发表之权力,亦可谓之官厅。如烟草专卖局铁道局等对于外部并无发表命令之权,何以亦谓之官厅。吾辈系赞成后说也。枢密院所审议者,皆重要政务。如何之政务始为重要,宪法上并无明文。据日本枢密院令所定,其重要政务应交枢密院审议者,分为三种。(一)据皇室典范委任枢密院审议事件及应否设置摄政事件;(二)关于宪法及附属于宪法之法律、命令之改正,起草时,须交枢密院审议;(三)戒严之宣告及发紧急命令紧急命令,即关于一国财政上之紧急处分。与附有罚则之命令,君主当咨询于枢密院。与外国结约及关于枢密院官制,与办事章程之改正亦当咨询。此外国家要

① 冈实,疑为东京帝国大学法科大学政治学科毕业的冈实(1873—1939),其著作《行政法论纲》由有斐阁1902年出版。

务，君主得临时咨询。若应咨询之事件，君主不先咨询而发命令，则此命令提出于议会时，失各令之效力，以议会对于此等命令，无遵守之义务故也。至枢密院之职权职务，有无限制者二。(一)审议之事件无限制。无论立法事项、行政事项，遇君主有咨询时，皆可陈述意见。(二)审议之意思无限制。枢密顾问以独立之意思，以合议之意思为独立之意思。答君主之咨询，不必迎合君主之意思。有有限制者一，即君主不咨询时即不得建言是也。枢密院之组织及权限，既如上所述矣。至枢密顾问与国务大臣之关系如何？亦一问题也。国务大臣备君主之咨询，为辅弼机关，枢密顾问亦备君主之咨询，其职权职务，与国务大臣略同。其不同者，则国务大臣自动，枢密顾问乃被动耳。国务大臣，随时皆可建言，是自动也；枢密顾问，有问则答，是被动也。国务大臣以独立之意思辅弼君主，枢密顾问亦以独立之意思辅弼君主，彼此意见冲突，则如之何？有学者谓：国务大臣之辅弼君主是其责任，且大臣多兼部务，故一切政务只须得国务大臣之同意即可见诸施行；枢密院乃賸置之机关，其意见虽有异同亦无足轻重也。日本多数学者，谓枢密院为老朽养成所，即中国之所谓养老院。以枢密顾问大都以年老之国务大臣及军人充之也。不知此等批评，乃得人不得人之问题。日本谓为人身之攻击。无论何种机关，若所用非人即生弊病。如国务大臣尽用老朽，则政府亦可谓老朽养成所，岂独枢密院为然哉？学者因枢密院尽用老人，遂谓枢密院可废，不知其人虽老，其官甚少，不可废也。吾辈所以如此主张者，其理由有二：(一)枢密顾问为合议机关，与国务大臣不同。国务大臣以个人之意见辅弼君主。国务大臣内阁会议彼此商定办法，由总理大臣奏明君主，系为事实上便利起见，非法理上当然如此也。

枢密顾问，则以多数人之意见。辅弼君主，多数人之意见必较个人之意见为妥善可知也。（从国家关系言之，重大事件经众人会议，必不至有错误。）（二）国务大臣，往往为政党所左右，枢密顾问，则无此弊。何则？君主施政，由国务大臣负其责，故君主施政之结果，与国务大臣之地位有关系。从法理言，君主之施政为君主之意思，从实际言，全是国务大臣之方略。国务大臣之方略与政党有密切之关系，因此政党总求接近国务大臣，用种种方法笼络之，使国务大臣之方略与其党之政见相合。此就政党一面言。若就国务大臣言，方略与最有力之政党不合，亦与己不利。总之，彼此皆有利用之心，故国务大臣不免为政党所左右也。政党代表各阶级所主张之利益往往为一部分之利益，非全国之利益，如农业、政党，专利农而不利商。政党聚居一隅，则利一方而不利全国。故大臣为政党所左右，其流弊甚多。枢密顾问则备君主之咨询，而足以补救国务大臣之流弊者也。君主施政，国务大臣负责，欲保全自己之地位，不得不与政党相连络。枢密顾问不负君主施政之责任。枢密大臣专备君主之咨询，不能干预君主之施政，亦不负君主施政之责任。其地位非政党所能动摇，故其政见不致为政党所牵制，利一；枢密顾问所审议者，乃全国之利益，非一部分之利益，利二。枢密院人数众多，纵一、二人与政党有关系，不能单独达其意见于君主，故合议之意见，无不关系全国之利益。枢密为最高顾问，非国之元老不能充当，故枢密顾问类皆练习政事、熟悉沿革，审议国政悉合机宜，利三。由是以谭，则枢密顾问有利于国，为必不可少之机关可知也。日本国务大臣，年龄并无特别之限制，只须成年可以充普通官吏，即可为国务大臣。枢密顾问，非四十以上不能充当，则谓枢密顾问，较为重要可也。以上系就寻常立宪国而言，若政党政治之国，则枢密顾问尤为重要。何则?政党政治之国,大抵以最有力之政党组织内阁,内阁意见即是政党意见,所主张之利益,往往非全国之利益。枢密顾问不惟可救内阁意见之偏私,并可补内阁意见所不及。政党内阁为立宪国所希望,不得因其稍有流弊而妄肆攻击也。至内阁大臣之意见与枢密顾问意见冲突时,由君主自由弃取,并无难于解决之问题。

第二,枢密院办事情形。遇君主有咨询时,必顾问官十人以上出席始得开议。会议时,议长因事未到,以副议长代,副议长亦因事未到,以坐位以次居首之顾问官代。寻常会议,议长居首,副议长次之,顾问官资深者又次之。其特例则国务大臣可充枢密顾问,为历史上之理由。枢密顾问发源于英国,英国内阁大臣即由枢密顾问中选出,故英国内阁大臣,可以枢密顾问之资格列席会议。日本枢密院令有此规定,系沿用英国之旧惯,即所以调和国务大臣与枢密顾问之意见。但国务大臣充顾问官者,不得过枢密院人数一半以上。盖会议之时,率取决于多数,若国务大臣居其多数,即可操议决之权,而枢密院等于虚设。故日本枢密院专充顾问官者二十七人,以国务大臣兼充者十人,共三十七人,而国务大臣实居少数,职是故也。枢密院议事,从多数决,若可否同数,由议长决定,议长未到,由副议长决定,副议长未到,由坐位以次居首之顾问官决定。其余议事之种种方法不具论。惟开议时不得商之议会,亦不能采人民之意见,当以枢密院独立之意见答君主之咨询。与内阁及各省大臣,得因公以文件往还,其余官厅则不许以文件往还。其限制之理由有二:(一)使枢密院独立,不受其他之影响;(二)枢密院只能对于君主发表意见,不能对于外部发表意见,因枢密院不有行政权,即不有命令权,故对于下级官厅不得发布命令。

第九章　国　　会

第一节　国会之法律上本质

国会之法律上地位，各国不同。然苟为立宪国，必不可无国会，是知国会必有一公共之性质。余辈当就各国国会之通性抽象言之。

国会为各立宪国通有之名称，故讲义从之。至国会之性质，彼国与此国不同，今日与昔日不同，必一一比较言之，颇不易易，兹特言其通有性而已。

国会者，代表国民发表其意思之宪法上第二次机关也，分说如下。

英国国会，干预一切政务。日本帝国议会，只能协赞立法预算。就英国言，则可谓国会者，就国家一切政务代表国民全体发表其意思之宪法上第二次机关也；就日本言，则可谓国会者，就立法预算代表国民全体发表意思之宪法上第二次机关也。权限有广狭，故代表意思之力有强弱，此为英日两国国会之特性，非各国国会之通有性也，国会之通有性，如讲义所云。

（一）[①] 国会者，代表国民之机关也。故欲知国会之为

---

① 本节未见序码（二）、（三）等。

何物，不可不研究代表之意义。代表者，个人或其集合体以其事实的意思或法律的意思，使充他人或他集合体之法律的意思之法律上关系也。换言之，或事实的意思之主体，于充他人或他机关之意思机关时，即为有代表关系。故代表常为机关关系，非人格关系，乃意思之人或集合体，于充他人或机关之机关（意思机关）时，得认之法律上关系也。此代表与代理不同者一也。又代表乃机关与人格者，或机关与机关之关系，故代表机关之存在，常为客观的且他动的。此代表与代理不同者二也。代表乃机关意思之机关关系，故代表之意思，即被代表者之意思，代表与被代表，乃一个同一之人格，故被代表者无复对于代表者认意思存在之余地[①]。此代表与代理不同者三也。而学者往往彼此混淆，遂使国会法律上之意义不明，此不可不注意者也。

国法上之代表，与民法上代理不同。第一，代理与本人有两个人格，亦有两个意思（本人为人格者，代理亦为人格者，本人为本人之意思，代理为代理之意思，不过代理意思，为本人起见，故意思效力及于本人，非代理意思，即本人意思也）。代表则不然。有为人格者之代表者，有为机关之代表者。而代表实为被代表之机关，故代表非人格之关系，乃机关之关系。代表之定义，如讲义所云。事实的意思主体，或法律的意思主体，充人格者或他机关之意思机关时，即为代表关系。事实的意思，即人在事实上应有意思；法律的意思，

① “认意思存在之余地”，疑义为“进行意思确认之余地”。

即法人本无意思，法律上认其有意思。而代表意思皆是法律的意思。盖事实的意思为自然的代表，以自己事实的意思作为他人法律的意思，其意思已变，故谓代表皆法律的意思。换言之，即扩张代表事实的意思成为本人法律的意思。有意思能力者皆有事实的意思，加入代表之意思，认为①一人之意思。又法律的意思，法人本无意思，加入代表之意思，认为一人之意思。君主未成年，本无意思，加入代表摄政之意思，认为一人之意思。认为一人之意思者，法律也，故谓代表皆法律的意思。第二，代理乃人格者与人格者之关系，本人为人格者，代理亦为人格者。代表乃机关与人格者之关系，或机关与机关间之关系，人格者国家与机关君主间所有代表关系，如君主代表国家，机关与机关间所有代表关系，如裁判所代表君主，摄政亦然。代理为主观的且自动的，代表乃客观的且他动的。何则？代理有法定代理、委任代理之别。委任代理，必由被代理者，有授权行为，代理全部或一部，皆视授权之广狭而定。是授权之广狭，出于被代理者之自由，而代理者愿意代理或不愿意代理，亦为代理者之自由。即始愿代理，终不愿代理，致本人受损害，亦只任赔偿之责。故谓为主观的且自动的。代表则不然，代表之资格及其顺序，与办事之权限，皆以法文明定，非可以本人之意思自由选择。如摄政为君主之代表，其代表之资格及顺序，与办事之权限，宪法上皆有明文规定。故谓代表为客观的且他动的。至法定代理，其为客观的，与代表同，而仍有不同者。何也？例如未成年者之母为后见人，系法定的，但其母不愿为后见人时，亦为法律所许。代表由于法定，则无可

① 即“认其为”。

委卸者也。第三,代理之意思非本人之意思,本人为人格者,代理亦为人格者;代表则不然。代理与本人,本有两个人格,而法律上认为一个人格,故代表之意思,即被代表者之意思。德国学者 Windscheid① 谓代表之意思作用,其效力及于本人,与代理人之代理本人之意思无异,此说合代表、代理为一,各国立法例,不采此说,学者亦不主张。盖人格关系与机关关系分析不明,每易误会。代理人既有人格,则自有意思,若谓为本人之器械,与民法上人格之本旨不合,民法认代理人为人格者。但日本民法,关于法人代理之规定,殊欠明晰,致日本民法学者讲法人之代理时,往往与代表相混。如民法条文,谓理事代表法人,代表二字,当作代理解释,非理事既为代理,又为代表也。又民法上法人之种类,有法人之机关一项(社员总会)。以理事为法人之机关,则理事便无人格,理事既无人格,即不能代理法人,而理事之代理权,无从发生。从法理上言,理事对于法人之关系,与后见人对于未成年者之关系无异,后见人不得称为未成年者之机关,则理事亦不得为法人之机关可知。日本民法以理事为法人之机关,亦未免混淆。例如吾辈托朋友办事,不能谓朋友为吾辈之机关,日本民法学者既谓理事有代理权(既有代理权,即是人格者),又谓理事为法人之机关,(机关非人格者),是学者之说,自相矛盾也。

代表之意义,既如上所述矣,当更述国会之如何代表人民。

人民指其总体而言,其自身虽无人格,然有共通之利益存焉。此共通之利益,即国家之利益,且为施政之目的,国

① Windscheid,可能为 Bernhard Windscheid(1817—1892)。

家依任意之方法，得知何者为人民共通之利益。立宪国之特色，在使人民表示其共通利益之为何者，国家从而采其意见，以为施政之道。然人民于使其表示共通利益之点，即为国家机关的机能，表章[①]此机关的机能，有各种之形状[②]，或依国民总会之方法，或依国民投票之方法，或依代议制度之方法而行。

国家为人格者，君主以机关格代表国家，即代表人格者。国会则不然，国会以机关格即为机辟之资格。代表人民，非代表个个人民，乃代表民之总体。人民皆有人格，人民之总体则不成人格。就人民而论，个人有个人之利益，就人民之总体而论，则有公共之利益。公共利益，即由人民组成之国家之利益，国家一切施政，即以公共之利益为目的。然用何种方法，始能发见公共之利益，专制国与立宪国不同，专制国发见公共利益之方法，不外三种：（一）由学者之理想；（二）采一般之舆论；（三）由官吏之考察。故专制国亦时有善政及民，然此乃间接发见方法。而立宪国之特色，则使人民直接对于国家表示公共利益之所在，为直接发见方法。因立宪国以人民为国家之机关，故人民有对于国家表示公共利益之能力，此种能力，称之曰机关的机能。然人民虽有发表之机能，非可任意发表也。其发表之方法，各国法律，皆有明文规定。古时有国民总会，以会议发表公共利益，欧洲小国如瑞士等国用国民投票法以发表公共利益，又有用代议制度（即国会）以发表公共利益者。此外尚有种种方法，吾

① 表章，日语，即“发挥”之意。
② 形状，日语，即“情形”之意。

辈不可不研究者也。

人民之为国家机关,据以上所述,已无可疑。然学者或谓国民总会及国民投票,皆非一切人民所得干与[1]。至代议制度,其参与选举者为国家少数之人(非一切人民)。此实际情形也。然无此关系之一部分人民,即谓其非为国家之机关,实误解也。

学者谓人民虽能发表公益,非人人能发表公益也。如妇人孺子即无投票权,无选举资格者不能参与选举。必有投票权者与有选举资格者,始能发达公益,始能为国家之机关。人民之总体,不得谓为国家之机关也。然有投票权者、有选举资格者,皆人民总体中之人民也。总体中之人民,可称为国家之机关,则人民之总体,亦可称为国家之机关。试举一例以明之。如政府提出之豫算案,往往由委员会讨议,委员会者,从国会中选出数人以组成者也。谓此数人为国家之机关,其余非机关,可乎?学者又谓讨议预算之委员由国会总体中选出,故委员会可谓机关,国会亦可谓机关。有投票权者、有选举资格者,乃人民总体中之少数人,故只此少数人可谓机关,人民总体不得谓机关。不知国会议员,有时亦不能全数到会,而选出委员会之委员时,亦不须由国会总体选出。故学者之说,不可从也。

论者以国民总会或代议制度非国民全体投票,故人民总体非机关,惟选举者为其机关而已。余谓不然。试举民主国之例言之。民主国之国民总会,可以直接总揽

① 干与,通干预。

万机[①]，此等国民，即以主权总揽者充国家之第一次机关。假如停此国民总会，而举一定之委员，使施行政务，国民固仍不失主权总揽者之地位。二者之异点，只在主权者总揽其主权之方法稍别耳。更进一步言之，即使不令国民举出委员之全部，惟以法律定一部之委员，或使他机关定之，除于主权总揽者之机能事实上缩小其行动之范围外，关于其机关的机能之法律的性质毫无变化。以上之例，专就民主国言之。即以立宪君主国言，君主国人民本非主权总揽者，然人民举出全体之代表者，基于法所附与[②]之活动的资格，依选举机关而得活动其所有之机关的机能，故一部分人民之不与选举，或由于偶然之事故，或由于无选举能力。此等无能力之人民，并非无代表之资格也。盖代表关系乃他动者，存乎客观的、非生于被代表者之意思能力。代表者之投票资格，因选举结果当选而定，非因各选举人之意思而定。选举人投票，因定代表者之故，参与法之作用，以尽其一职分而已。故对于代表者，无论选举者、选举无能力者，以个人而论，在法律上均无关联，而以一体依代表机关之国会而被代表。

美利坚、比利时、瑞士等民主国，宪法上规定，人民为主权总揽者，即为国家之机关。所谓人民者，乃人民之抽象体也。非指一部分之人民，乃指全部之人民。非指定宪法时之人民，乃指永久之人

① 原文为“万几”。
② 附与，附，通付，附与，即赋予。

民。故不能参与政权之妇孺,亦系国民一分子,亦有机关之地位。例如开国民总会,非全国人民全数到会,全数到会虽至小之国,亦办不到。必有法定之资格者,始得列会。使国民全体参与国政是其宗旨,法定国民列会之资格是其方法。人民有机关之地位,当就其宗旨言之,不当就其方法言之也。至立宪君主国人民,何独不然,君主立宪国,使人民发表公共利益是其宗旨,由人民总体中选出代议士,使代议士代表人民是其方法。因偶然之事故不能与选举者,如为小学教授及裁判官或军人之类是也;无选举能力者,如妇人及未成年者是也。此等人之无选举权,第就选举时言之,至议员选定之后,则无论何人,对于议会,皆有同一之资格。何则?议会不能代表有选举权之人民而不代表无选举权之人民,亦不能多予有选举权者利益而少予无选举者以利益也。故人民对于国会,无论有无选举权,皆能请愿,是其证也。国会代表人民,实代表人民之总体,国会之意见即人民总体之意见,则人民总体为国家之机关,无可疑也。(此外尚有宜注意者,人民对于国会请愿,君主国与民主国不同。君主国之人民,惟各个人能对国会请愿,人民总体无对国会发表意见之时。民主国则不然。若瑞士联邦,国会而外另有人民总会,人民总会可对国会发表意见,强制国会谓之强制请愿。美国有大事为国会所不能决者,使国民投票以决之,与瑞士之制略同。盖民主国国会,仅能代表人民一部分权利,故国会而外,另有人民总会,可以发表意见。)以上所述者,为代表说,德国学者朽尔则①、拉板脱②,日本学者市村

---

① 朽尔则,不详。

② 拉板脱:Paul Laband,(1838—1918),即第17页中译为“那板德”。

光惠、穗积八束则主张反对说。兹述拉板脱及穗积之说于后。其言曰:国会乃国家直接机关,即君主直辖机关,非人民之代表也。寻常论者谓国会代表人民,不过一形容辞耳。例如称日本那清[①]代表德川时代之文学,支那李杜代表李唐时代之诗人,皆形容辞,非实事也。何则?必人格者与人格者之间始有代表之关系。一方有人格、一方无人格,不成代表,双方无人格,更不待言矣。故谓国会代表人民,必人民之总体为人格者,且使国会与机关地位相分离,而成为人格者,而后可也。然各国法律,皆不认人民总体为人格者,人民总体为无形体,果其有无形之人格,则必有法律上之规定。今各国皆无此规定,则国会不成为人格可知。即就国会言,亦必不能离开机关之地位。凡法人之有人格者,必有自己一定之目的,国会以国家之目的为目的,无自己之目的存,则国会不成为人格者,确是一个机关,更无疑义也。人民总体及国会,皆非人格者。故知国会不能代表人民,更进一层言之,代表者必不行使被代表者之权利。人民之总体,本无权利之可言,就各个人民观之,各有一定之权利,惟人民之总体,无所谓权利。则国会何从行使人民之权利?由此亦可知国会非人民之代表。此等学说,乃以国法上之代表与民法上之代理相混,其实代表乃机关与机关之关系,非人格者间之关系,谓国会非代理人民则可,谓国会非代表人民则不可也。至谓国会为君主直辖机关,其弊有二:(一)使立宪国与专制国无别。立宪国国会参与立法预算事项,专制国立法预算亦有机关分任。日本未立宪以前有元老院,议员数十人皆由君主任命,参与立法事项。若谓国会为君主直辖机关,是以日本今日之议会与从前之元老院无以异也。(二)使国会与枢密院无异。枢密院参与立法预算,为君主直辖机关。其实元老院由君主任命，国会则由人民选举；枢密院为官制所规定，国会则为宪法所规定。两者之区别，较然可知也。然德日学者，犹如此主张者，亦有两种原因。

第一，由宪法上规定不明。日本宪法无国会为人民代表之明文，日本学者遂疑国会非人民之代表。普鲁士宪法则有明文，而德国学者亦有反对之议论。何也？因普鲁士宪法仅有消极规定，无积极规定故也。普鲁士未立宪以前亦有议会，特其议会为阶级代表，所以代表皇族贵族，非代表一切人民。及规定宪法时，乃为消极规定，谓议会非代表阶级的人民。德国学者解释宪法，遂谓议会非代表人民。然日本宪法，虽无明文，而推测宪法之精神，可决国会为人民之代表。但宪法之精神若何，又乌①从而知之。曰，由选举知之。国家令人民选举议会，许人民全部或一部有选举权，乃选举之手段。即使议会代国民发表意见，议会能代国民发表意见，则议会为人民之代表，自不待言。例如学堂多数学生，欲对于管理员或教习发表意见，必推举少数人为之代表，与国会发生之原因相同。至普鲁士宪法谓议会非代表阶级的人民，其反面乃谓代表一切人民也。学者谓国会非代表人民，自属误解。

第二，由维持当时政治之情形。自法国大革命后，民权思想日益发达（国家赖人民以扶持，凡兵政、财政，一切皆取之民，应由人民全体总揽主权，不得任少数政府操纵全国，此民权之说也）。其影响及于全球。德、法比邻，德民既受法国革命思想之潮流，民气甚为激昂，君权极其薄弱，势不至变德国为共和国不止。拉板脱等为维持君权起见，乃倡国会为直接机关之说，以遏其萌，其果合法理与否，不暇

---

① 乌，同无。

计也。日本维新之初,亦受法国革命之影响,致人民政治上之思想,亦甚激烈。市村、穗积等故主张国会为直接机关之说,以救时势之穷,亦出于不得已也。总之德、日学者之说,或有为而言,非法理上应当如是也。此外又有攻击代表之说者,谓君主国之议员,由一部人民选出,不得为人民总体之代表。又有谓议员或由于世袭,或由于敕任,尤于人民全无关系,何得为人民之代表。此两说无须辨驳,但明于代表之观念,即知其说之不当。又有学者谓国会为人民之代表,不以为代表机关,而以为统治之客体,盖以人民为统治之客体,国会代表人民,故亦为统治之客体。不知人民亦有两种地位,一为客体的地位,一为机关的地位,国会代表人民,乃处于机关地位,非处于客体地位也。

学者又云,国会为国家直接之机关,非人民之代表者。盖代表系人格者与人格者之关系,国会乃机关而无人格。人民以个人而论,各有人格,以团体而论,则无人格。无人格之间,固无所谓代表也。学者殆以国会之代表人民,不过政治上之形容辞而已,在法律上毫无意义。

然余以为此种意见,因混同代表、代理,以民法上之观念说明国会与人民之关系致误。夫国会与人民之关系,公法上之关系也,不得以民法上关于代理之关系说明之。余辈既言明代表非代理矣,故不复赘述。

学者又谓国会为统治之客体,其意谓国会代表人民,人民为统治之客体,故国会亦统治之客体也。不知国会之代表人民,非代理其人格,乃代表其机关地位者也。自机关地位观之,人民既为国家之机关,而非客体,则代表其地位之国会,亦非统治之客体也。审矣。

第二节 国会之组织

一、泛论

国会之组织,各国不同,今据其大纲,区别为二。

国会既为国家之机关,则当以法律组织之,不待言。然各国法律不同,故组织国会之方法,亦各有不同。国会之本质问其不同者,组织之方法耳。至国会应用何种手段组织、有如何之利害,为政治学之问题。就各国国会情形(其沿革若何,变迁若何),从历史上比较研究之,或专就一国国会研究之,乃国法学之问题。然研究之范围,虽有如此分别,而研究国法学者,不可无政治学之知识,研究政治学者,亦不可无国法学之知识。故论国会之组织,不能不涉及国会之利害得失,亦必然之势也。

(一)以一院组织国会者(即一院制)。

以一合议组织而成立而共有其机关意思。

(二)以二院组织国会者(即二院制)。

以二合议组织而成立,又各有其机关意思。合议组织何?即各议员各有其机关意思或权能,必结合为一体,乃能发生对外之效力之谓也。各人权能,彼此平等,故甲不能对乙发命令,乙不能对甲发命令。又甲或乙一人之意思,无对外效力,即全体议员之意思,未决议,亦无对外效力,必彼此意思集合而为决议,始有对外效力。至决议之方法,恒以多数决,至可否同数,则取决于议长。学者谓据此则议长之权能高于各议员，非平等也。且可否同数取决于议长一人，则是议长一人之意见，亦能生对外之效力。不知当取决多数之时，议长亦不能反多数之意见，不能谓议长之权能独优。至可否同数取决议长，乃法律上之办法。故发表外部之决议仍为国会之决议，非议长一人之决议也。亦不能谓议长一人之意见能生对外之效力。故学者之说，不免误会。

现在一院制之国会，仅德意志各州之小国及二、三小国而已。二院制最多，如日、英、美、法、普诸国是也。今就两制度之利害研究之。

（一）一院制议事之成立，得以敏活[①]而不免有轻率之弊；二院制议事之成立，不免迟缓，且往往有竟不能成立者，然不至于轻举妄动。

（二）一院制有节省经费之利，二院制不免糜费。

要之，一院制利于小国，二院制利于大国。泛言之，国会之事件，最为重要，与其轻率而贻误[②]国家，毋宁延缓而出以郑重，经费之多寡，尤不能锱铢计较。谓二院制优于一院制，固无不可，然实际上其利害究竟如何，则须就其国之特殊事情决之。

现在各国，采二院制者居多数，采一院制者居少数，法儒孟德斯鸠，谓二院制实胜于一院制，见《万法精理》。法律哲学家 stadl 斯道尔[③]亦如此主张。但专就理想上言之，则二院制较为妥善。其实实

---

① 敏活，日语，快速、敏捷之意，下文同。
② 原文为“遗误”。
③ 斯道尔，疑为 stahl，即 Friedrich Julius Stahl(1802—1861)。

际上各有得失。何则?一院制之国,当参与立法预算时,只须一次决议,议事之成立得以敏活,为一院制之长处。但国会所议之事皆关系国家大计,如改正宪法,宜如何郑重,若一次议决即行改正,不免草率,又一院制之短处。且议会代表各阶级利益,仅有一院,必有不公平之结果。何则?议员由全国人民选出,全国人民,贫多于富,平民多于贵族,其大较也。用一院制,由平民选出之议员,必居多数,由富民贵族选出之议员,必居少数,且有竟无议员可举者,被选举者各代表其选举者,势不免偏重而不能公平,故一院制只能代表贫民不能代表富民,只能代表平民不能代表贵族。况国会之中,必须有各种专门学问之人代表智识社会,而一院制之国会必无此等有专门学问之人,因此等人非人民所能知,即非人民所能举也。故一院制之国会非能代表各阶级人民之国会也。且一时代必有一时代之政治思想,用一院制不免为一时政治思想所左右。全院之中,一倡百和。如关于政治问题,一人主张改革,则群起而和之。如关于国际交涉问题,因一时愤激,志图战胜,一人主战,众人盲从,不知保存国粹,亦不知熟筹利害。若采二院制,有代表贫民者、有代表富民者,有代表平民者、有代表贵族者,有代表智识社会者,有主进取者、有主保守者,有主战者,有主和者,彼此斟酌,必有适当之决议。此一院制所以不如二院制之善也。又一院制之议员皆系平民,议院与政府意见不合,则易起冲突,甚至酿起革命之祸。二院制则于平民院外,另设贵族院,可以调和众议院与政府之意见,其冲突较少,亦二院制优于一院制之一端。(但有宜注意者,国会代表各阶级利益,与国会代表全体人民之语并无冲突。何则?工业、商业、贫民、富民等各为一阶级,由各阶级选出议员之意见乃代表各阶级利益,合各议员之意见为国会之决议，即是代表全体人民，故各阶级所选议员之意见可为国会议决之材料。）然二院制办事迟缓，众议院议决后，议案尚未成立，必经贵族院为同一之议决，始能成立，议一事必经两次手续，故不免迟缓。又不免糜费，不得谓非二院制之短处。而自吾辈言之，立法预算关系重大，虽议决稍形迟缓亦无妨碍，非如行政事务须临机应变也。至国家办事，尤无吝惜经费之理。是二院制之短处，并不足虑。虽然一院制、二院制之得失，因国之大小而不同，非谓无论何国皆当采用二院制也。大国幅员广阔，人民众多，政治上之组织最为复杂，经费亦甚充裕，宜用二院制。小国壤地偏小，人民希少，政治组织甚为简单，经费亦不充足，宜用一院制。德意志联邦小国列苦冷波而西①即采用一院制者也。此等小国因经费不足而行一院制，其制度似不甚完善，然使改良选举法，能使各阶级人民选出议员，代表各阶级利益，则一院制亦可臻完善也。

今略述现在采用二院制诸国之组织如下。

二、各国国会之组织

第一，贵族院之组织。

甲、日本之制度。

贵族院以皇族华族及敕任之议员组织，细别之如下。

贵族院之组织，据宪法所命贵族院令组织之。贵族院令所定组织之方法极其复杂，非如众议院之仅出于选举也，使仅出于选举，则与设贵族院之宗旨不合。何则？贵族院之设，乃国家欲使某种人参预立法预算，若仅用选举方法，则所举之人，未必尽属国家所欲用之

---

① 列苦冷波而西，不详。

人。例如国家欲得有学问之人充当贵族院议员,而人民所选举者未必有学问是也。谓选举不能得有学问之人并非绝对不能,若国家所定选举法,以有学问为被选之条件,或大学毕业之博士、学士及其他有专门学问之人始有被选举之资格,则人民所选举者,虽非国家所希望之某博士、某学士,而要皆有学问之人可知也。

(一) 达成年之皇族。

据日本贵族院令,凡皇族届成年者当然充贵族院议员,不由选举,特以皇族男子为限,皇族女子不得为议员。(皇族除皇太子、皇太孙外,皆以二十岁为成年,太子太孙,则以十八岁为成年。)

(二) 满二十五岁之公侯爵。

公侯爵既达成年,尚不得为议员(必满二十五岁,始得为议员),与皇族不同。既达一定年龄,当然为贵族院议员,无须任命,亦无庸选举,则与皇族同。皇族公侯爵,当然有为议员之资格,其理由有二:1. 皇族为一国中最贵之族,公侯爵亚于皇族,而亦为贵族,皆与平民不同;2. 皇族公侯爵与国家关系密切。有此二个之理由,故有此特别之待遇。或谓依贵族院令之规定,皇族公侯爵皆得为贵族院议员,使皇族公侯爵人数过多,将全占议员之席,而操议决之权,出席时无他人托足之余地,开议时亦无他人置喙之余地也。然实际上尚不至有此弊。果使此两种人人数过多,自当另有办法。况皇族公侯爵之为议员,亦有两种限制。1. 有精神病者不得为议员。贵族院令虽无此明文,可作为如此解释。盖皇族公侯爵未满一定年龄,不过知识幼稚,尚不得为议员,若精神丧失,更不待言矣。2. 曾受该[①]

① 该字疑是衍字。

禁锢以上刑之宣告，及家资分散(破产)之宣告者，不得为议员。依贵族院令，凡议员受①以上之宣告者，例须除名，则未当议员之先，受以上之宣告者，其不能为议员可知。但皇族公侯爵为议员，乃终身议员，实际上因事除名者甚少。盖慎终于始，有向不安分者，则剥夺其公权，不使充当议员。(剥夺公权之处分，须出于天皇之敕令或由裁判所宣告。)

(三)由伯子男中互选之议员。

伯子男爵，与公侯爵不同，并非当然为议员，乃由同爵中选出。如伯爵被选者，由伯爵中选之是也。子男可以类推。但伯子男爵人数过多，伯多于公侯，子多于伯，男多于子。若无一定限制，则贵族院又有人满之患。故伯子男每年被选人数，由天皇以敕令定之。或以总数五分之一为限，或以四分之一为限。例如伯爵三十人，被选者六人；子爵一百人，被选者二十人；男爵二百人，被选者四十人。皆五分之一是也。又伯子男爵成年后即有选举权，满二十五岁后始有被选举权。神官、僧侣，有选举权，不得有被选举权。此日本特别情形，因伯子男爵，有中年出家为神官僧侣者。所以有此限制者，乃近世政教分离之结果。疯颠白痴者、家资分散者，无选举权、被选举权，因此等人精神上、资产上，无与闻国政之资格也。又受刑事诉追者，当裁判未确定时，无选举权、被选举权，裁判确定后，仍得有之。

(四)有勋劳于国家或有学识之满三十岁以上男子，经敕任之议员(任期不限定)。

有勋劳者与国同休戚，有学识者见解独高，故得为贵族院议员。

① 以上，即禁锢以上。

年龄须三十岁以上，取其富于阅历，遇事审慎，无轻率之弊。此等人为议员，亦有两种特别情形，一由于敕任，二并无限期。许终身为议员。然吾辈对于此种制度，不能谓其有利而无弊也，兹分别评论于后。1.终身议员之利弊。有勋劳者，使为终身议员，尚无甚流弊，有学识者则不然。何则？学问之事，日进无已，昔日骇为新奇，至今日而已为陈腐，实际上往往有之。故在今日推为有学识之人，经过十年、二十年，即变为无学识之人，因过去之学识为陈腐之学识，不适用于现在之时世也。若以此等人永充议员，则与立法之宗旨不合，但稍延长其任期，定为十年二十年可矣。2.敕任议员之利弊。有学识者若用选举方法，则所选之人未必为国家所希望之人，故以敕令任命之，最为得策。但有勋劳者，亦由敕任，则不能无弊。何则？有勋劳者不必皆有气节，或徇政府之意见以求幸进，则政府得利用之，以植其党援，故政府若与众议院不合，可随时增加贵族院人数，以与众议院抵抗。国家设公侯伯子男爵，本以待有勋劳之人，公侯爵当然充当议员，但人数不多，政府如欲利用之，可晋封伯爵为公侯爵，即可增加若干议员。伯、子、男爵互选议员，本以总数五分之一为限，有勋劳者，既由敕任，政府可随时加添伯、子、男爵二十人或四十人，即可加增议员四人或八人。日本虽为立宪国，而君主之权极重，众议院之权极弱。政府若与众议院冲突，或以敕令解散，或增加贵族院议员，随所布置，无不如意。此等立法，或宜于日本之国情，而要非立宪国之精神所许。

（五）各府、县中由土地或由工商业纳最多额之直接国税，满三十岁以上男子十五人，互选经敕任之议员。

寻常称营业税、地租税为直接税，称海关税、酒税为间接税。此所谓直接税(兼直接间接言之)指国家直接收入而言,凡不属于府、县税,市、町、村税,皆谓之直接税。与寻常称直接税不同。每府、县纳直接国税最多额之得为议员者,以十五人为限。最多额就一府或一县言之。例如某甲纳税一万二千元,其余或八千元七千元,顺次数至某乙纳五千元,满十五人之数,此十五人皆得为议员。至各府县之平均税额若干,可以不问。至乙纳税五千元,其纳税较多于乙者,已有十四人,得乙适满十五人之数,而丙丁二人,其纳税之全额,亦与乙同,乙丙丁三人中,究以何人为议员,亦一问题也。据日本贵族院令,乙丙丁税额同,以年龄高者为议员,年相等,用抽签法。年未满三十岁以上,税额虽多,无被选之资格。第四、第五两项之得为议员者,均须年满三十以上。年满三十,阅历较深。可见贵族院议员之郑重,并可推知疯颠白痴不能为议员,破产者不能履行债务,失平生之信用。亦不能为议员也。此外尚有数种限制:1.剥夺公权或停止公权者。剥夺公权,终身不得为议员,停止公权,在停止期内不得为议员,过期仍许为之。2.曾受禁锢以上之刑者。刑期未满时,固不能为议员,即刑期已满,二年之内,亦不能为议员。3.因赌博犯罪者。三年之内不能为议员,且无选举权。此所谓赌博,与刑法上赌博不同,刑法上赌博,不包富签(彩票)在内,此处包富签而言。第二项言犯禁锢以上刑,似包赌博在内,第三项又另提出赌博,何也?因赌博之罪,不尽处禁锢以上刑,有仅处罚金者,但犯赌博之罪,无论为禁锢以上或以下刑,皆不得为议员,并非因赌博犯罪情节较他罪为重,乃因犯赌博之人,必无品行,若充当议员,既害贵族院之名誉,又害国家之风俗故也。皆不得为议员。至无众议院之选举权及被选举权,亦无贵族院之选举权及被选举权,为当然之事。现役军人及豫备后备军人皆无选举权,因军人不得参与国政故也。因犯罪之嫌疑而受裁判所之拘留,尚未经裁判确定者,亦无选举权,因其有罪无罪尚在未定故也。神官僧侣,亦无选举权被选举权。以上所述,为第五项之例外,此等人虽纳最多额税,满三十岁以上,亦不得为议员。

尚有宜注意者,第四项议员有勋劳者、有学识者之人数,不能多于第二公侯爵、第三伯子男爵两项议员之人数,使其势力得以平均。日本现行制,四十八府县,每府县以一人为限得由敕任为贵族院议员。第五项纳税最多者,必须住居该府县一年以上,始有被选资格。至第二项、第三项公侯伯子男爵之为议员者,一经褫爵,则即时消灭其议员之资格。而第五项纳税最多之为议员者,虽家道中落,税额减少,任期未满,仍得为议员。任期满后,不得再为议员。因凭藉财产为议员与凭藉爵位为议员者不同故也。何则?爵位为固定的,丧失爵位,必系犯罪之人,其丧失议员之资格,为当然之事。财产为流动的,时有增减,若一经减少,即不许为议员,则议员时有更动,于实际上殊多不便,故仍许其为议员为得策。又纳最多额税,有父子接续纳税与商人接续纳税之区别,日本国税每年分三期交纳,假定以七百五十元为最多额,其父曾纳第一期、第二期两期之税五百元,或死亡,或隐居,其子续纳第三期之税二百五十元,其子即能为议员,此本于家督①相续之理由。若商人间虽接续纳税,亦无被选资格。如最多额为七百五十元,甲商曾纳两期之税五百元,乙商接办,续纳第三期之税二百五十元,仍不能被选。乙商税额,应自接办之时起算,纳足七百五十元,始有被选资格。

---

① 家督,日语,指户主的地位,户主的义务。

乙、英国之制度。

英国之上院，以下列议员组织而成。

（一）英兰[①]之皇族、其他贵族，均世袭议员。

（二）爱兰[②]贵族数百名中互选之终身议员二十八人。

（三）苏格兰贵族中互选之议员十六人。

（四）由大僧正及僧正因其职务而为议员者二十六人。

（五）法官而一代为贵族者二人。

日本贵族院，乃摹仿各国宪政而成立，无所谓沿革。英国上院，则由历史上发达而来，欲知英国议院之组织，不可不略言其沿革。当安葛罗沙克逊[③]人种入居英国，分为无数小国，各小国会议谓之州会议，或谓之总会议，或谓之贤人会议。各州会议，即揽各州之政权，（英国本有三岛，以上所述，系专指英格兰岛而言）。后有ウエヤツキス[④]州名，即现在之伦敦王并吞各小国，集权于伦敦，于是伦敦之贤人会议成为中央贤人会议，而从前各小国之贤人会议作为地方会议。各地方会议，应归中央会议管辖，惟地方会议议员，仍有参与中央会议之权（即充当中央贤人会议之权）。但当时交通不便，各小国距伦敦较远者，往往为节省经费时日起见，不愿充当中央议员，故中央贤人会议，全由州长、贵族、寺院长老、高等官吏、高等僧侣组织而成，此等人为英国当时极有智识之人，以充贤人会议议员，可谓名副其实。故欲考英国上院之沿革，实起于贤人会议。但贤人会议，

① 英兰，即英格兰。

② 爱兰，即爱尔兰。

③ 即盎格鲁撒克逊。

④ 有误，应为エセックス，即 Essex，其名由来于 East Saxon（东撒克逊）。

变为上院，亦非一朝一夕之故，其间仍经多数变迁。贤人会议，本安葛罗沙克逊人种制度，其后法兰西北部诺耳曼人种中，有所谓维廉[1]大王者，征服沙克逊人种，一切制度皆有变更。而贤人会议，从前本由州长、贵族等组织，至是则参用皇族与其近臣，并变贤人会议之名为大会议，但从前之州长贵族等仍不失其议员之地位，且给州长以伯爵，在一州之内最有势力。现在之皇族贵族世袭议员之制度，即起于此时。以上说明第一项。爱尔兰于一千八百零一年始合并于英格兰，当时爱尔兰贵族极多，兼僧侣非僧侣而言。若全数得为大会议议员，则反较英格兰议员人数为多，势力不能平等。故当时定有一种法令，曰合并令，限定爱尔兰贵族人数为一百名，许百人中选出终身议员二十八人（合并令第一条，凡爱尔兰三家贵族之血统绝时，许一家承继者，仍为贵族，其余两家，虽有承继之人，不得作为贵族，但贵族不足百人时，则三家皆许承继为贵族）。以上说明第二项。苏格兰与英格兰合并时，所选议员之数为十六人，以后遂沿为例。以上说明第三项。诺耳曼人种起自法之北部，本奉天主教，其后将天主教带入英国，予教主以五等爵位，列入贵族，充当大会议议员，现在上院议员，尚有大僧正、僧正等名目。日本虽与僧人以爵位，不使为议员，此英与日制度不同之处。僧正系崇奉宗教之人，又使参与政治，政教杂糅，大非善制。迨其后亨利八世为英王，不信天主教，一时贵族亦多与天主教反对，即改革宗教时代。于是将大僧正、僧正之为议员者大加裁汰，只留二十六人，相沿作为定额，不增不减。从前大会议议员，共七十余人，而僧人居其多数，势力最大，

---

① 即威廉。

现在议员共四百八十一人，而僧人只二十六人，其势力不如从前远矣。以上说明第四项。从前上院本无法官即裁判官为议员。其后因议院既参与立法，不可无精通法律之人，于是有参用法官为议员之议。但上院议员，以贵族为限，法官既非贵族，即不得为议员，故虽有此议，而久未实行。至一八五五年，有法官名叟须唯姆斯[①]者，经英皇封为一代贵族，使充上院议员。而当时上院议员群起反对，谓贵族必系世袭始能充当议员，一代贵族不得为议员。于是英皇乃更封叟须唯姆斯为世袭贵族。其后四年，知法官世袭贵族充当议员，亦有不便，英皇乃提出议案，许曾为裁判官五年者，得于其中选出二人，封为一代贵族，使充大会议副议长，解释法律，以为正议长之助。此议案经议院议决，自后遂有法官二人为议员之制度。此等制度，亦为日本所无。以上说明第五项。至欲知英国上院，何时成立，尤不可不知英国历史上之沿革。英国议员本起于贤人会议，后变为大会议，其时尚无下院，故亦无所谓上院，迨下院成立，遂推大会议为上院，观于此，则可谓下院成立之时详后。即上院成立之时。

丙、普国之制度。

（一）达成年之皇族而经敕任者。

（二）一定之世袭贵族。

（三）名誉宫内官之经敕任者四人。

（四）国王所特选之敕任议员。

（五）由寺院各地伯爵组合大地主、大学、大都市推选经

---

① 叟须唯姆斯，不详。

敕任之议员。

普国当一八四八年设第一院、第二院。第一院即贵族院，第二院即下议院。第一院组织法第六五条，有为第一院议员之资格之规定：1. 达成年之皇族；2. 与普王之祖先同格者之子孙（从前普王本为侯爵，立国于巴登补尔苦之地，同时小国皆被吞并，各国王之子孙，与普王祖先同格者，即与普王同时称王之谓，有留遗者，仍为贵族，许其世袭）。一八四八年宪法，与第一院组织法之规定略同，而范围较宽。宪法上规定具下列资格者，可为贵族院议员：1. 成年皇族。2. 世袭贵族。3. 经普王敕任之贵族。4. 经普王敕任之终身议员，但此项人数不得过上三项议员十分之一。经敕任之终身议员，何？此等人，非皇族亦非贵族，其原因不可考，或因学问及其他勋劳而得，亦未可知。宪法上对于此项议员，有一定之限制，何？因此项议员，任期最久，而敕任时并不限定何种之资格，若人数又漫无限制，则君主可以随意敕任，逐渐增加，未免失之太滥，且与议院为阶级代表之宗旨不合，故不得不为此限制也。5. 纳税最多额中互选之议员。6. 市会大都会。议员中互选之议员。纳税最多额之议员，以九十人为限。由市会互选之议员，以都会之大小定之，无定额。但此两项议员人数，不能超过前四项议员之数。又此两项议员，可由君主以敕令解散，为普国特别情形，与他国不同。各国解散议院，必上下院同时解散，惟普国可以单独解散。但可以解散者，以由选举而出之议员为限，谓之一部之解散。一八四八年宪法，非普王所定，乃国民总会所定，第一院组织法亦然。至一八五三年改正宪法，乃钦定宪法，即普国现行之宪法。上议院之组织，除一定限制外，概属国王之自由。自宪法有此规定，而普王对于上院之权力骤增，讲义所举普国制度，即一八五三年钦定宪法所规定。皇族虽达成年，并非当然为议员，必经君主敕任之后，始得为议员。以上说明第一项。

宪法上所谓一定限制何？即世袭贵族皆世袭议员，非君主所能变更之谓也。世袭贵族分三种：1. 与普王祖先同格者之子孙。此项贵族本有甲、乙两族，现在乙族已绝，只有甲族。2. 一八一五年有功于普国，经普王封为世袭贵族。3. 一八四七年开联合会议时，普王对议院宣言，公侯伯爵许世袭议员。以普国制度与日本较，有种种之不同。日本立国，垂二千年共戴一主，全国皆其臣民，无所谓与君主同格者之子孙，亦无须予何人以特权。普国国家，则并合各小国而成，当征服各小国时，各小国有与普王附有条件者，亦有不然者。条件何？即各国王族普王宜加优待之谓。有此条件，则普王有优待各国王族之义务，其不同一也。又日本有贵族院令，关于贵族院之组织，悉依贵族院令之规定。日本君主，有改正贵族院令之权，但须经贵族院决议。普国无所谓贵族院令，除一定限制外，悉属君主之自由，其不同二也。以上说明第二项。

立宪国家，宫中府中，界限甚严，宫内官不能为议员，惟有宫内官之名誉者得为议员，四人之数，并无一定，可由君主自由增减之。以上说明第三项。

必具何种资格，始能为国王特选之议员，宪法上无明文，实际上大抵为有勋劳、有学问之人。以上说明第四项。

第五项议员，亦由敕任，但须先由推选而来。普语称寺院[①]为Kirche，名为寺院，而其权力殆与封建时代之侯国相埒，且寺院各有

① 寺院，即教堂，下文同。

领地，于其领地之内有立法、司法、行政权，其所立之法，曰 Kirche 寺院法（研究法学者，亦须研究寺院法，因寺院法不仅关于宗教，其中亦有民商等法，与人事有关系）。凡封建时代诸侯所享有之权利，寺院皆得享有之。当普国起草宪法时，寺院亦要求推选代表（代表寺院利益）之权，故普国上院议员，有由寺院推选者，此缘于历史之关系。若日本新订宪法之时，即不许僧侣与闻国政或充当议员，以政教混淆必多流弊故也。各地伯爵组合推选议员，与大地主（即纳多额税者）推选议员之制度，亦由封建时代沿革而来。普语谓伯爵组合为 Grafschaft①，谓大地主为 Landherr②，伯爵组合及大地主，均系封建时有势力者，故颁布宪法之时，不能不与以推选议员之权利。日本许纳多额税者选出议员，系有正当理由，而普国则全出于历史上之沿革。大都市推选议员，乃代表工商业之利益，法国亦有此制度，惟日本无之。盖以大都市选出议员，赅括在纳多额税之内。两种法例孰优，为立法上之问题。据理论言之，纳多额税者选出议员，只能代表纳多额税者之利益，不能代表大都市之利益，不如另使大都市选出议员之为正当也。大学得推选议员，英国亦有此制度。盖视大学为法人[大地主（营农业）、大都市（营工商业）之为代表者，乃欲达营利之目的，大学以求学问之独立为目的，无所谓营利，然欲求学问之独立，必有一定之财产，有一定之财产，故可认为法人]，亦必有代表者代表法人之利益，但被推选者以大学教习为限（大学有教习会，由教习会推选数人为议员），而学生不与，盖学生以学问为主，

① 伯爵领地，郡。
② 地主。

不能参与政事，无论何国皆然。日本大学教习亦得为议员，然系被选者出于大学，非大学能推选议员也。日本视大学为营造物，乃施行教育之所，不认为法人（大学为国家之利益，为国家之目的，无自已之目的存，故不认为法人），亦日本与普国制度不同之点也（以上说明第五项）。推选与选举不同：选举者，选举某人为议员，一经被选，即为议员；推选者，推举某人能胜议员之任而已，非一经被选即为议员也。故推选为准备行为，其为议员，必经敕任，但敕任之人，必系已经推选之人，未经推选者，不得敕任，故推选又为充当议员之要件。此等办法，本于政治上之沿革，盖普国上院之设，专为国王之利益起见，议员必由敕任，所以尊重国王之权力（假使用选举方法，不由敕任，则国王之权力受制限）。然不由君主直接敕任，而必以先经推选为要件，何也？盖由君主直接敕任，则人民不能参与政事，与立宪国之宗旨不合。今先由人民推选，则人民各得推选其心中所敬爱之人，使之与闻政治，而又不使君主权力受限制，系折衷之办法。日本上院议员之纳多额税者，亦由推选，不由选举，与普国略同，亦所以维持君主之权力。君主有敕任上院议员之权力与有解散下院议员之权力，同一重要。至推选之方法（手段）则无一定。或用与选举同一之方法（即用选举方法，亦非被选即为议员，亦必经国王敕任，始为议员。寻常选举乃选举议员之候补者，一经被选即为议员。推选如用选举方法，不过选为敕任议员之候补者而已，故推选虽有时用选举方法，仍与选举不同），或不用选举方法，例如二十人彼此可以互相推选，而此十九人，将推选之权，让与年高望重之一人，听其推选是也。

丁、北美合众国元老院之组织。

北美合众国，虽元老院亦因公选而行复选举之方法，每州选出二人，须有下列之资格者。

（一）年龄三十岁以上之男子。

（二）为合众国之国民，但须自取得国民籍时经过九年者。

（三）选举之时，须住居其选出州者。

议长由副统领充之。

美国元老院，由各州选出议员组织而成，合众国共四十二州，每州选出议员二人，共八十四人。美国元老院之组织，与君主国上院之组织不同，其国体使然也。英、普、日本等国历史上，国民中有各种阶级，各有特种利益。贵族院所以代表各阶级之利益，美国则国民一切平等，无所谓贵族，亦无代表阶级利益之说。美国本各联邦结合而成，元老院之设，乃发挥各联邦之性质，其宗旨有二：1. 各联邦选出议员，须联络各联邦为一气；2. 各议员代表各联邦，可以保证各联邦不受宪法外之限制，即不受美国中央政府之限制。联邦宪法有明文者，不能不受限制，若宪法无明文，则中央政府无限制各联邦之权（美国元老院，若专就其代表各联邦之性质言之，与德国之联邦参议院相似，但国法上地位不同耳）。

美国元老院议员，亦与君主国之代议士不同。代议士由人民选出，系代表全国人民，元老院议员，由各州选出，并非由各州人民选出，乃由各州政治团体选出。故议员非代表各州人民，乃代表各州政治团体，其不同者一。日本上下院议员，仅参与立法预算，只须富于法律思想，熟于经济状态，便可充当议员，其有无行政知识，在所不问。故日本议员其行政知识，每不如行政官，于政策上之得失取舍，皆须行政官指导。美国则恒以元老院议员指导行政官，故必富于行政之知识者，始能为元老院议员，其不同者二。此何以故？合众国本合各邦而成，各邦对于内部仍系独立，各邦与合众国之利益，难保无彼此冲突之时。元老院议员，一面代表各邦，一面代表合众国，但实际上仍以代表各邦利益为主，与驻扎外国之公使，专代表内国之利益无异。各邦与合众国之利益，当于立法内容行政事项考究之，议员如无行政知识，则不能达代表之目的。盖北美合众国，所以有中央政府者，乃为各邦之利益而设，与君主国政府，对于地方之关系，恰相反对。君主国政府，予地方以自治权，乃欲达中央政府之目的，而合众国之设中央政府，乃欲达各邦之目的，故中央行政，不能与各州之利益相反。详行政法。君主国予地方以自治权，其自治权之活动不能出乎法定范围之外，中央政府之权则无限制，美国中央政府，于宪法所定范围之外不能活动，而各邦则有自主权，与自治权之受限制不同。

元老院所以监督中央政府，调和两面利益，其组织上有种种注意。第一，元老院有指导行政官之责，故元老院为常设机关。第二，元老院议员，不用寻常选举之方法。寻常选举方法，议员有一定年限，届改选时，则全班更换。元老院既为常设，即不能全班改选，任期本以六年为限，每二年改选三分之一，例如员额八十四人，每二年改选二十八人，三分之一。轮班改选，皆达六年任满之期。惟元老院开始成立，第一次改选则被改者不满六年，乃以抽签法定为二年改选之议员、四年改选之议员、六年改选之议员。至第六年后改选之议员，无不满六年者。每二年改选三分之一者，其目的有二。1. 使元老院议员不至间断，且使常有熟悉行政事宜之议员。2. 选出各议员时，须有专门学问者方可充选，故元老院中有四种常任委员，曰铁道委员，曰岁入委员，曰外交委员，曰财务委员（岁计委员）。常任非终身之谓，乃谓元老院议员，常有此四种专门学问之人耳。有铁道委员何？北美为大陆之国，工商业发达，以铁道为最重要，而联合工商业及铁道者，则有信托会社、信托事业，详经济学。

兹言其大略，铁道与工商业，各有独占之利益，亦有共通之利益。例如铁道会社以转运货物为利益，制造会社以畅销货物为利益，谓之独占之利益。然铁道会社，希望制造业发达，多收运费，而制造业又希望运送便利，得以畅销，更希望运费较廉，则获利较厚。盖此公司欲与他公司竞争，亦惟恃运费较他公司为廉耳。故铁道与制造业互相依赖，若彼此有竞争之意见，则两俱不利。如铁道会社，多收运费则制造不利，制造会社不由此项铁道转运，另由他途，则铁道不利，所以铁道制造，必须连络一气。其联络之法，不外以信托会社联络之。铁道会社制造会社之股本，均视为信托会社之股本，一切赢利均由信托会社会计者平均分配，所谓有共通之利益者是也。信托会社，为铁道会社、制造会社之媒介，使彼此联为一气，于铁道制造有利益，即于国家有利益。盖工商业发达，交通便利，使社会上有无相通，货物无缺乏之虞。似信托会社大可奖励，然该会社为纯粹营利之性质，只顾私益，而不顾公益，致铁道会社之运输往往不应社会之需要，必俟其缺乏后始行运往，抬价渔利，贫民受亏。此等情形，与专卖何异？故铁道会社与制造会社之联合愈大，则其弊愈大。北美设常任铁道委员，使专司其事，使信托事业有利于国，无害于民。外交委员专管外交，岁入委员专管岁入，财务委员专管岁出。以上委员，皆取有专门学问者充之。各委员有视察行政官行政之权，又有征行政官报告行政事务及质问行政官之权，故各委员监督行政，极有权力。元老院议长，以副大统领充之，为宪法所规定。

戊、法国之元老院组织。

法国凡年龄四十以上有公民权者，原则上得被选为元老院议员。元老院议员，得分为二种：一终身议员，二各州选出议员。终身议员，初系元老院任命，今日仅为其补欠者而已。而补欠之法，亦以各州选出之议员为之，且其补欠议员非终身，与他议员之任期相同。各州选出之议员员数不能一律时，以法律定之。

法国革命以前，为君权主义，革命以后，为民权主义。拿破仑第一，[①]生[②]大革命之后，虽其时君权较重，并不曾将民权根本推翻。至路易十八世，颇欲恢复其祖宗路易十四世、十五世之君权，而究不能达其目的，所以仍用两院制度。路易十八世殁，拿破仑三世即位，行专制手段，废两院制。迨拿破仑三世，被禽[③]于普，仍变为共和政体。一千八百七十年九月初四日，颁布共和宪法，为暂定宪法。至一千八百七十五年，改正宪法，仍以原定宪法为根据。法国现行之宪法，即一八七五年所定之宪法。但宪法中并无元老院组织之规定。元老院组织，为法律所定之选举会所订定，选举会议员共三百人，每县选举一人，以满四十岁男子为合格，任期九年，每届三年改选三分之一。从前有终身议员七十五人，一八八九年，距今三十余年。废去终身议员之制度，但从前被选为终身议员者，不能剥夺其

① 即拿破仑一世。
② 生，即发动之意。
③ 禽，即“擒”。

权利。故终身议员,至今犹有存者。惟七十五人中有死亡时,其补欠者则以九年为任期。元老院议员,虽由各县选出,惟巴黎城中选出人数以三十名为定额,此外各县皆无定额,临时以命令定之。法与美虽同为共和国,而元老院之制度,则彼此不同,因美为联邦,法非联邦故也。法国元老院又与日本不同,日本有贵族议员,法国议员则皆由民间选出,此其所以不同也。

第二,众议院之组织

众议院发源于英国,欲知众议院之如何组织,当先明英国之历史。当十二世纪,英国有大会议,即上议院,其充当议员者,以贵族、僧侣为限。如士族即武士、市民等(在一地方极有声望者),其地位在平民之上,然尚不得充大会议之议员。至一二一三年,国王始命州长及直接领地之郡长,各在所属地域士族中每年选出四人为议员,所谓选者,并非依现在之选举方法,乃由州长、郡长各举其合意之人。各都会亦得选举市民为议员,会议国政。政府提出议案,经议员议决,即令传达于其州郡及其都会。但当时有所谓大宪章法律之名,并无各州选出代议士之规定。惟国王遇有非常急需款项,如军需之类。可由州长及租税长,为直接借用国王土地者媒介使见国王,为筹款之计议,此条为临时筹款之规定,并非下议院之起源。一二五四年,海伊锐第三①在韦斯梯米尼斯特尔府②大开会议,令各州每年于士族中选出二人到该府聚议。因当时英国军队远征法国某殖民地,欲令各州人民担任军费,故此等会议系暂时之计。一二六

① 即亨利三世。

② 即今威斯敏斯特宫。

一年，英国贵族同盟令各州派士族三人到中央会议，亦系暂时之计，因贵族无命令各州之权，乃得国王许可而行之者也。一二六四年，各州选出士族三人，各都会选出市民二人，到中央会议，亦系暂时之计，故此等会议皆非下院之起源。至一二九五年叶夺瓦尔脱一世①时，始有由各州选出代表充中央代议士之制度，炮里亚门特②下院之名，亦起于此时。各国上下议院，皆仿自英国，而其本源不同。各国上下议院，均系同时成立，英则先有上院，后有下院，其不同一也。各国上下议院，各有议决之权，如政府提议之案，此院议决，彼院亦议决，议案方能成立。若经此院议决，彼院或不以为然，议案仍不能成立。故各国上下议院，统称国会，以其职权职务相同故也。

英国上下议院则不然，英国上下议院，各自成立，上院之权力，由上院种种沿革而来，下院之权力，亦由下院种种沿革而来，其权力各有不同。例如预算案，必先交下院会议，下院议决后，上院不得否决，因从前国王欲人民负担纳税义务，凡关于财政事务，皆与下院筹议，自后遂成宪法上惯例，为下院固有之权力，上院不得与争，其不同二也。日本宪法，亦有预算案先交下议院议决之规定，亦是仿效英国，然无英国沿革上之惯例，众议院议决之案，贵族院可以否决。英国一二九五年所设之下院，与现在之下院，形式同而内容不同。当时叶夺瓦尔脱一世所定议院法，下院议员有二百七十四人，各州选出之议员共七十四人，其余二百人，皆由都会选出。凡在各州有土地所有权者，有选举各州议员之权，都会市民，有选举都会议员之权。其后改正

① 即爱德华一世。

② 炮里亚门特，Parliament，译为国会。

宪法,都会市民,必曾纳救贫税者,方有选举都会议员之权,其被选者为何等人,非由有选举权者任意选举,乃由国王预先指定,于候补议员中选举之。国王指定,如谓某州长可为候补议员之类。英王令国民选举议员,本与人民[①]以参与国政之权利,但有种种限制。

第一,州长及都市选举议员,必欲其选举王党,不许其选举民党,故所选议员,以国王所指定之候补议员为限。[国王有指定权,若以富力人口为标准分别指定员额,则此制未可厚非。奈英国国王,往往滥用其指定权,迎合者取之,否则遗之,不公不平,莫此为甚。现在各国被选议员额数,无不以富力人口为标准(如某都会人口至若干万,应选几员,或视财力之程度如何,应选几员之类)其不予国王以指定权者,盖鉴于英国选举之弊也]。

第二,被选为议员者,若所持政见与国王反对,即褫夺其议员之资格,并不许其原籍地方以后再举议员。

第三,当时下院议员并无俸给,后定每日酌给若干,谓之日给日费。都会议员日给二志,二先令。各州议员日给四志,此款并非由国库支出,乃由各州各都会自行负担。国王之意乃欲藉此令各州各都会不能多选议员,使议员人数减少。例如某州选出若干人,其日给皆归本州自筹,都会亦然,国民因筹款维艰,议员日费供给不易,往往有请国王减少本州、本市之议员,且有请国王不与本州、本市以选举权者。现在各国鉴于英国之弊,议员日费概由国库支给,至日费办法,各国不同。有以日计算者,有以年计算者,亦有不给议院日费,称为名誉职者,但行此制者,居其少数耳。

---

① 原文为"民人"。

第四,选举诉讼归枢密院裁判。枢密顾问,皆系国王亲近之臣,其裁判之结果,必与国王之意相合。现在各国鉴于英国之弊,选举诉讼概归司法裁判所裁判。此等事件,非民事亦非刑事,为纯粹行政事件,何以归司法裁判所裁判?因司法裁判所极其公平,所下裁判必不至蹂躏人民之权利故也。有此种种限制,而人民权利之存焉者几希矣!现在各国议院会议国政,皆自抒己意,并不迎合政府之意见。当时议院,虽有会议之名,事事须仰承国王之意旨,与专制何异。(当时会议规则亦与现在不同,现在议员皆在一处会议,从前议员分为两处会议,因都会议员与州选议员,税率不同,人格各异,州选多士族,都会多商人。故不愿一处会议。)所谓形式同而精神不同者,此之谓也。叶夺瓦尔脱一世之后,其继承王位者,类以摧折民权为主义,至一四二九年以后,亨利第四世及亨利第六世大反前王之所为,亨利第四世诏曰,凡州长关于选举事件,有不公平者,应予以相当之处罚,又诏曰,选举事件,不能受人请托,亦不准向人授意,其尊重民权之意,溢于辞表。但当时有因选举而暴动者,盖有一般无赖之人未得被选为议员即聚众滋事。后经详细推求,乃由所定选举资格范围太宽之故,于是改正选举法,必土地收入有四十志以上者,方有选举、被选举之资格。此等限制,本为一时救弊起见,然平心论之,无四十志土地之收入,即不能参与选举,是富民有权利,贫民无权利,与议院之宗旨不合。况有此限制,则议员之人数日少,即不免受官权之干涉(例如市长、州长等皆能干涉选举之类),故自亨利第八世至加韦姆斯第一世①时官权由此回复。然政府虽加以干涉,而

① 即詹姆斯一世。

议员之势力亦逐渐增加，故当加韦姆斯一世时，国王与内阁大臣，亦不能公然左右议员之决议。然国王于此，又想出种种对待议员之方法，如与以显要之地位，或增加其俸给，或表彰其名誉，无非为牢笼议员，使为己用。而当时一般舆论，则以受政府之牢笼为可耻，故加韦姆斯一世，终不能达其目的。自是以后，政府牢笼议员之政策，且愈出而愈奇，兹分别说明于后。

第一，官职与议员资格之关系。英王威立亚姆第三世[①]时，师加韦姆斯一世之故智，授议员以官职，政府即得左右其人。迨一六九三年，下议院提议，凡充议员者不能受国王之官职。旋因上院否决，未成法律，明年下院复申前议，得上院之赞成，而国王未经裁可，亦未成法律。其后另订一种法令，凡收印纸税及物品税之官吏，不准充下院议员，但此仅指收税官吏而言，其余官吏之充议员者，并非法令所禁。至一七〇〇年，哈那武尔特王[②]即位，新定法律，凡为新议员者，不得受国王之官职（官吏居显要之地位，及受政府之年金者，不得为下院议员）。法律虽经成立，恐有冲突，故缓其实施之期。至阿恩女王，[③]废去哈那武尔特王所定之法律，另订一种法律，自一千七百五年十月二十五日以后，凡居现在新设之官职者，不得为议员，新设之官职，即从前所未有。如民政部、学部、邮传部，即为中国前十年所未有者。居旧有之官职者，皆须暂时辞议员之职，但其议员资格，并未剥夺，一旦辞官，仍可至议院议事，故当时官吏之兼充议员者，仍有二百余人之多。后四十年，又新定一法令：凡充下院议员

① 威立亚姆第三世，即威廉三世。
② 哈那武尔特王，从年代上推定应为菲利普五世(Felipe Ⅴ)，西班牙国王。
③ 阿恩女王，即安妮女王，斯图亚特王朝最后一任君主。

者，无论何项官职皆不得就，以既为议员又充官吏，以一身兼任立法行政，力有不胜，于实事上两无裨益，故禁止之。又海陆军将官，及国民义勇军之士官，皆不得为议员。（英国政治，向持保守主义。其立法也，类宽而不严，其改革也，必以渐。议员中有以官吏充议员者，既知其有流弊，而不能骤然改革，因循数十年之久，始行禁止，即此可见其政治之一斑。）现在各国宪法，虽非一切官吏皆不许充议员，而警察官、司法官及教员等，则皆不许为议员，此等制度实滥觞于英国。其实官吏亦是国民，未尝不能为议员，不过因英国有此沿革，故各国多仿行之。

第二，年金与议员资格之关系。英女王阿恩在位六年时，定一法令，凡受国王年金者，年金一称无期给予金，系每年受国王之赐金，以终其身之谓，不得为下院议员。其后又定一法令，凡受国王有期给予金者，亦不得为议员。因国王给予金钱，纯为笼络人心之计，下院议员，若受其金，则为国王所牢笼，遇事不敢正言，其影响及于国家者甚大，故禁止此等人为议员，以杜其弊。英国国王有一种秘密用款，议院不能过问，其赏给议员，即系动支此款。国会欲防此弊，故又定一法令，国王动支秘密用款为赏赐，无论赏赐何人，其数不得过多，且不得用为年金，永远赏与一人。（按英国法律，凡受年金及有期给予金者，皆不得为议员，日本及英以外之国则不然，受年金者，仍许为议员。英国年金出自君主秘密用款，受年金者，即不免为国王所用。日本各国年金皆自国库支出，经过预算决算，受年金者，名正言顺，不必定为国王所用也。但君主有给予勋章荣典之权，即以年金贿嘱议员，未始不可。但日本尚无此弊，将来立法，欲防此弊，英国制度，可以参酌。）

第三，请负[1]业（承办）与议员资格之关系。英王爵沮第三世[2]时，每令下院议员包办政府某种事件，多与赢利，亦牢笼议员之特别方法。此种请负业本系商业，使议员为之，未免侵害议员之资格。至爵沮三世在位二十二年时，乃以法令禁止议员包办政府事业。现在各国宪法，凡包办政府事业者，无为下院议员之资格，即本诸英国之沿革也。以上所述，皆政府牢笼议员之手段，本可以法律防范之，但政府又不免想出别种方法，即贿赂议员是也。英国议员受贿，起于卡列斯第二世[3]时代，而盛行于威立亚姆时代，至一六九六年，改正选举法，凡市民必每年有三百磅收入者，州之士族必每年有六百磅收入者，始有被选资格。立法之意，乃欲使有恒产者为议员，必不至受政府之贿赂。然虽有此法，而贿赂之风并不少息。时谚有云，政府贿赂议员，即政府监督议员之善法。故当时政府，特觅善行贿赂之人，专司行贿之事，某议员受贿若干、因某事行贿若干，每年列表，报告内阁大臣，并不以行贿为秘密举动，而视为对待议员之一种政策，可谓贿赂公行。其时政界腐败，达于极点，对于美洲殖民地之政策，时时错误，而北美遂乘时独立，英国所有美洲八十万方里之殖民地，合中国全境五分之一，因此丧失。自后英相俾得[4]，整顿内治，贿赂之风稍熄，对外关系如贸易关系亦较从前发达。当时移包浦[5]及马衣斯妥[6]两处英之西部、中部。贸易极为繁盛，独东部商业不

① 请负，日语，即承办之意。
② 即乔治三世。
③ 即查理二世。
④ 即英国首相皮特。
⑤ 即利物浦。
⑥ 即曼切斯特。

振,被选人数之多寡每随都会之盛衰而有变迁。英国各部商务有盛衰之差,则被选人数,势必不能一律,故当时宪法,不能不稍加变更。

至一八三二年,受法国大革命之影响,英议院亦主张改革。英本重保守主义,至是始有改革之举动。其改革案分为四种:1. 男女成丁者皆有选举权;2. 各区域权利平等,皆有选举权;3. 人民得自由投票;4. 每年改选一次。时爵沮第四在位,政多失策,致改革之风潮益盛。

一千八百三十三年,内阁总理大臣古列约[①]提出改革案:第一,都市选举权之予夺。都市昔盛今衰或昔衰今盛,向无选举权者得予之,向有选举权者则夺之。第二,全国议员之配当(分配)。每州应选几人,皆有定额。州民有土地所有权者有选举权,即佃种他人田地,但每年有五十磅之收入者,亦有选举权。市民有房屋者有选举权,即赁居他人房屋,每年出租金十磅者,亦有选举权。一千八百六十七年,内阁大臣叠尔表[②]改正众议院之规则(即为英国现行之法则),凡英格兰、苏格兰成年男子,在都会中住居十二月,纳贫民救济税或房租十磅合银元一百三十元之普。以上者,有选举权被选举权,爱尔兰成年男子,每年有房租或地租四磅以上之收入者,亦有选举权被选举权。以上言市民选举之资格。各州成年男子,一永久有土地之收入年五磅以上者,二系地主或借地人及纳贫民救济税者,在英格兰每年有十二磅之收入,在苏格兰每年有十四磅之收入者,均有选举权被选举权。以上言州民选举之资格。至爱尔兰之选举

① 即格雷。

② 即德尔比。

章程,内阁未加改正,仍用从前选举法。但叠尔表所定之议院规则,市民选举之资格与州民选举之资格,未能划一。至一八八四年,再加修正,将市民、州民选举之资格,并合规定,凡有选举权被选举权者,须具两种资格:一有家屋所有权者;二每年支拂①十磅以上借屋或借地之租金者。以上两种资格,州民与市民同,其不同者,都会市民,须住居十二月,曾纳贫民救济税者,始有选举之资格而已。现在英国众议院议员,共六百七十名,任期以七年为限。各国下院大概沿袭英国制度,故学者不可不研究英国下院之沿革也。

众议院依选举法之所定,以被公选之议员组织,此各国之所同也。余取日本之制度为模范,以示众议院组织之一斑。

上院之组织,各国不同,下院之组织,各国皆系模范英国,大概相同。故讲上院之组织,须列举各国之制度,讲下议院之组织,则不必列举各国之制度,仅举一国,可概其余。至下院之详细节目,则各国互异,如日本华族户主之类,各国不能尽同。其说烦琐,兹不具论,但举其大致相同者言之,公选即一般人之选举,不可误会公字为国家、为官吏也。

甲、选举及被选资格。

(一)选举资格。

1. 日本臣民之男子年龄满二十五岁以上者。

日本民法,以二十岁为成年,而选举法则必须满二十五岁,方为合格。

---

① 日语,支付之意。

2. 自选举人名簿调制之期日前满一年以上,于其选举区内有住所,且继续有之者。

日本选举,分多数选举区,如府第一区县为一区之类。府县知事,为选举长。每届选举期,选举长命令村长或町长,调制选举人名簿,町村长受府县知事之命令后,以选举法为根据,调查住居该町村内之人民,有选举权者,将其姓名,汇载一册,谓之选举人名簿。登载在选举人名簿者方有选举权,不然则无之,本有选举权,漏未登载,亦不能参与选举,故选举人名簿,关系甚大,调查时亦极慎重。有无选举资格皆以选举之年十月初一日以前之事实为凭。十月初一以后事件,概置之不问。名簿限于十月十五日以前告成,送呈正副本于郡长,郡长收到名簿,据选举法,详加调查,有无错误,调查既毕,以正本呈府县知事仍将副本发还町村长收存,市长调制选举人名簿,不送交郡长,直接送呈府县知事,以市长不属郡长管辖故也。所谓调制之期日前,即指十月初一日以前,调制选举人名簿,自十月初一日开始,至十月三十一日公示。凡有选举权而未登载者,听本人呈明加入,或有错误,仍可更正。至十二月二十日,名簿确定,不得再有变更。讲义所谓满一年以上,乃自调制人名簿之日起算,十月初一日起。并非自名簿确定之日起算,盖人名簿未确定时或有错误,许其更正(例如甲有选举权,而簿内未载,甲得要求更正,但甲要求更正,须以调制人名簿时之事实为根据),故一年之期间,应自调制人名簿时起算。

3. 选举人名簿调制之期日前,满一年以上,纳地租十圆以上,或满二年以上,纳地税以外之直接税十圆以上,或满二年以上，合地租及其他直接税共纳十圆以上，且继续纳之者，但依家督相续取得财产者，就其财产被相续人所纳之税，视为其人所纳者。

纳地租只须满一年以上，而纳地租以外之直接税，必满二年以上，在理论上毫无根据，纯由沿革而来。因众议院办法，仿自英国，英国重视地租，故日本因之，或谓重视地租，乃因地租之收入，出于土地，其财产性质，较为稳固，地租以外之收入，则容易动摇。日本当时，或采此意，然就现在经济情形言之，殊未必然，纳地租十圆，与纳直接税十圆，其对于国家之负担同一，谓直接税二十圆，只能抵地租十元[①]，无是理也。于此又生一问题，即被相续人所纳之税及相续人所纳之税，能否接续计算是也。例如某甲之父，纳地租六月，某甲续纳六月，或其父纳直接税一年，某甲续纳一年，若不能接续计算，则某甲不得有选举权，据日本法，准其接续计算。

4. 非禁治产者准禁治产者。

禁治产及准禁治产者，不能自治，故无选举权，非此等人，则当然有选举权。

5. 非受身代限[②]之处分，债务之辨偿[③]未了者，及受家资分散或破产之宣告，自其确定起，复权之决定未确定者。

身代限之意义与家资分散同，而分为两项，何也？因日本未有家资分散法以前，有所谓身代限之处分，凡受身代限之处分者，不得

---

① “圆”与“元”不统一，原文如此。

② 身代限，日语，为江户时代的强制执行。

③ “辨偿”，日语，赔偿之意，但从文义推测，似乎应为“弁济”，即偿还。

有选举权。此等沿革，为日本特别情形，他国不必强同。家资分散与破产同，特破产法系商人适用之法（商法上关系），而家资分散法，系非商人适用之法（民法上关系），故分别规定。其实法理上不必如此分别，若国家所订破产法，使商人、非商人皆可适用，则选举法只须有破产之规定，受破产宣告者，其先必有支拂停止之事，而剥夺选举权则自破产宣告之日起，不自支拂停止之日起。复权即回复其权利，由裁判所决定，例如破产者渐能辨济债务，则其选举权自当回复，但未决定以前，不得有选举权。

6. 非剥夺公权者及停止公权者。

选举权系公权之一种，因选举犯罪（如受贿之类）则剥夺其选举权，亦谓之剥夺公权，本项所谓剥夺公权乃指选举权以外之公权而言。若以剥夺公权为剥夺选举权，则是以原因为结果，以结果为原因，于理论不合。剥夺公权乃刑之执行中之犯罪人，停止公权乃未决之犯罪人，此二者之区别也。

7. 非受禁锢以上之宣告，其裁判未确定者。

上诉期间已过，上诉方法已尽，谓之裁判确定。已受禁锢之宣告，未逾上诉期间（一、在上诉期间，尚未上诉；二、已经上诉，尚未了结）则裁判仍未确定，将来上诉，或许无罪，而不得有选举权何？犯罪嫌疑人，国家本不作为罪人看待，不得谓当然无选举权，但立法上为便利起见，不得不如此规定。盖既有犯罪之嫌疑，其身体即受拘束，如裁判官呼出即须到案之类。为尊重裁判计，故不使与闻选举，其理由一也。且犯罪嫌疑人至裁判确定时，难保不认为有罪，若然，则虽予以选举权，届时亦不能选举，如其无罪，则选举之期日已过，不能为一人再开选举，故不如于裁判未确定时，即不使有选举权，较为便利,其理由二也。禁锢以上,自禁锢起,非除去禁锢之谓,去年日本对于此条,即生一种问题。有某甲犯选举法上禁锢罪,而其人公然参与选举,其后发觉,追夺其选举权。而日本学者之解释,谓法文上规定,必受禁锢以上之宣告,裁判未确定者,方无选举权,若仅受禁锢之宣告,不能夺其选举权。然就立法之精神言之,既云禁锢,则身体不能自由,不能自由,即不能参与选举,法文所谓禁锢以上,应包含禁锢在内。但拘留又与禁锢不同,拘留之为时甚暂,且多为罚金之换刑,罚金处分,并无拘束,故受拘留罚金之处分者,仍有选举权。

8. 非华族之户主。

华族户主,有贵族院选举权及被选举权,故不能参与下院选举,为当然之事。

9. 陆海军人之非现役中或召集中者。

陆海军人,职务重大,不得令其分心选举,致妨职务。

10. 非官立公立之学校学生、生徒者。

学生、生徒,略有不同。日本帝国大学,及与帝国大学程度相等者,如海陆军大学、高等实业专修科皆称学生,其余则称生徒。大学中亦有称生徒者,如大学选科是。此日本之特例,他国不必尽然。

以上二条,并非谓军事教育指学生与政事不能两立,乃因军人须专心军事,学生须专心学业,若使之参与选举,未免轻率偾事,反于国家不利。故此两种人,皆不得有选举权。

(二) 被选资格。

1. 帝国臣民之男子年龄在三十岁以上者。

被选年龄，较选举年龄多五岁，因被选者直接与闻国政，必阅历较深者，始能胜任也。

2. 为选举资格之条件之事项中，无自 4 至 10 之诸事项。

有自 4 至 10 之事项者，无选举资格，自然无被选资格。

3. 非神官、神职、僧侣及其他诸宗教师、小学教员者。

此等限制，为选举资格所无，惟被选者有之，其理有二：(1)政教不能混同，故神官僧侣教师，皆无被选之资格；(2)小学生徒，不宜使有政治上思想，以是非善恶，尚未能辨别故也，若许小学教员与闻政事，或以意为鼓吹，致生意外之虞，故小学教员，亦受限制，所以防其微而杜其渐也。

4. 非作政府包办，充法人之役员者。

包办即请负业[①]，请负者，当事者一方对于对手人[②]，约定完成某事件，一方对于所得之结果予以报酬之谓也。见日本民法六三三条。请负与买卖不同，买卖重在物品，请负重在勤劳[③]，例如吾人到某铺购买箱箧，是为买卖，若倩工人作成箱箧，则为请负。请负与雇佣契约，亦微有不同，雇佣契约仅求勤劳，请负契约则求勤劳之完成，如商人之运送业，工程师之包造房屋皆是。本项之规定，重在作政府包办，且重在现在包办，若从前曾作政府包办，现在不作，或虽作包办，并不曾作政府包办，仍有被选资格。役员指支配人而言，董

---

① 请负业，即承办业。
② 对手方，即对方。
③ 勤劳，即劳务。

事、管事[1]。支配人以外之使用人，不能谓之役员。日本商办铁道会社，邮传会社，皆为法人，代政府办事，其管事人即无被选资格。又如新闻报馆，与政府中央、地方皆是立约。所有公文，皆由该报登载，此种登载之文书，为公告式。该报馆管事人，亦无被选资格。本条之规定，乃由英国沿革而来。英因从前，有某甲为政府包办，复充议员，遇事迎合政府，故宪法上有此限制，不许包办为议员。但包办事业与买卖事业，同以营利为目的，有时包办价额，不过数十圆或数百圆，而买卖价额，有至数百万数千万圆者，乃为政府包办者有限制，与政府为买卖者，并无限制，于理论不合。以不佞之意见，不惟与政府为买卖契约者，应设同一之限制，与政府为雇佣契约者，亦应设同一之限制也。

5. 非与选举事务有关系住选区内之官吏，及罢官后未经过三个月者。

官吏为管理选举之人，不使有被选权，所以示公平也。即罢官后未满三月，不使有被选权，所以昭郑重也。

6. 非充宫内官吏、判事、检事、行政裁判所长官、裁判官、会计、检查官、收税吏及警察官吏者。

宫内官即宫内大臣以下官，宫内官不许有被选举权，所以划分宫中府中之界限，盖宫内官职务，专顾全宫内利益，如许为议员，则将提出增加皇室经费之议，加重民人之负担，不免有种种流弊，故宫内官为议员，为法律所禁止。判事、检事，皆司法官，若许为议员，则司法而兼立法，与三权分立之精神不合。会计检查官，有检查财政

---

① 管事，即高管。

之权，而由议会监督之，是议会立于监督之地位，检查官立于被监督之地位，议员即系监督会计检查官之所检查。若许检查官为议员，以被监督者为监督者，则无监督财政之实益。（例如议会有决算委员，于检查官检查之当否，由委员决议后，始得施行，若以检查官为议员，则亦可充决算委员，自己检查，又自己决算，其无实益可知。）收税官及警察官吏，与人接近，若使有被选权，则不免有挟制人民之弊。以收税官言，制酒者纳税，以酒之石数为标准，以多税少，则国家受其害，以少税多，则人民受其害，而多寡之间，不难以意为操纵。此外有秘密造酒者，私家酿酒为外国法所禁。收税官有举发与否之权，有此种种情形，故人民易受其挟制。警察官挟制人民，尤属易易，以人民不能无小过也。总之此等官吏，不许其有被选权，乃因其执行法令之故。监狱官亦系执行法令，仍有被选权何？因监狱官所管理者系囚人，囚人无选举权，故监狱官虽有被选举权，而无甚流弊也。

7. 非现居府县会议员之职者。

府县会议员，注重在地方自治，若许为国会议员，恐其以中央集权主义破坏地方自治主义。

此外一般官吏，于其职务，有时不得为议员。

除上列各项官吏外，一般官吏，是否能为议员，亦当分别情形。凡属官当议员，须上官允许，与本管之职务无妨碍则可，否则不可。如日本府县知事被选为议员时，必为内务大臣所不许，因其职务系专办地方自治之事，若与闻中央政事，转于职务有碍，故不许也。有一种官吏，可为议员，如日本各省之参事官是。中国现在，亦有此等官名。

乙、选举主义及手段。

关于选举主义,可分二种:(一)多数代表主义;(二)少数代表主义。

选举为各人意思之自由,意思一致,为绝无之事,故有多数、少数之分。多数代表主义乃以多数当选,置少数于不问,少数代表主义并非以少数为断,多数固得当选,即少数亦须设法顾全,使其选举不至无效,然以采用多数代表主义者为多。

(一)多数代表主义。又可分为二种:1.绝对多数方法(又曰过半数方法);2.比较多数方法。

1. 绝对多数方法者,以现得半数以上投票者为当选者之方法也。此方法欧米①各国,大概采用之,一见以为甚便,然候补者之数超过选出议员之数时,无论如何不能得所定之票,故有不得不另行选举之弊。

绝对多数方法,以过半数为当选,如一千二百人投票,选出一人为议员,以得六百一票者为当选,过半数。此方法看似甚便,而当选者甚少,假如甲得五百票,乙得四百票,丙得三百票,甲、乙、丙三人得票最多,而皆未过半数,不能当选,不得不再行投票。甲、乙、丙三人,无过六百票者,不能作为议员,只能作为候补议员,选出议员之数,只须一人,而候补者三人,是谓超过选出议员之数。

2. 比较的多数方法,为避过半数方法之弊,以得票之最

① 米国,即美国。

多数当选，不须有过半数。英吉利、西班牙之选举法取此主义。然此方法，亦不能无弊。出于选举人多数之意见之议员不能得，且于选举人数之点不甚公平，故不得谓为完全之法。

如上例，一千二百人投票，选出议员一人，若甲得五百票，乙得四百票，丙得三百票，三人比较，以甲得票最多，即以甲当选。此种方法，不致有不得当选者之弊，然不公平者有二。

(1) 甲得五百票，当选，但甲只能为五百人之代表（此五百人在一千二百人中系少数），五百人之外，尚有七百人皆无代表者，其不公平一也。(2)假如分选举区为甲、乙、丙、丁四区，二区当选出三人，甲、丙、丁均选出二人，每区分两党，甲区 A① 党有选举权者共百人，B 党有选举权者共五十人，A 党以得八十票者当选，B 党以得三十票者当选，以下乙、丙、丁三级，均可类推，四区合算，A 党共五百二十人，只选出议员四人，B 党共一百八十人，偏选出议员五人，其不公平二也，故不能谓为完全之法也。

第一表　　　　**第二表**

<table>
<tr><td colspan="2">投票人数　1 200
当选人数　0001</td><td>A党
100　200
100　200</td><td>520</td><td>4 人</td><td>甲区
A党 100—80
B党 50—30</td><td>乙区
A党 120—100
B党 70—{36, 34}</td></tr>
<tr><td>甲代表人数　500
无代表人数　700</td><td>甲得 500
乙得 400
丙得 300</td><td>B党
30　70
30　70</td><td>180</td><td>5 人</td><td>丙区
A党 100—90
B党 30—30</td><td>丁区
A党 200—70
B党 30—30</td></tr>
</table>

① A、B、C，原文是以日本传统记数方式“イ”、“ロ”、“ハ”表示的。

（二）少数代表主义。此主义为避绝对多数方法及比较多数方法之弊而设，有四种之手段。少数代表主义非排斥多数之谓，乃使得票较少之人，亦得为少数人之代表，方不失为代表国民之意思之主义也。

1. 有限投票方法。此方法定明一选举区必举出三人以上之议员，不与各选举区内之选举人以对于议员全员之投票权而限制其投票数之法也。此方法之欠点，在议员之分配不能公平。

例如一区应选出议员甲乙丙三人，而选举人只能人投二票，或举甲乙，或举乙丙，或举甲与丙，皆可。不能对甲乙丙之全员投票。但此方法只能用之于人数较多之党派，若用之于人数较少之党派，则不能选出议员，例如一选举区内，分A、B两党，A党六百人，人投二票，共计一千二百票，甲乙丙三人平均，人得四百票，B党三百人，人投二票，共计六百票，甲乙丙三人平均，人得二百票，两相比较，自然以得四百票者当选，则某区议员三人，皆为A党所得，而B党竟无一人，是之谓分配不公。或谓B党不用此法，六百票皆举甲一人，则与A党较，尚占多数，仍可当选。但亦有不然者，例如甲党九百人，人投二票，全甲党共计一千八百票，甲、乙、丙三人平均，人得六百票，乙党二百五十人，人投二票，共计五百票，即不用有限投票法，五百票尽举甲一人，以与甲党较，仍居少数，不能当选，与比较多数之弊正同。然使选举得法，此等流弊，未始不可补救。例如一选举区，分甲乙两党，应选出议员五人，甲党九百人，人投二票，共计一千八百票，而选举得法，以四人分之，人得四百五十票，乙党一千人，人投二票,共二千票。而选举不得法,以五人分之,人得四百票,是甲党人数虽少,当选者四人,乙党人数虽多,而当选者只有一人。选举法以得票较多者当选,票数相同,以年长者当选,一区应选议员五人,甲党已选出四人(得票较多),其余一人,以乙党之年长者充之。是有限投票方法,未始不可用之于人数较少之党派,但此系理论上之言,实际上并不多见。

2. 积聚投票方法。一由选举区选数名之议员,仅照其选出议员之数,与以投票权,然候补者不必人投一票,得自由投于一人或数人之方法也,此亦非尽美之法。

积聚投票方法与有限投票方法不同。有限投票方法,如一区应举议员三人,以人投二票为限。积聚投票方法则不然,如一区应选举议员三人,得人投三票,或投于一人,或投于三人,皆可,但所选之议员,乃候补议员,并非一经当选,即为议员也。例如一区分甲乙两党,应选出议员三人,甲党五百人,人投三票,(投于三人)举丙丁戊三人,此三人各得五百票,乙党二百人,人投三票,(投于一人)举庚一人,此一人得六百票,占最多数,某区议员三人,即以庚为首,丙丁次之,而戊不与焉。许投于一人,何?盖不如此则多数人能得代表,少数人不能得代表,与少数代表主义不合。然必一区应选二个以上之议员,方能用积聚投票方法,若仅选一人,则此法不能适用。

3. 单记商数投票方法,以议员全体之数,除全国选举人之数,所得之商数,为举出议员一人之定数之方法也。

例如一区选举人之数,为十六万五千九百四十人,应选出议员七十二人,以十六万五千九百四十为实,以七十二为法,除之,所得之商数，为二千二百七十七，即二千二百七十七人，应举出议员一人，如下式①。

```
        初 次 三 四
        商 商 商 商
法数    2  2  7  7   所得
72)     1 6 5 9 4  (实数
        ---------
        1 4 4
        ---------
          2 1 9 4
        ---------
          1 4 4
        ---------
            7 6 4
          -------
            5 0 4
          -------
            5 0 4
          -------
```

所得商数应为 2304.72≈2305 人

用此方法，即少数之党派，苟得足以选出议员一人之定数时必可得其代表者。然此方法，须有一定之定数，故不达其定数时，须更行补缺选举，因不免此弊，故有下之二手段。

(1)让与方法；(2)添记方法。

例如一区分甲乙两党，甲党人数较多，其能选出议员，固无疑义，乙党人数较少，然苟足二千二百七十七人之数，亦必能选出议员一人，为单记商数投票方法之长处，其短处则在所选之人数较多，而得票均不及格，议员本以七十二人为限，若举出八十人或九十人，各人所得之票，均不满二千二百七十七。或被选者得票过额，而不能适足

① 按照原公式计算，得出商数为 2277，但其计算有误。十六万五千九百四十人应选出议员七十二人，则所得商数实际应为 2305 人(2304.72)。

议员七十二人之数，被选者以得二千二百七十七票为及格，如一人得三千票或五千票，甲所得票加多，乙所得票加少，故不能满议员七十二人之数，必须全数改选或补选，始能足额，故不可无补救之方法也。

（1）让与方法者，被选者所得之投票，超过一定之商数，或不满其数时，得以其超过或未满之得点，让与自己所欲之候补者使其当选之方法也。然用此法时，有名望者常有使同党当选之结果。

一定之商数，为二千二百七十七，超过此数，可以其余数让人，例如甲得五千票，乙丙丁戊各得二千票，即以甲之有余，补乙丙丁戊之不足是也。未满此数，亦可以自己所得之数让人，例如庚辛壬癸，各得二千票，均未满一定之商数，若庚情愿以己所得之数，让与辛壬癸平均分配，则辛壬癸三人，皆得当选是也。用此方法，可免改选补选之劳，然亦不能无弊。如甲系有名望者，甲得五千票，得以余数让与同党之乙丙丁戊，则当选者皆甲之同党，可以为所欲为，不顾国家之利害，其弊一，让与自由，漫无限制，与代议制度之宗旨不合，其弊二也。

（2）添记方法者，使本应单记之投票，添记第二、第三之候补者。第一之候补者，既因他之投票得所定商数时，或其定数未达时，则并入近于定数之第二候补者票数之方法也。用此方法，虽不必行补欠选举，然投票之计算，非常混杂，加之第二、第三之候补者同一人时，采此方法之利益，全归乌有，故实际上不得不谓为全不适用之方法。

单记投票，系一票专举一人，添记方法，仍系单记投票，与连记投票不同。不过于第一候补之次，添记第二、第三之候补者，其添记有一定之顺序。例如以一万票为当选，丑举甲乙丙三人，甲为第一候补者，乙为第二，丙为第三，甲得一万六千票，除扣当选票数外，余票六千，乙得四千票不能当选，监督选举之官吏得以甲之余票，移属之乙，乙亦当选，是也。假如丑举三人，甲得一万票，乙得八千票，丙得二千票，甲票适足，乙票不足二千，可否移丙之二千票补乙之不足？据添记办法，不能移丙之票以属乙，以甲乙丙均系丑所举，既系单记投票，只能以第一候补者为标准，不能以第二候补者为标准故也。若非丑所举之丁，有二千票，则可以丁之二千票补乙之不足，使乙得当选，盖乙之票数近于定数，故可以丁之少数并入，使与定数相符。用此方法其权操之监督官吏，无自由让与之弊，然计算时非因[①]困难，且有一票所举同一人者，则此方法更不适用。例如丑举三人，第一候补者甲，第二、第三亦甲是也。

单记票式

被选举人甲 选举人丑

添记票式

甲 被选举人乙 丙 选举人丑

① 疑为"非常"之误。

4. 连记商数投票方法，此方法不设选举区，各政党列举其候补者之名，作投票名簿，选举人依此投票名簿行投票之方法也。故此方法，于定当选者，不得不用一定之机械的方法。详言之，即按应选出议员之总数除选举投票之总数，此所得之数为当选之票数。此方法往往生出分数，其结果不能得豫定之议员数，故有学者为救此法之不便不公平起见，考得一定之分配公数，以之除各党之得票，其商数为各党之议员总数。

分配公数者，政党所得之投票数，顺次根数①除之，从其商数之多者顺次排列，至议员全数为止之最后之少数也。

选举人愿附甲党，则举甲党名簿所列之人，愿附乙党，则举乙党名簿所列之人，非名簿所列者不得举，选举人无愿举何人即举何人之自由，此连记投票之谓也。连记投票，欲知当选者若干人颇不易，于是另设方法，以定当选人数。此方法一成不变，故谓之机械的方法。例如全国有甲乙丙丁四党，甲党三十万人，乙党二十万人，丙丁两党，各十万人，选举人总数七十万人，应选出议员之总数七十人，以应被选者之总数，除选举投票之总数，得一万，为商数，即人得一万票始为当选票数是也。又以当选票数，除甲乙丙丁四党选举人之数，则甲党应选出三十人，乙党应选出二十人，丙丁两党，各应选出十人，与被选七十人之总数恰合，若全国政党甚多，选举人不止此

---

① 根数，即自然数。

数，亦可依此类推其式如下：

甲党	3	0	0	0	0	0
乙党	2	0	0	0	0	0
丙党	1	0	0	0	0	0
丁党	1	0	0	0	0	0

全国选举投票总数 700 000

应选出议员之总数 70

$700\,000 \div 70 = 10\,000$

当选票数

$300\,000 \div 10\,000 = 30$

$200\,000 \div 10\,000 = 20$

$100\,000 \div 10\,000 = 10$

$100\,000 \div 10\,000 = \frac{10}{70}$

但此例系以整数除整数，易得应选议员之总数，若选举人数非整数，则得数必有零分①，不能得原定之议员总数，例如甲党八千一百四十五人，乙党五千六百八十人，丙党三千七百二十五人，共一万七千五百五十人，为选举投票总数，应选出议员七人，以七除一七五五〇，得数为商数，即当选票数，其数畸零不整，按：七除一七五五〇，得二五〇七一四二八五，为循环小数。以当选票数，按：即二千五百七票零②一四二八五，除甲党人数，得三零六二四，按：即议员三人又二千五百余分议员之六百二十四，乙党，得二零六六六，除丙党，得一零一二八，即甲党选出议员三人，乙党二人，丙党一人，其结果止能得议员六人，不足七人，与原额不符，即此可见机械的方法之不便，且甲党八千余人，选出议员三人，丙党三千余人，止选出议员一人，亦不公平。

---

① 零分，即零头。

② 零，即小数点“.”。下同。

甲党 8 145
乙党 5 680
丙党 3 725

选举投票总数 17 550
应选出议员之数 7

17 550 ÷ 7 ＝ 当选票数畸零不尽

8 145 ÷（17 550 ÷ 7）＝ 3…… ＋ 624
5 680 ÷（17 550 ÷ 7）＝ 2…… ＋ 666
3 725 ÷（17 550 ÷ 7）＝ 1…… ＋ 1 218

---

9 ＋ 1

白耳义[①]学者 Victord Hondt，彼苦脱朵脱[②]欲救其弊，考得一定之分配公数，依此推算，不致生出分数，根数即自一至十之数[③]。甲党投票总数，为八千一百四十五，以根数依次除之，如（甲）式，乙党投票总数五千六百八十，以根数除之，如（乙）式，丙党投票总数三千七百二十五，以根数除之，如（丙）式，甲式四级，乙丙式均三级，因止此已足，不必多算，非以四级三级为限也。

（甲）8 145 ÷ 1 ＝ 8 145
8 145 ÷ 2 ＝ 4 075
8 145 ÷ 3 ＝ 2 715
3 145 ÷ 4 ＝ 2 036
（乙）5 680 ÷ 1 ＝ 5 680
5 680 ÷ 2 ＝ 2 840
（丙）3 725 ÷ 1 ＝ 3 725
3 725 ÷ 2 ＝ 1 862

---

① 白耳义，今译比利时。

② 彼苦脱朵脱，今译顿洪特。

③ 即顿洪特法。其具体方法是：将各党的得票数以 1，2，3 这样的自然数除下去，然后按照各党的商的大小决定议席。

1	8 145
2	5 680
3	4 075
4	3 725
5	2 840
6	2 715
7	2 036 分配公数

$$8\,145 \div 2\,036 = 4$$
$$5\,680 \div 2\,036 = 2$$
$$3\,725 \div 2\,036 = 1$$
$$\overline{\quad 7 \quad}$$

合观三式，从其商数之多者，顺次排列，本应选出议员七人，则排列至第七位止，其排列最后之数，为二千零三十六票，即分配公数，再以分配公数，除甲党投票总数，得四，即甲党应选出议员四人，除乙党，得二，除丙党，得一，即乙党应选出二人，丙党应选出一人。按依机械的方法，甲党选出三人，丙党选出一人，为不公平，依分配公数方法，则甲党选出四人，丙党选出一人，尤为不公，今谓分配公数方法，乃所以救机械的方法之不公平，未知何指。三党共选出议员七人，适符原额，并无零分。然此方法，虽较胜于机械的方法，而计算亦甚困难，仅能用之小国，如瑞士等，若大国人多，则此法不能适用，现在各国，皆用过半数方法，虽不无流弊，然较之其余方法为优。

第三节　国会之权限

国会之权限，各国广狭不同，故不能一一详述，今举其一般通有之权限如下。

各国国会之权限，不惟细目不同，即大纲亦不能尽同，以各国国情不同故也。国会本为上下两院组成之机关，普、日等国皆然，独英国不然。英国上下院，各有权限，无所谓上下两院组成之国会之权限。兹言国会之权限，专就普、日等国言之。

国会之权限可分两种：一、议会之权限；二、议院之权限。

议会之权限，即两院共有之权限。议院之权限，即两院各有之权限。议会之权限，简言之，曰议会权。议院之权限，简言之，曰议院权。

第一项　议会权

议会权者，国会全体所有之权限也，一、协赞立法行为之权限，二、协赞财政行为之权限。

一、[①]协赞立法行为之权限分为三种。

议会有协赞立法行为之权限，系以宪法为根据，因宪法上有君主立法必经议会协赞之规定故也。

（一）议决宪法改正案之权限。

宪法亦一种法律，而立宪国之宪法，须与法律分别观之。以宪法为基础法，其地位与他种法律不同，故改正宪法，须用严重之手续，与改正他种法律之手续不同。何则？改正他种法律，只须议员过半数以上出席即可议决，改正宪法则不然，必须议员三分之二以

① 此处编码层级过多且乱，作适当调整表述。

上出席，始能议决，其不同一也。改正他种法律，政府与议员皆有发案权，改正宪法之发案权，则专属于君主，议会不得发案，其不同二也。以上就日本言，欧洲大陆诸国，与日本办法虽略有不同，而视宪法较他种法律为重，则各国皆同。惟英国改正宪法与改正其他法律，用同一之手续，此亦英国主义与大陆主义不同之点也。

（二）发案并议决普通法律案之权限。

（三）承诺紧急敕令之权限。

紧急敕令为一种命令，当议会闭会时，有紧急事宜，由君主发布命令，为必要之处分，谓之紧急命令。至第二次开会时，君主须交议会，得其承诺。若未经议会承诺，则紧急敕令以后失其效力。故议会对于紧急命令，有承诺与否之权限。此种权限，亦为宪法所规定。但紧急敕令既非法律，何以于协赞立法行为中说明？因紧急敕令系君主之立法行为，当紧急之时，此敕令可代法律，故就其形式言，固为命令，就其实质及效力言，则与法律同一也。

二、参与财政行为之权限，分为三种。

（一）协赞国家岁出、岁入豫算之权限。

岁出、岁入，有财政学之性质，兹不具论。但有一注意之点，如国家募集公债及豫算外之支出（临时支出）是否亦须议会协赞？本项谓岁出、岁入豫算案由议会协赞，实赅募集公债及临时支出而言。总之，凡国家经费之由人民负担者，皆非经议会协赞不可。有学者将议会协赞财政权分为三项：1. 协赞国家岁出岁入豫算之权限；2. 协赞募集公债之权限；3. 协赞豫算外支出之权限。其实不必如此分别。

（二）承诺豫算外支出之权限。

甲项豫算外支出为开会时之支出，本项预算外支出乃闭会时之支出。开会时支出，必经议会协赞，闭会时支出，至第二次开会时，必交议会，得其承诺。

（三）就岁出、岁入之决算受报告之权限。

此权限乃议会监督政府之最终权限，若无此权限，则政府支出收入之情形是否适当，议会皆不得而知，无从监督政府矣。政府岁出岁入决算，经会计检查院之检查后，报告于议会，若议会不以为然，可不承诺。关于此问题，各国宪法规定不同，有明定议会得以弹劾政府者（国务大臣负其责），有未明定者。日本宪法规定，政府决算必得议会之承诺。若议会不承诺时，并无许议会弹劾政府之明文，则议会监督政府之权限，有名无实。就法理言，不得谓非宪法上之缺点。然日本宪法，无许议会弹劾政府之规定，乃政治上之问题，非法律上之问题。盖日本系君主立宪国，编纂宪法时，往往尊重君权。若宪法上许议会弹劾政府，则大臣之进退操之议会，君权未免下移。故宪法上不设此规定，而日本臣民，亦安之若素。

以上各项，有用协赞者，有用承诺者。有学者改承诺为许诺，许诺与承诺，并无区别，不过字面不同耳。协赞与承诺，其性质是否相同，学者之议论不一。协赞之意义分二种。1. 积极的协赞。议会所议事件，有本诸政府之意见由政府提出议案者，有本诸议会之意见由议会劝政府提出议案者，是议会有时立于被动之地位，亦有时立于自动之地位。且协赞云者，并非迎合政府意见之谓，若议会于议案中一部不表同意时，则可由议会改正，改正亦协赞也。若对于议案全部不表同意时，则可由议会否决，否决亦协赞也。故议会之协赞行为,为单独行为,并非契约行为(合意行为)。若政府不以议会改正之案为然,只有不裁可之一法,或另派委员至议会,陈明意见及其得失利害。至议会是否改从政府之意见,仍属议会之自由,非有何等之强制,此协赞之属于积极者也。2.消极的协赞。例如政府提出之议案,议会悉表同情,一字不易是也。有学者谓消极的协赞即是承诺,与民法上契约行为无异。其实不然。民法上之承诺,对于申込[①]而言,不能附以条件(苟申込者有所要求,不能谓尚须改正,而后承诺),协赞则可以改正。即有时政府提案,议会不加改正,乃议会本意与议案符合,从表面言之,议会与政府表同意,而其内容仍是主张自己之意见,虽是消极的协赞,亦与承诺不同。德国学者波仑哈苦[②]谓协赞、承诺并无区别,不过时有先后。协赞为事前之承诺,承诺为事后之协赞。立法事项,得议会之协赞,则成为法律,得议会之承诺,亦成为法律,犹之二加一为三,一加二为三,其结果毫无差异。例如紧急敕令,须得议会之承诺,既承诺之后,则紧急敕令变为法律,与曾经议会协赞者无异。日本法学博士市村光惠,亦主张协赞与承诺相同之说,但谓紧急敕令,虽得议会之承诺,仍为敕令,不成为法律,与波氏之说,微有不同。而自吾辈言之,则波氏与市村氏之说,皆属非是。承诺与协赞之区别,可分为三种说明。1.性质不同。协赞无对手人,承诺有对手人。承诺虽为单独行为,然有对手人。2.次序不同。事前为协赞,事后为承诺。3.效力不同。未经协赞,则不生对外之效力,未经承诺,政府已经施行之事并不因此而丧

① 申込,日语,意为提出请求、申请,即为要约。
② 波仑哈苦,不详。

失效力，不过政府负公布之义务，公布者，宣示此种敕令以后无效力之谓也。

第二项　议院权

议院权者，为国会组成分之两院各独立所有之权限也，分之为对内权与对外权二种。

一、对外权者，议会按宪法及法律之结果对于议会以外之机关及人民所有之权限也。

议会为协赞立法参与财政之机关，既欲其协赞参与，不得不使与以外之机关及人民之意思相通，故对外权乃宪法所付予。

对外权又可分为二种：一是对于国家机关之权限；二是对于人民之权限。

对于国家机关之权限，即协赞立法，对于人民之权限，即参与财政。

（一）对于国家机关之权限。

对于国家机关之权限者，即立法机关对于政府及君主所行之权限是也。裁判所亦国家机关，然不在此例。

此权限再细分为四种：一上奏；二建议；三法律案之议决及提出；四许诺逮捕议员之权。

1. 上奏者，一定之议院意思对于君主表示之宪法上机关行为也。

上奏之内容，凡关乎政务，无论何事，皆在其内。学者往往有谓上奏之内容除属于立法、豫算、其他国会之权限之事项外，不得上奏者，然余不采此说。

学者谓议会权限有一定之限制，除立法、豫算及其他属于国会权限内之事项许其上奏外，其余概不得干涉。如关于外交事务，海陆军事务属于君主大权事项，皆非议会权限内之事，不惟不能上奏，即议决亦为越权。如是，则议会之权，失之狭隘，与宪法之精神不合。何则？宪法上规定，议院有上奏之权，并未限定何事可以上奏，何事不可以上奏，则关于国家一切政务，皆得上奏可知。外交权虽属之君主，然外交事务，确属国家重大之政务。议院上奏外交政策，乃以备君主之采择，并非侵夺君主之大权，学者指为越权，未免误会。况外交事务往往与立法财政，有密切之关系，若不许议院与闻，何以达其协赞立法参与财政之目的。至海陆军事务，虽与立法无关系，而于财政有关系，以海陆军经费，皆须人民负担故也，若不许上奏，亦不能达其参与豫算之目的。以上系就其大者言之。总之，上奏之内容并无限制，凡属国家政务皆得上奏。至议院所以有上奏权之理由，因恐议会之意思为国务大臣所阻隔，以至下情不得上达，故宪法上有明文规定，予议院以上奏之权。上奏有用折奏者，有用口奏者，皆由议会与君主直接，不假手于国务大臣。又议院上奏，其采用与否，本属君主之自由，但君主不得拒绝议会不使上奏，其理由有二：(1)议院有上奏之权限，为宪法所规定，君主能制定宪法，不能违反宪法。宪法既予议院以上奏之权限，君主亦不能蔑视其权限也；(2)议会为国家之机关，君主亦为国家之机关，故君主对于议院之陈奏，亦有收受之义务。

2. 建议者，关于国家政务，以一定之议院意思，经国务大臣表示于君主之宪法上之机关行为也。

建议与上奏，皆议院对于君主表示之意思，其异处在是否经由国务大臣而已。学者或谓建议乃对于内阁之意思表示，上奏乃对于君主之意思表示，其实不然。盖议院除与君主或国务大臣交通之外，不得与其他国家机关交通，而内阁非国务大臣，故议院无对于内阁表示其意思之事。

上奏可以直达君主，建议则由国务大臣以达君主，两者手续不同，而对于君主之意思表示则一也。或谓建议须由国务大臣以达君主，则建议非对于君主之意思表示，乃对于内阁之意思表示，其说非也。就日本言，内阁不过为行政机关，其权限甚小，日本议院法规定，议会只能与君主及国务大臣交通[①]，言外之意，即谓不能与其他机关及人民交通也，内阁非国务大臣，若议会与之交通，亦为议院法所不许。

建议若不蒙君主之采纳时，于同一会期中，不得再行建议。

于同一会期中，不得再行建议，指同一事件而言，盖恐断断于一事，而停滞他事也。建议之内容，亦无限制，凡关系国家政务，皆可建议。例如开设大学，为国家之急务，君主与国务大臣未及注意，议会可以建议，交国务大臣上奏君主，君主裁可则成为法律是也。

3. 法律案之议决及提出。

两院各得议决政府所提出之法律案或自提出法律案。

提出不可与发案[②]混同。发案者，以附发案于议院之目的，议员在会议之际提议者也，提出则不然，试分两种情形

① 交通，即联络之意。

② 发案，日语，提议之意。

说明之。

一是政府提出。政府提出者，政府以其起草之法案附议院之谓也。

二是议院提出。议院提出者，议员以其所属之议院发案之法案，经议决采纳后，则移送于他议院之谓也。

提出为机关的行为，故议院得提出，议员不得提出。政府指君主而言，君主对于议院，有一定之权限，因不欲明言君主，故谓之政府。有谓政府为国务大臣者。国务大臣，所以辅弼君主，与议院无直接之关系，因君主而有关系，乃间接关系，故谓政府为国务大臣者误也。又有谓政府为行政官厅者，是又不然。寻常称政府，其范围甚广，国务大臣、行政官厅裁判所皆在其内，至对于议院而称政府，则决非行政官厅。盖议院制定法律，为根本之机关，行政官厅不过奉行命令、执行法律，故行政机关尚不如议院机关之重要也。

4. 许诺[①]逮捕议员之权。

除现行犯或内乱外患罪外，于会期中议员无议院之许诺，不得逮捕。

政府如可随时逮捕议员，则凡有势力之议员，在议院发议时，若与政府不利，即可以其有犯罪嫌疑而逮捕之，使不得发议。后虽辩护无罪，而会期已过。故宪法规定，非得议院之许诺，于会期中不得逮捕议员，如现行犯及内乱外患罪，证据确凿，得以逮捕，则例外也。

① 许诺，日文，今译为许可。

（二）对于人民之权限。

两院各得受理臣民呈出之请愿。

（1）请愿之内容，宪法上并无限制，请愿之性质，前讲人民之自动[①]的地位时，已详言之。而议院受人民之请愿，则有一定限制。第一限制，关于司法裁判之请愿，议院不得受理。盖立宪国家，三权分立，界限甚严，议院为立法机关，自不能干预司法之事。第二限制，凡以改正宪法为目的之请愿，议院亦不得受理。盖改正宪法之提议权属于君主，若臣民得提议改正，既背郑重宪法之宗旨，亦侵君主之权限，故不许也。各国议院除受人民之请愿以外，无与人民交通之机会。盖议院与人民随时可以交通，势不免侵入行政之范围，亦与三权分立之精神不合。（行政事宜属于行政机关，君主实总其大成，议会立法自不能干预行政。）

（2）请愿之形式无一定，但人民对于议院须表示相当之敬意，不能为无理之要求。如人民受行政官厅之害时，人民有请愿之权利，议会即有受理之权限。学者有谓议院受理此等请愿，岂非侵害行政官之权，其实不然。议院立法，其目的在乎实行。法律之执行，虽属行政官厅之权限，而议院实有考察法律监督执行之责。如法律果有流弊，当察其是否立法之不善抑系执行之不善。故议会受理人民之请愿，一可知已定法律之是否适用，一可为将来立法之材料，并非侵行政官厅之权限也。或又谓议院既能受行政上之请愿，即能受司法上之请愿，虽曰司法独立，议会不直接干预审判而已，至关于人民司法上之请愿，未尝不可为立法之参考，而不知非也。行政与司法性

① 自动，即自然之意。

质不同,行政事宜概由行政官自由裁夺,其流弊较多,不得不听议会受理请愿,以救其弊。司法则不然。拉丁语谓裁判官为法之活声,即裁判官为法律之留声机之谓。盖司法事宜,并非由司法官之自由裁夺,乃以法律为根据。如论理学[①]之四段论法,有一定之程式。且审判时有书记记录,其言语行动,不能出乎法定范围之外,其流弊较少。纵使裁判偶不公平,自有上告之办法,不可与行政同论。

(3)受理之手续。院中设有专管请愿事宜之委员若干人,臣民之请愿即由委员会收受。若事关重大,经委员会议决,交议院会议。然如此办法,往往有委员擅行驳回,致请愿书不能呈达议院之弊,所以另有补救之办法。如议员中有三十人,主张提议此事时,则不必经委员会议决,径由议院会议。议院议决后,由议院交与政府。如关乎立法之请愿,则必须改正,关乎行政处分之请愿,政府亦当设法整顿,不能置之不理。日本穗积八束谓议院之权,以协赞立法、参预财政为限,故受理人民之请愿,亦以二者为限,以外皆不得受理。如此解释,则议院之权,失之狭隘,故予不采此说。

二、对内权者,按宪法及法律之结果,议院各独立监督各议员或维持议院内秩序整理事务之权限也,今分为下之五种。

对内权,学者称为议院自治权,议院系独立机关,其内部事务概由议院自治,他机关不得干涉。

1. 制定内部整理所必要之规则权。议院制定关于内部整理之规则为宪法所认,不得以命令废止变更之。然能否

---

① 论理学,即逻辑学。

以法律废止变更,余采积极说,学者有采消极说者,误也。

各国裁判所,均定有办事规则。如夏日休息自何时起,至何时止。此期间内,审判官之人数减少,其办事方法如何。又如审判公开,例许人民旁听,然何时许人旁听,何时不许旁听,皆有一定规则。此规则由裁判所自行制定,其变更废止,亦系裁判所之自由,不能以其他机关代为制定,亦不能以其他机关之命令变更废止。此等规则不过为一种办事章程,与人民之权利义务无直接之关系,故与寻常法令不同,而人民亦遵守此规则者,乃法之反射作用,非以此规则为法律也。议院内部规则亦然。议院规则亦一种办事章程,与臣民权义无关,试举一例以明之。如议院议事,势不能以多数议案同日议决,故必定有议事日程,某日议某事,须依先后之顺序。若某日先提出保护商船公司之议案,乃定议事顺序时,此议案偶列在前,并非该公司因首先提议遂得有何等之权利也。先议决则先成法律,先受保护,公司因先议而得利益,乃法之反射作用。此项规则,不得以命令变更废止。敕令省令皆同。因彼此性质不同(外部不能干涉内部之权限),并非谓此规则之效力大于命令也。但以法律变更废止之,未为不可。何则?法律须经议会协赞,若议院因所议之事关系重大,将从前所定议事之规则改作法律,以法律之形式制定之,则尤为郑重。法律能变更法律乃当然之事也。但有宜注意者。议会整理内部事务,西国学者称为议院自治不甚妥当。夫所谓自治者,乃国家许其自订法规之谓。例如国家对于某团体许其自定法规,确定团体内部权义之关系是也。议院对于内部亦得自定章程。然此章程不过整理办事之规则并维持内部之秩序,非所以确定议院内部权义之关系也。此而可称为自治,则凡枢密院会计检查院,皆有自定章程维持秩序之权，亦可谓之自治乎？况议会等皆国家机关，机关之活动为国家而活动，无自己之目的存（地方团体国家之机关，故得谓之自治）。故分别是否自治，当以有无权义关系，及是否国家机关为断。余谓议院整理内部事务之权限，可称为对内权，不能称为自治权。

2. 议员资格审查争讼之判决。

此资格乃为国家机关之资格，与寻常资格不同。审查资格，指现在充当议员之资格，并非指选举及被选举之资格也，分两层说明之。

（1）贵族院得独立审查其所属议员之资格。又判决对于选出议员之选举人之争讼，然亦有只许贵族院如此判决，必俟君主之裁可始生效力者。

（2）众议院据所属议员之请求，得审查所属议员之资格。选举人或落选者呈请关于选举之异议，在控诉院判决之。

审查议员之资格，上下两院各有此权，惟判决（选举人之争讼）权独上院有之，下院无之。审查议员之资格是否相称，亦为议院自治之一端，本属权限以内之事。至选举诉讼，则不仅关系议院自治，与外部亦有关系，其所以归贵族院裁判者，乃由英国之沿革而来。英国上议院有裁判权，与最高裁判所相似，其裁判事件并不以选举诉讼为限，而选举诉讼必归上议院裁判，各国因之，其实无甚理由。有学者谓上议院选举之人，皆系贵族及有身分之人，此等人之争讼，不能受普通裁判所判决，故使上院判决之。为此说者，乃不知此事之沿革，姑妄言之耳。日本贵族院亦有判决权，以选举诉讼为限。但必经君主之裁可，始生效力，下院选举诉讼则由控诉院判决之。

3. 院内警察。议院于院内独立而行警察之权，警察官吏由政府派出，受议长之指挥。

院内警察与学堂警察、监狱警察略同，而与普通警察不同。谓与普通警察不同何？普通警察，从消极的方面保护人民之权利，院内警察，乃从积极的方面维持院内之秩序。盖设院内警察之目的，在使议事进行。(1)议事自由，彼此不能强迫，(2)恐有意外暴动之事妨碍议会，故设警察以监督之。谓为警察，不甚妥当，但各国皆谓之院内警察。普通警察，凡属人民皆有服从国家警察权之义务；院内警察则必与议院有关系者始有服从之义务（特别义务）。普通警察，为一般人之利益而设，必如何而后保护，必如何而后干涉，警察知之而人民不尽知之。院内警察，为议院中之利益而设，议院利益，惟议院知之，警察不能知之，故院内警察不能听警察官吏之指挥，当受议长之指挥。谓与学堂警察、监狱警察略同何？外国学堂中有设警察者，因学堂人数众多，恐学生、教员、管理员等有不法行为，故设警察为之监督，其指挥权操之学堂，亦与一般之警察不同。监狱警察，即狱内之看守者也，惟监内人有服从之义务，非一般人皆须服从，其指挥权操之监狱官吏。故院内警察，与学堂警察、监狱警察之性质并无差异，但监内警察系常设的，院内警察乃暂设的，因议院开会有一定时期，届期由政府派普通警察若干人，使受院长之指挥，谓之院内警察，充院内警察之人，即充普通警察之人。

4. 惩罚。议院有独立对于其所属议员行惩罚之权。

必与议院职务有关系之犯行议院可以惩罚，若与议院职务无关系之犯行，议院不得惩罚。例如议院中之议员，于其职务上有不法之举动时，由议院加以惩罚。若旁听人有不法之举动，则须由警察拘入警署，由警察官吏办理。

惩罚之种类，列举如下。

(1) 于公开之议场谴责为被告之议员。

谴责即申斥之意。

(2) 于公开之议场使表谢辞[①]。

使表谢辞，即使自认懈怠职务之过。

(3) 一定时间停止出席。

停止出席，乃使其悔过，不足以示惩戒也。盖议员有因事务烦难不愿出席者，停止出席，适足以便其私图。

以上三种，皆处分之最轻者，所谓薄惩者是。

(4) 除名。

除名于名誉上最有关系，故较上三项为重。议员除名，与官吏革职同。但革职之处分，其足为惩戒与否，因人而异。如对于热中之士，功名心盛，则革职足以示惩。若该员本有退志，则革职转予以自由。议员除名亦然。有学者谓除名有二意，一则为惩罚之方法，一则为议院扫清不肖议员之政策，故除名亦谓之 Reinicgnupstrafe[②]。清罚，有廓清扫除之意。

惩罚之手续如下。

议员有应受惩罚之事犯后三日以内，须提出动议。有

---

① 谢辞，日语，中文为“歉辞”，含谢罪之意。

② 拼写有误，德语之“清扫”为“Reinigen”，“罚”为“Strafe”。

惩罚之动议时,议长交惩罚委员会会议,使审查之。审查已毕时,交议院议决。

三日内不提出动议,以后即不能提出,亦不能不经审查,径行议决。所以如此郑重者,乃为顾全议员之名誉起见。惩罚以除名为最重,如有应除名之议员,则其办法尤为郑重。必议员三分之二以上出席议决,方能除名(其他之惩罚,只须过半数议决)。盖议员各有党派,多数政党之议员常倾轧少数政党之议员,往往有藉端除名之事,故除名之罚至少须三分之二以上议决,所以防多数政党跋扈之弊。

5. 对于议员之许可权。

议院对于议员所有之许可权,于下之场合行之。

一是议员之请假。

二是议员之辞职。

议院于许可议员之辞职时,上下两院其手续各异,众议院议员许可时,直生其效力,而贵族院则更须君主之裁可。

议院对于议员之许可权,即对于私行为之许可权。但私行为非指一切私行为,乃指与议员职务有关系之私行为而言,如请假辞职是。请假辞职与议员职务有关系何?议员有多数党少数党之区别,多数党欲其议论之通过,恐少数党为之阻碍,往往于开议之先,牢笼少数党,使先行辞职或请假。此等情事,在议院中不能谓其必无,故以许可之权属于议院,使临时斟酌,以防其弊。上院议员,由于敕任,故辞职亦须君主裁可。

第四节　国会之活动及其始终

国会之活动，以每年于一定之时期开会为原则，若有临时紧急之事可以开会，则属例外。

开会时期，各国不同。就日本言，每年开会三个月。遇紧急时，一年之内可以开会二、三次。但以何时为紧急之时，须由君主酌定，不能由议会自定。

如系二院之国，二院必同时开始其活动。

国会之活动，按其顺序始终，试分项说明之。

第一项　召集

召集者，使国会议员集会于一处之谓。召集之权，多数国属于君主之大权，然亦有认国会自行集会者，例如北美合众国，或独逸联邦[①]中之小国是也。

君主国主权在于君主，故议员由君主召集，民主国主权在于人民，故召集由议院自为之。就日本言，召集议院，君主无选择权，不能召集某某、不召某某。英国从前专就君主所好者召之，并不通知议员之全体。此等办法，流弊甚多。日本宪法规定，召集帝国议会，议会者指议员全体而言，即鉴于英之往事而预防之也。

第二项　开会

开会者，开国会造一可以议事之状况之谓也。日本及

---

① 独逸联邦，即今德意志联邦。

其他诸国，多由君主命之，然亦有一、二国听议院之自集而开会者。

由君主召集之国，则开会必得君主之命令。由议会自行召集之国，则自行开会。值开会时必须到会，乃议员之义务，亦其职务也。

第三项　闭会

闭会者，议院止其集合，造一不能议事之状况之谓也。闭会概属于君主之大权，然认议院自集之国，则闭会亦听其自主。

开会有一定时期，闭会亦有一定时期。如君主敕令某日开会系某日止，则至某日即当闭会。非开会时发一命令，闭会时又发一命令也。

以上言议会之普通情形，以下言特别情形。

第四项　停会

停会者，一时停止议会之活动中断议事之谓也。停会之效果，即议事活动之中断。故停会期日满了后，通算前后而认作一会期。是以停会前已经议决事项，不得再行附议，此与闭会大异之点也。

开会之权在君主，停会之权亦在君主。会期中君主有停会之命令，则即时停会。例如以三个月为会期，经过一月，停会一星期，既满一星期，则开会之期尚有两月，通算前后，为一会期。去年议决之案今年可以复议。惟停会，则议决之案，不得再行附议，以前后为一会期也。法律上之停会，甚为单简，至政治上之停会，必须说明。停会者，乃调和政府与人民意见之冲突，而使两方于一定期间内各自反省之办法也。但停会之期不能过长，就日本言，停会不得过三星期，若期间过长则是不开会矣。日本停会次数并无限制，一会期中即停会二、三次皆可。而外国宪法，有规定一会期中不得停会二次者。

第五项　众议院之解散

众议院之解散系于定为议员任期之不变期间内使终了任期之行为也。

解散只任期终了之意味，故同一议员仍得再选。

行解散之权，在君主国概属于元首之大权，共和国则不然，或元首全无此权，或元首因他国家机关之同意行之。

日本议会解散，由元首之命令。共和国之元首即大统领。美国宪法规定，大统领无解散议院之权。法国宪法规定，大统领得元老院之同意有解散议院之权，但众议院可以解散，贵族院不能解散，当众议院解散时，贵族院当然停会。各国办法皆同。解散与停会，学者或以为对于议员之一种罚则。其实不然，解散不过使议员之任期终了，并无他意。日本议员，任期四年，四年满了，即当然解散，若未满四年，君主命令解散，即作为任期终了。解散后二月之内，须再行选举，经过解散之议员，仍得与选。命人民再行选举，为元首之义务。故解散后，议会仍有开会之时，非一经解散，即无议会也。以上所述，为国会活动之顺序，以下说明国会议事之顺序。

第六项　议事之(顺序)方法

国会者，议事之机关也。凡两院制之国，各院有独立议事权，若有时须两院之协议，则开协议会。

两院各有权限，故议事时各自独立。但有关系重要之议案，恐一院赞成，一院反对，于实际上不便，可由两院开协议会，公同议决。两院议事大纲规定于宪法，而其细目则详议院法议事规则。但有为议事规则所无而为一种惯习者，故讨论议事方法，须调查宪法与议事规则及其惯习。英国议事惯例势力甚大，可以变更废止宪法及议院法，日本议事惯例则不能与宪法及议院法冲突，以惯习不同故也。

两院之议事，按下之顺序进行（照日本之例）。

一、议院之成立及开会。议员被召集于一定之期日，各员参集于一堂，各议院按抽签之法，分全员为数部，每部由部员中互选部长一名。议长、副议长，贵族院由君主命之，众议院则由该院选出候补者三名，由君主命之各院议长、副议长在被敕命以前，书记官长行议长之职，议长、副议长及各议员之部属定时，即为议院成立。议院成立时，君主即命开会，行两院共同①开院式。

分全员为数部何？因全员人数众多，如交议及提出意见，须全体为之，盈廷聚讼，莫衷一是。故按事之种类分全员为若干部，部有长，部长由各部选出，部长既定，即报告议长。关于其部分内事，提出意见，一则便利，二则切实，其益甚大（各部权限，皆属平等）。贵族院议长与众议院议长，皆由敕任。而有先经互选与否之不同，法律上无甚理由，乃沿革上理由。考英国宪法史，贵族院由君主一面发达②，众议院由人民一面发达，故众议院议长须经互选，贵族院议

① 原文为“合同”。

② 一面，即方面；发达，即推动。

长无庸互选也。议院未成立以前，亦有应议事件，如互选议长、副议长、部长之类。斯时尚无议长，如议员可否同数？由何人决议？议院议事，从多数决，可否同数，则由议长决定。据日本议院法规定，则以议院之书记长暂充议长，予以决议之权。议长、副议长、部长既定，则议院成立。但成立之后，尚不能即时开议，必由君主敕命开议日期，合两院行开院典礼始得开议。

二、院内委员及委员会。各院应诸般之必要，而设委员，委员分为全院委员、常任委员及特别委员。全院委员，即以议院之总员所设委员。常任委员，即分割事务而定其负担，使专司审查者也。例如预算委员、决算委员、资格审查委员、惩罚委员、请愿委员等是。特别委员，即临时有须特别调查之事项所设之委员也。例如税制整理委员、学制调查委员等是。全院委员，非议院全员三分之一以上出席，不复开始议事。常任委员及特别委员等非委员之半数以上出席，亦不得开始议事。委员会概禁公众之旁听[①]。委员会虽与普通会期之终了一同消灭，然因政府之要求或其同意，虽议会闭会中，亦得继续委员会。

分全员为若干部，为议事便利起见，又于全员中选有专门知识、有特别阅历、有特别信用者若干人，使讨论(调查)特别议案，谓之委员。但特别议案，有常见者，有不常见者，故又从议案之性质，分委员为全院委员、常任委员、特别委员。(一)全院委员以议院之全员

① 原文为“傍听”。

充之。有学者谓全院委员既系议院全员，则全院委员之议事与全院议员之议事相同，何必有此区别。不知其形式虽同，其办事方法不同。盖遇某种紧要问题，经常任委员或特别委员议决，尚不足以昭郑重，又必经全院委员之会议。其议事时，必须全院委员三分之一以上出席始得开议，必得过半数之同意始能议决。所谓过半数者，指列席三分之一之过半数而言，非全院委员之过半数也。故全院委员，与全院议员之资格不同，全院委员长，亦与议长不同。全院委员长，应于议会第一次开会时选定。（二）常任委员所办之事，为开会之预备。其审查事件，不以开会之时为限。盖有一种议案，必先悉其原委，始能置议。寻常议员无暇审查，故设常任委员专司其事。预算委员何？政府提出之预算案，由议会交与审查之委员也。寻常议决之预算案，大致出于预算委员之意见（有时亦须修正，乃偶然之事）。预算委员，关于审查预算事件，亦须与政府商定，再交议会议决。决算委员何？据会计法及其他方法审查政府之支出收入是否合法之委员也。必决算委员以为合法，政府方谢其责。以上两种委员，非有不可。盖预算决算之事件，非常复杂，如使全院议员任审查之责，则无暇更议他事。故不如设专司其事之委员，实际上较为便利也。资格审查委员，即审查议员是否合格。惩罚委员，即议员中有不法或不当之行为，由该委员惩罚之。以上两种委员，不如预算决算之重要，寔际上虽不有此委员亦可。因两种委员，常有终一会期而无所事事者。无议员之资格不能被选，既被选为议员，必有其资格。故资格审查委员可以无有。议员无不法及不当，即无须惩罚，故惩罚委员，亦可无有。请愿委员，亦在可有可无之间。盖人民之请愿，不必定经请愿委员之手。如议员中有三十人同意，即可将请愿事件提议。然各国均设有此等委员者,因此等委员,皆有分任之事务,不过事务较为简易耳。(三)特别委员,即议会关于立法事项临时选出之议员也。议会虽专司立法,而立法中又分种类,如税制、学制等,非有专门学问、专门知识之人不足胜审查之任,但此等委员皆系临时选派,无须常设,故称为特别委员。特别委员审查之事项,不以立法为限,有时亦包行政在内,盖议会虽不能干与行政,而某项行政因于国家有利而讨论之,未始不可。委员会讨论之事多系国家之秘密政务,如外交上军事上之事件。故禁一般人之旁听,以防漏泄。惟议员则许旁听,而不许质问。即使质问,而该委员等亦无报告之义务。委员会讨论之事,于普通会期终了时,或未完毕则于会期终了后继续之。议事较为从容,然非因政府之要求或其同意不可。盖君主国议会开闭,皆由君主之命令,委员会亦议会之一部分。若闭会后复自行开会,便为违反宪法故也。

三、会议。会议照议事日程,议事日程由议长定之,报告议院。议长之定议事日程,以先议政府所提出之议案为原则,如有政府之同意或紧急之必要时,自属例外。会议非全员三分之一以上出席不得开议,议事经三读会[①]议决之。但有政府之要求,或议员十人以上之要求,议院得以出席议员三分之二之多数决议,不必经三读会。政府提出之议案,除有政府之要求或紧急之必要时以外,议院不得省略委员之审查。议事除有特别之情形外,须以过半数出席议员之

① 关于“三读会”,后文中有详细解释。

赞成议决。议事以公开为原则，但得依政府之要求或依议员之意见得开秘密会议。议事经议决时，由最后会议之议院之议长，送国务大臣奏上。

议事日程，为议事之顺序，即议院活动之标准。某日议某事，由议长核定，列表印刷，分给各议员。议院之议事日程，与学堂之功课表略同。俾知每日应办之事件，得以预为准备。议案分两种，(一)政府提出之议案，(二)议院提出之议案。以先议政府提出之议案为原则，何？因寻常会期只有三月，使先议议院提出之议案，往往有会期届满无暇议及政府提出之议案之时。且恐议会或不以政府提出之议案为然，故意延搁。故以先议政府议案为原则。盖政府议案大抵关系行政事宜，若一会期置之不议，则行政上无所依据，于国家不利。非谓政府议案，皆较议会议案为重要也。然有时出于例外，先议议院议案者，不外两种情形：(一)有政府之同意时。例如政府提出之甲案与议院提出之乙案相类，而乙案系甲案之先决问题，必先议决乙案始能着手甲案。此时议会可本此意商之政府，得政府许可，即可变更议长所定之议事日程，将政府提出之甲案缓议，先议议院提出之乙案。例如政府提出远洋航海补助额增加法案，该船舶积量有若干吨，每年由政府补助金额若干，为奖励航海之政策。而议院同时提出废止补助航海议案，则议院之提案，为政府提案之先决问题是也。(二)最紧急之必要时。遇紧急时，议员可提出紧急动议，紧急时议员所发之议，谓之紧急动议。商之议长，变更议事日程，先议紧急之事。例如会议中有议员某甲侮辱反对党之议员某乙，致乱议院之秩序，此时反对党可提出紧急动议，将所议之议案暂行中止，先议某甲侮辱某乙之事。若经议院议决，认某甲之举动为不法，则送交惩戒委员会惩罚之是也。三读会何？当开会时，由委员朗诵议案，委员分二种：一政府委员；二议院委员。系政府提出议案，则由政府委员朗诵，系议院提出议案，则由议院委员朗诵。并说明提出此议案之理由，议员中若有不以提案为然者，可即时说明其反对之理由。谓之一读会。继由议长询问各议员，此案应否交委员会讨论修改及应如何修改始为适当，许各议员陈述意见，使委员会有所遵循，谓之二读会。至修改既竣，由议长命书记朗读原案，并说明已经修改之处，使众周知，且证明无误，谓之三读会。议案必经三读会始能议决，然亦有不经三读会而即行决议之时。有学者谓二读会专议修改议案，三读会仅将修改之议案朗诵一遍，是三读会在法律上不过是一种办法，其实无关紧要，故有不必经三读会即行议决之例外，其利有二：(一)节省时日，(二)办事敏捷。然此例外，亦有流弊。例如议院全员共六百人，甲党四百人，乙党二百人，当开二读会时，乙党到会者有一百五十人，甲党到会只五十人，此二百人中，有一百五十人表同意，为多数决，乙党即利用此机会，要求不必经三读会即行决议，则利于乙党者，未必利于甲党也。故两利相权，仍以照原则办理为是。政府提出之议案，大概议员皆知，然容有不知者，故不得省略委员之审查。上院决议之案，须交下院开议，下院决议之案，亦须交上院开议。议事有先后之分，故由最后会议之议院，送交国务大臣奏上。议案必由国务大臣奏上，何？盖议院议决之案，必经君主裁可，始能颁布，若君主不裁可，则此议案仍不能成立。

四、两议院相互之关系。两院所议决之议案须互相移送，两院之议决须互相知会。两院关于一院之确定案加修正时，须送还先议之院。先议之院若与后议之院所修正者有同意时，即行上奏，并知会该院，若不同意时，可要求开两院协议会。

两院不得拒一院之协议会之要求。两院协议会，由两院选出各同类之委员，会同协议。协议成立，交还政府，再由政府受取议案，经先议院再议之议决后，移交他[①]之。协议成立，须分别提出议案者为政府，或议会。如系政府提出，则协议成立后送还政府，再由政府交先议之议院，先议之议院用三读会方法证明无误，再送交后议之议院，后议院议决，交国务大臣奏上。如系议会提出，则协议成立后，送还提出之议院（即先议之议院），用同一之手续，而议案成立。

两院对于协议成立之议案，不得修正，两院协议会，须秘密之。

五、议院对于国务大臣及政府委员之关系。国务大臣及政府委员，于议院求发言后，不拘何时，可得发言之许可，但不得中止议员之演说。

议院除与国务大臣直接[②]外，其与行政官厅皆不得交通，前已言之。政府委员由各省选派，日本各省如中国各部。自表面言之，似政府委员为代表各省之机关，其实不然，何则？国务大臣，对议会发表意见，多系重要之事，然只言其大略，其详细之处及事之不甚重要

① 他，指后议之议院。
② 此处指联络，与后“交通”同义。

者，皆由政府委员发表意见。政府委员在议会发表意见，由国务大臣负其责，故政府委员乃辅助国务大臣之机关，非代表国务大臣之机关也。国务大臣得议长之许可，无论何时皆得发言，推立法之意，因国务大臣辅弼君主，必系有学问之人，于议院开议时得有学问者为之指导，可得议事之良结果。故无论何时，许其发言。不然议会为严肃之地，岂有听外人随时发议之理。然使绝对的听国务大臣随时发议，亦有流弊。如议员建议，其政见与国家有益，若国务大臣与该议员之意见不合，将阻挠议员之演说，故又有不得中止议员演说之规定。

国务大臣及政府委员，不拘何时，得到委员会述其意见，又须照委员长之请求答议员之质问。

国务大臣到委员会发表意见最关紧要。盖国务大臣之政见，一般议员未必尽能领会。委员则皆有专门学问之人，国务大臣欲使其政见见诸施行，非与委员会联络不可。答议员之质问并不公开。凡政府秘密[①]之事，皆可为委员会言之。盖政事者，一国之政事，非君主与国务大臣之政事也。故秘密政事，亦当使委员与闻。如是，方谓之君民一体，方合于宪法上之精神。

六、议院之议决与君主之关系。

议院于其权限范围内为独立机关意思之主体，谓议院意思须以服从君主之意思为目的，在法律上决无何等之意义。

议院为独立意思之机关，在其权限内不受他机关意思之拘束。故君主之意思，在法律上无拘束议会之效力。就日本言，议会因豫

① 原文为“密秘”。

算案与政府之意见不合，争议不决，天皇可发敕令，令议会勿与政府争论，及早通过豫算。此事常常有之。而议会卒从之者，乃日本臣民出于忠君爱国之心，为道德上关系，非法律上关系也。议会因豫算案受君主之拘束，其事之当否为事实问题，若政府假君主之力，以束缚议会，则议会受政府之欺，亦事所难免。

第十章　裁　判　所

关于裁判所之说明，本学堂已有独立之学科，故此处从略。若裁判所与他国家机关有密接关系时，则分别示其应注意之点。

裁判所之意义，详法院编制法。但编制法仅言司法裁判，而行政裁判及其他裁判则不之及，俟讲行政行为时再详。兹之说明，乃关于裁判所地位之说明。裁判所者，合议制或独任制行使司法权之宪法上第二次机关也。质言之，即因法益之侵害，受当事者之请求，于法规之下，适用法律之机关也。裁判所有二要件，一须行动于法规之下；二须据法规而为行动。在法规之下行动，即在法规范围内，皆可自由行动。据法规为行动，即以法规所命令者为行动之根据也。盖法规为抽象的，裁判为具体的。故裁判所之裁判，与论理学之三段论法相似：法规为裁判之大前提，犯罪之事实，为小前提，裁判官之判决为结论。例如刑法法规规定，凡故意杀人者，处无期徒刑①（大前提），甲故意杀乙（小前提），故处甲以无期徒刑（断案即结论），是裁判官之判决乃法规的作用，裁判官不能以意为之。或谓裁判官既无自由之意思，何以有酌量减轻及犹豫行刑之权。犹豫行

① 原文为“无期徒判”。

刑，改正刑法草案改为缓刑。不知减刑及犹豫乃解释法律之精神，与依据法律无异，并非裁判官能以自由之意思为判决也。法益者，乃法律所保护之利益。质言之，凡法律所保护之权利，及法律所保护之利益，皆谓之法益。民法、商法所保护者，大半属权利，行政法、刑法所保护者，大半属利益。有谓裁判所为保护权利之机关者，解释未免狭隘。盖行政上之裁判，非保护权利，乃保护利益也。有谓裁判所为维持法规之机关者（凡破坏法规，即当治之以法），然刑法上何以有亲告罪，民法商法上何以许权利者抛弃其权利，证诸种种方面，可知其说之不然。有谓裁判确定之诉，乃要求权利之确定，并非权利之受侵害，则谓裁判所为保护法益者。非也！不知保护法益原分两种，有已受侵害而必须保护者，有未受侵害而豫为保护者。裁判确定之诉，即豫求保护法益也。当事者，非指原告、被告之地位而言，乃指直接受损害之人格而言。关于民事，直接受损害者为个人。关于刑事，直接受损害者为国家。检事虽为原告，乃国家之机关，非直接受损害者。若被害者及国家不起诉时，裁判所不得自行审理，乃以不告不理为原则也。合议制、独任制，详编制法①，至两种制度，孰为得宜，非法理上问题，乃便宜上问题。

① 即“法院编制法”。

第十一章　行政组织

行政组织即行政机关，西洋封建时代，行政机关，各国不同，现在各国则大略相同，此何以故？因封建时代无自治机关，即行政机关亦与立宪国之行政机关迥异。盖警察国家即封建时代之国家。之行政官厅，私属于君主，君主犹水也，行政官厅犹水管也，随君主之意思而为变动。本章行政组织，乃专就法治国言之，法治国之行政组织分二种：(1)行政官厅；(2)自治团体。

第一节　行政官厅

第一项　观念①

行政官厅者，在法令之权限内，以其名行行政之国家机关也，分说如下。

官厅者，行行政之国家机关也。行行政者，行政官厅于法规之权限内遵守法规界限而执行国家事务之谓也。然国

---

①　观念，日语，即对事物的见解。

家事务之执行,有二种形式:一、不依命令权;二、依命令权者是也。故行政官厅,得分为有命令权与无命令权两种,例如警察官厅属于前者,烟草专卖所属于后者。

学者萨瓦雷[①]谓有命令权者谓之官厅,无命令权者即不得谓之官厅。予辈亦以是说为然。何则?国家与人民,为命令服从之关系,谓之公的关系,故一切官厅无不有公的关系,如食盐专卖局,烟草专卖局。无公的关系,即不能作为官厅。但普通学说,皆分官厅为有命令权、无命令权二种,讲义为便于说明起见,改从普通之学说。

官厅者,以其名行行政之国家机关也。故非以他之名行行政之官厅,例如各官厅之补助机关之类,非官厅也。

以其名云者,以其名义之谓,非以其目的之谓也。学者有作为目的解释者误。就日本言,如内务省为独任官厅对于外部发布命令,须以内务大臣之名义行之。于命令之首,署内务大臣某。有时仅署内务省,或内务大臣者,略式也。其余参事及各局长皆辅助机关,不能以自己之名发布命令。就中国言,外城巡警总厅为独任官厅,对于外部发布命令,须以厅丞之名义行之。其余警官皆辅助机关,虽警厅命令由警官发布者为多,不能以自己之名义行之也。

官厅者,在法令所定权限内行动之机关也,故离法令则无官厅。

官厅之权限,载在法令。故官厅之行动,不能出法令之范围。

---

① 萨瓦雷,可能指Carl Gottlieb Svarez(1746—1768),普鲁士之重要法学者,启蒙期立法之重要人物。

法令变更,则官厅变更,法令存在,则官厅存在。官厅者,与法令相终始者也。但就主观言,为官厅,就客观言,则为官职。如日本大藏大臣,专管财务行政,法文上称为财务行政者。者字,非指财务行政之人或物而言,乃指官厅而言。官厅依法规之规定为财务行政之机关,而实际上财务行政即大藏大臣之职务。官厅即是官职,官职即是官厅,视观察点何如耳。

官厅者,国家之机关也。故其所行之事务,乃国家之事务也。自己无目的,只为国家而行动,此所以与自治团体异也。

自治团体,一面为国家之目的而活动,一面为自己之目的而活动。行政官厅,则专为国家之目的,无自己之目的。应注意者,谓官厅无自己之目的,不可因此遂谓官厅无意思之力。官厅有独立之意思之力,所以为法治(立宪)国之官厅。若官厅无意思之力,即不能为国家办事。然此又有应注意之点,谓官厅有独立之意思之力,不可因此遂谓下级官厅,绝不受上级官厅之束缚,不过于其法定权限内,有意思之力而已。权限以外之事,不得为之。详言之,官厅者,以自己之名义及自己之意思,为国家之目的而行动之国家机关也。此说与现在学者之说,微有不同,现在学说分二种:

(一)有机体说。主张此说者,谓机关为人之手足,手足随人之意思为行动,无所谓手足之意思。官厅为国家之机关,以国家之意思而行动,无所谓机关之意思。学者为此演绎说,此段论法,为论理学之演绎法,未免武断,何则?人有形而国家无形,国家之人格,究与自然人之人格不同,自然人之意思,由有思想,国家之意思,则由有目的之请求。国家为抽象的,无所谓思想。目的之请求何?人类之集聚，欲达种种之目的，不得不有请求。其请求之意思与国家之目的相合，即作为国家之意思。就专制国言，专制国之君主为统治主体，然君主之意思，非国家之意思。君主对于私事所发动之意思，与国家无直接之关系，不成为国家之意思。必君主之意思与国家之目的相合时，君主之意思即为国家之意思。就立宪国言，君主为国家之机关，行政官厅亦为国家之机关，各种机关皆为达国家之目的而设，故各机关须以自己之意思为国家之目的而行动。有机体说惟认人格有意思，不认机关有意思，吾辈不敢赞成。

（二）机关人格说，谓机关有意思，并认机关有人格，则又未免过当。兹将是说之误，驳正于后。主张是说者，谓机关有独立意思之力为机关之权利，机关为意思之主体，即为权利之主体，既为权利之主体，即有人格。此种论法，亦为论理学之演绎法。权利固由意思之力而出，然不能谓意思之力即为权利，盖权利之对面，有利益在，为达自己利益之目的，所有之意思之力方为权利。机关无自己之目的存，故其意思之力非权利也。况机关与充机关之官吏显有区别，主张是说者，谓机关即官吏，官吏即机关，则尤为错误。盖官厅之设，必以法令定之，法令不废止，则永久存在。若官吏，则时有死亡迁调之事，不能永久存在。且官吏有不办国家事务，而仍不失其官吏之资格者。谓官吏即机关，将谓国家有不办事之官厅乎？由是观之，官厅虽有独立之意思，不得谓为权利之主体，可断言也。

第二项　官厅之组织及权限

官厅之组织及权限，以官制定之。官制有以法律定之者，有以命令定之者，各国法制不同。

官制之定义，分主观、客观两种。就客观言，则可曰官制者，定国家分配事务之法规也。国家事务分五类,一外务、二内务、三军务、四财务、五司法,某类应划归某衙门管辖,谓之分配事务。就主观言,则可曰官制者,定官厅权限之法规也(例如陆军事务归陆军大臣管辖,为条文表面之规定,谓之客观。而其内容,则陆军大臣有管辖陆军事务之职权,谓之主观。其实陆军大臣之职权,即在管辖陆军之事务,一而二、二而一者也。但文理学及论理学学者,有此两种论法,此两种论法,有可分者,有不可分者。如我有物,我居主位,物居客位,如谓此色为白色,则无主客之分。陆军大臣之例,即谓此色为白色之论法也)。日本官制由君主定之,学者有谓宪法有官制由君主制定之明文,则除敕令以外之法律命令,皆不能制定官制。不知宪法之规定乃谓君主有制定官制之权限,非谓非君主所定之官制,即不得谓之官制也。故以法律定官制可,以命令定官制亦可。

以法律定官制时,不得以命令废止变更之。以命令定官制时,得以法律废止变更否?余辈则以为可,然学说亦无一定。

以命令定官制能否以法律废止变更?而宪法上界限,实为先决问题。即以命令定官制,系大权事项,抑系法令共同事项之问题也。视为大权事项,即不能以法律变更。余辈则视为法令共同事项,故主张可以法律变更(大权事项法令共同事项法律事项之区别,详后)。

以命令设立之官厅,法律委以某项权限时,可否以命令废止变更之,此问题当分别情形说明。

一、法律注重官厅之组织附与权限之时。

此时有不以命令更设同样组织之官厅之趣旨,故欲废止法律所附与权限之官厅，非法律不可。命令不得废止之，盖恐以命令妨法律所期之效力故也。

例如委任内阁审查收用土地，即注重内阁之组织附与权限，何则？内阁之组织为合议制，以审查之事，委任内阁，非求其迅速，乃取其郑重也。法律既付与[1]审查之权限，若欲以命令废止内阁，更设同样之官厅，则审查权限当付新内阁，以此为宗旨时，则内阁可以命令废止。以废止官厅与法律所附之权限无碍故也。若以废止内阁不再设同样之官厅为宗旨，则不能废止。以废止，则法律所附之权限无所附丽故也。

二、若法律注重官厅之权限更附以某种权限之时。

此时非命令全然不得废止官厅。如有移其权限或别设有同样组织之官厅之趣旨，须先组织此等官厅或移其权限，然后废止该官厅。盖法律不自设官厅而委任某种权限于以命令所设之官厅，则法律固无设官厅之意也。既不背其委任之主旨，即谓得以命令废止变更，亦无不可。

例如府、县知事，为管辖行政事务之官厅，法律更附予收税之权限。收税亦是行政事务，以付之行政官厅最为得宜，此即注重官厅之权限与注重官厅之组织不同。但甲县知事与乙县知事权限相同，能否废止乙县知事，以其收税之权移归甲县？有谓法律既付以权限，不能以命令废止者，殊无正当之理由。盖法律既不另设收税之官厅，而为便利起见，付与[2]其他官厅以收税之权限，是重在权限，而

---

① 原文为“附与”。

② 多处付、附以、附予、付之、付以、付与，均为赋予之意。

不重在官厅。官厅虽废，而权限无碍，故不妨以命令废更。

官厅为行其行政事务，须一定之经费，此经费须以预算经议会之协赞与否，亦不可不分别论之。

官制系以法律定时，议会不能拒其所要之支出。盖按法律所设之官厅，其经费即法律所定之岁出故也。官制系以命令定时，其经费即须协赞。盖定官制之命令权，不能限制宪法上议会之预算议定权故也。

官厅之行政经费，是否须经议会协赞？有谓官厅既以法令设定，自有一定之经费，无须议会协赞者。有谓法令设定官厅为一事，预算又为一事，故官厅之经费须经议会协赞者。此问题须视官厅是否法定而解决之。官厅由于法定，则其经费已列岁出，为法定之结果，无须协赞。官厅系由命令所定，则议会不必干涉。然干涉未始不可，以议会之预算权为宪法所付与，命令无限制宪法之效力故也。有谓命令所定官厅，则一定无须协赞，盖既系命令所定，则其支出亦预定在预算中，此即宪法上所谓既定支出也。不知官厅虽由命令所定，而支出未必预定。宪法上既定支出，另有意义，并非指此而言，故学者之说，不足采用。

第三项　官厅之种别

官厅因观察点不同，可分为数种。

一、由组织上观察，可分为独任制及合议制。

独任制官厅者，以一人之官吏为官厅者也。

独任制之官厅，以一人组织，乃谓由一人负其责，非谓官厅只有一人也。如日本内务省由内务大臣一人负其责，其余之次官局长，皆为补助机关,对于外部不能发布命令,故内务省之命令,必用内务大臣之名。有时次官局长亦能发布命令者,乃为便利起见,非法律上之当然者也。例如府、县知事,不知章程,或有疑义,请示于内务省,因其事甚小,即由次官局长之命令回复,如有错误,内务大臣可以更正。

合议制之官厅者,以平等官职数人之官吏组织之官厅也。

合议制之官厅,虽以数人组织,而各人皆有对等之权限,与官厅之补助机关对于官厅有从属的职务不同。

合议制之官厅,其要件有二。第一要件,须有数人之官吏。一人无所谓合议,有二人为议员,必更有一人为议长,据此非有三人不可。然以法理论之,合议官厅即二人亦可组织,如甲乙二人为合议制之官吏,甲可兼充议长,是也。但于此又生一疑问,甲乙意见不合时,应由议长取决,甲以议员而兼议长,则一人操议事之权,与合议制之宗旨不合。不知甲为议员时系以议员资格议事,为议长时乃以议长之资格取决,须分别意思之当否而决之,不必定以自己之意思为是。故实际虽只二人,而有三种资格,谓为合议。谁曰不然?但实际上二人之合议制甚少,至少必有二人以上。至合议制人数,有奇数、偶数之不同,要以奇数为是,以议事时易得过半数故也,如合议制为五人时,有三人同意,为过半数,不至有可否同数之问题。第二要件,须官职平等,即权限平等,无命令服从之关系。而实际上平等官吏,有势力大小之不同,则非法律上问题,然有应注意者二:(一)官职平等仅指内部关系而言。至对于外部关系,必彼此会议得合意之结果始能发表意见。非谓各人有平等之权限,即可以各人自己之意见发布命令也;(二)官职平等指官吏各员无彼此服从之关系而言。至官吏对于官厅仍有服从之关系。如由议长所定会期,各议员须按期到会,议事时取决多数,可否同意则取决议长之类是也。以下言独任制与合议制之比较。

独任制之官厅与合议制之官厅,同为国家行政之机关,惟构成官厅之意思之手段不同。独任制以一人独立之意思构成官厅之意思,合议制则以数人之意思构成官厅之意思,数人皆无独立之意思。两种制度各有短长,合议制之长所在于虑事周密,独任制之长所在于办事敏捷。各国办法,凡政务之关系重要必须经严重之手续者多属之合议制官厅,政务之关系重要必须用敏捷之手续者则属之独任制官厅。就日本言,军事贵慎密,故运筹帷幄参谋本部任之(合议制),军行贵神速,故指挥战斗海陆军省任之(独任制)。日本参谋本部乃独立官厅,非隶属海陆军省。至审判官厅,关系人民之权利义务,最宜慎重,故地方审判厅以上皆用合议制,初级审判间有用独任制者,以其管辖范围内多系轻微之事故也。又公用征收,必经土地收用审查会决议(合议制)始由行政官厅执行(独任制),以决议须郑重、执行贵迅速故也。至独任制与合议制之官厅,皆有补助机关。独任制之官厅,其补助机关有用合议制者,亦有用独任制者。如日本文部省(独任制)有高等教育会(合议制)为文部大臣之补助机关是也。若合议制官厅,非不可设合议制之补助机关,但官厅既系合议制,则补助机关不必有合议制耳。

二、由职务权限之点观察,可分为分地制及分职制。

分地制者,以一定之地域为官厅之管辖地,使掌管其地域一切行政事务之官厅也。分职制者,以一定之行政事项为其权限管辖及于全国之官厅也。

分地制,于职务无限制而于地域有限制。分职制,于地域无限制而于职务有限制,此二者之区别也。中央官厅多用分职制,如学部专管教育事务、外部专管外交事务是也。地方官厅多用分地制,如两江总督,即以安徽、江苏等处为其管辖区域是也。

三、由管辖地域之点区别之,可分为中央官厅及地方官厅。

中央官厅者,以全国为其管辖地域者也。

地方官厅者,以一地方为其管辖地域者也。

同一官厅,而观察点不同,故有种种区别。就陆军省言,以陆军大臣一人组织之,为独任制官厅。管辖全国陆军事务,为分职制官厅。居全国陆军官厅之最高部分,又为中央官厅。实际上欲说明此等官厅之性质,宜以一种分类为标准。

以下为说明现行行政官厅便宜上以此区别,定其系统。

中央官厅及地方官厅之组织及权限,各国不无异同,余据日本之法制,示其模范。

(一)中央官厅之组织及权限,按下之类别分为四种:

1. 内阁总理大臣;2. 内阁;3. 各省大臣;4. 会计检查院。

1. 内阁总理大臣,乃独任制之官厅,以国务大臣充之,保持行政各部之统一。因此认为必要时,得中止行政各部之处分或命令,以求敕裁,且掌关于受恩给[①]及扶助料[②]、权

---

① 恩给,日语,指工作一定年限的公务员在退职或死之后,由国家支付给本人或家属的养老金或一次性补助金。昭和三十四(1959)年改为互助年金(养老金)制度。

② 扶助料,日语,今译抚恤金。

利之裁定及支给等事项。

内阁设总理大臣一人,故为独任制,通常以国务大臣充之。有国务大臣资格即能充内阁总理大臣。但国务大臣不止一人,以何人充内阁总理大臣则属君主之大权,分说于后。(1)署名。内阁总理大臣为行政机关,国务大臣为辅弼君主之机关。内阁总理大臣以国务大臣兼充者,于署名时应署某省大臣兼充内阁大臣,而日本实际上,往往仅署内阁大臣。内阁大臣为行政官,无须署名,其所以署名者,以系国务大臣兼充之故,今于内阁大臣之上不冠以国务大臣,严格言之,此等办法实为不当。(2)权限。内阁大臣之权限分为主要的权限及附属的权限。主要的权限在统一行政各部、中止行政各部之处分及命令。各部大臣之命令须送内阁,得总理署名即行公布,无须上奏。惟总理不以为然时得中止命令之公布及处分之实施,由总理上奏,请旨定夺。若君主以为然,总理仍须署名,不以为然,则命令作废。附属的权限,为裁定恩给及扶助料。恩给扶助料为各部行政事务,归各部自行裁定似较便利。然各部自行裁定则各为其属员起见,务较他部增多,配置不均,争端易启,故不如归总理大臣裁定,较为公平。总理大臣属员甚少。

2. 内阁者,乃国务大臣组织之合议官厅也,掌土地收用之认定及各省大臣主管争议之裁定。内阁虽审议宪法上辅弼事项,然为宪法上辅助机关之作用,非为行政行为者也。

英文 Cabinet,译为内阁,英、法内阁权限极重,不惟在宪法上为重要机关,在行政法上亦为重要机关,而普鲁士、日本之内阁与英法不同,其权力较为薄弱。日本内阁,除认定土地收用及裁定各部主管争议外，无其他之权限。收用土地与人民权利有重大关系，故使内阁认定，以昭郑重。各省主管争议，为事实上所常有。即以收用土地言之，亦有争议之时。例如修造铁路收用人民土地，有属之陆军部者，有属之农工商部者，有属之邮传部者。如农工商部建议修造某处铁路可使工商业发达，而邮传部为通筹全国路线起见谓此举不当，或陆军部以为与军事不利。如此，则彼此争议，铁路[①]无成功之日。凡下级机关，之争议由最高机关裁定，例如府、县知事有争议时，取决于内务大臣是也。各部大臣，地位平等，使无一定之机关为之裁定，则争议之事无从取决，故以裁定之权属之内阁。日本行政法规有内阁审议宪法上辅弼事项之规定，不能因此谓内阁为宪法上辅弼机关。宪法上只有国务大臣，并无所谓内阁。惟组织之人皆系国务大臣，国务大臣辅弼事项得就便在内阁提议而已。

3. 各省大臣，乃据各省官制通则，关乎分任事务之最高独任制之行政官厅也，今举其权限如下。

官制通则，无论何种官厅，皆常遵守，关乎各省分任事务，则另有特则。

（1）职权上或因特别法令之委任发省令之事。

职权上发省令之事，即本官制所定之权限因特别法令之委任发省令之事，其例甚多，兹举一例以明之。如日本河川法，即特别法令之一种，必如何之水源始得谓之河川，由内务大臣认定，则谓河川法委任内务大臣以认定河川之权限可也。

（2）监督训令及停止注销警视总监及地方官厅之命令

① 原文为“铁賂”。

及处分之事。

警视总监专管东京警察事务,其余地方警察事务皆归府、县知事管辖,详见地方官厅之说明。内务大臣,对于警视总监及地方官厅有监督训令之权,凡此等官厅之命令处分,内务大臣认为不当时得停止或注销之。

(3) 掌所部官吏任免、进退之事。

进者升迁之谓,退者降调之谓,与任免不同。宪法上惟君主有任免官吏之权,各部大臣亦有此权者,乃受君主之委任。然各部大臣得以进退、任免者,以判任官咨补官为限,而奏任官之进退、任免,则仍属君主之大权。

现在日本所谓各省大臣,即内务省大臣、外务省大臣、大藏省大臣、陆军省大臣、海军省大臣、司法省大臣、文部省大臣、农商务省大臣、递信省大臣是也。

以上行政机关,共分九省,每省置大臣一人,皆为行政之最高机关,有应注意者二。

第一,内阁总理大臣与各省之关系。总理大臣之权限,得中止各部之处分命令以求敕裁,似总理大臣为行政之最高机关,而不知非也。各省之命令,以与他省行政有关系者为限,须得总理大臣之署名,以保持行政之统一,若总理大臣不肯署名则命令不得公布,为中止之实行方法。故总理大臣有中止命令之权者,乃统一行政,非能监督行政也。总理大臣不能监督行政,其理由有二:(一)各部命令,如仅属本部之关系,与他部行政无关系者,不必得总理大臣之署名,径行发布;(二)各部命令,不害他部行政之统一,而总理大臣不肯署名，各省大臣可以力争，其结果则开内阁会议决定之。据此理由，可见总理大臣，并非最高行政机关，不然，则不必中止，可以废止矣，不候敕裁，可以自由矣。

第二，内阁与各省之关系。内阁之权限，得裁定各省大臣主管之争议，似内阁为行政最高机关，而不知非也。内阁封于各部大臣，只有解释法律之权，并无监督权，犹之枢密院为议会解释法律，而非议会之监督机关。上级官厅对于下级之裁定权，包含于监督权之内，无须说明。惟内阁无监督各部之权，欲以裁定权归之，故必以明文规定。简单言之，则可曰：内阁总理大臣非行政最高机关，内阁亦非行政最高机关，惟各省大臣而已。

4. 会计检查院者，乃检查官书记官及检查官补组织之合议制官厅也，有检查确定官金之收支官有物及国债等计算当否之职权。

会计检查院，有检查确定收支钱物及计算国债之权限。各部每年收支报告，应由检查官检查。如检查官对于该报告提起质问，各部不能不按实声复①。若检查确定，则各部长官对于所报告免其责任。中央官厅，除以上列举外，尚有种种，因无关重要，从略。又以上仅言中央官厅之系统，至官厅行政，详后。

学者有以枢密院及行政裁判所为中央官厅者，然余以为非行政官厅，故不列入。

枢密院为君上咨询之机关，不能对于外部发布命令，与行政无关。据日本法规，未设权限争议裁判所以前，遇有权限争议事项，归

① 声复，疑为“申复”之误写。

枢密院裁判，为枢密院之职务。但此职务系法规所委任，非其固有之职务，即其固有之职务，亦异于行政矣。至行政裁判所非行政官厅，尤不待言。

（二）地方官厅之组织及权限。

地方官厅，亦因其观察之方面不同而生种种之区别，其组织权限亦随之而异。

1. 地方官厅，由官厅相互阶级①之点区别之，得分为第一次②地方官厅、第二次地方官厅、第三次地方官厅。

（1）第一次地方官厅者，直隶于中央行政长官之下之地方官厅也。

例如税务管理局长隶属大藏省，府、县知事隶属内务省，师团长隶属陆军省是。凡中央官厅，皆设有第一次地方官厅，盖全国政务甚繁，仅有中央官厅不能活动，故必有地方官厅，为之补助。但就日本及多数国言之，文部省无设第一次地方官厅之必要，因其直接管理者，惟营造物（学堂）而已。中国提学司、即为学部之第一次地方官厅，与各国不同。但全国学务殷繁，文部省时有鞭长莫及之虑，故日本法规亦有特别规定，许府、县知事监督教育之事。其所以异者，无专设之第一次地方官厅耳。要之，应否设第一次地方官厅，视事之繁简为衡，如大藏省收税事务，非专设第一次地方官厅不可。

（2）第二次地方官厅者，直隶于第一次地方官厅之官厅也。

例如税务署长、隶属税务管理局长。警察署长、郡长、岛司、隶

---

① 阶级，意为阶层、阶段、级别等。
② 次，即级。第一次，意第一级。下文同。

属府、县知事，舰长、旅团长隶属师团长是。第一次官厅所管辖地域甚大，事务甚繁，故又设第二次官厅为之补助，其管辖地域及事务，皆为第一次官厅所管辖之一部分。

（3）第三次地方官厅者，直隶于第二次地方官厅之官厅也。

例如市、町、村长，本为自治机关，非官治机关。而日本法制，则委办第三次官应之事。（日本行政法，市、町、村长，不列入地方官厅之内。）

以上为阶级上之分别，一国应设几次地方官厅，因其国情而异。如交通便利，教育普及，则不必多设官厅，否则由一次至四、五次皆可。

2. 由职务权限之点观察之，得分为普通地方官厅、特别地方官厅。

（1）普通地方官厅者，乃包含不属于特别官厅之权限一切权限之官厅，故其权限颇广。

（2）特别地方官厅者，为特别一定行政而设之地方官厅，决无普通行政事项之权限，故其权限颇狭。

一国政务，可大别为二，曰内务、曰外务（除外务外，其余皆可谓之内务）。然财政、海陆军、农商务、学务等，如统归一官厅管辖，其势有所不及，故从内务中分出财政等事务设特别各种官厅管辖。凡不属于特别官厅之事务，皆属之内务省。地方官厅亦然，其必须分设官厅之事务属之各特别官厅，不属于特别官厅之事务皆属之普通官厅。府、县知事，其性质与中央官厅之内务省相似，即普通地方官厅也。普通、特别之分如下表。

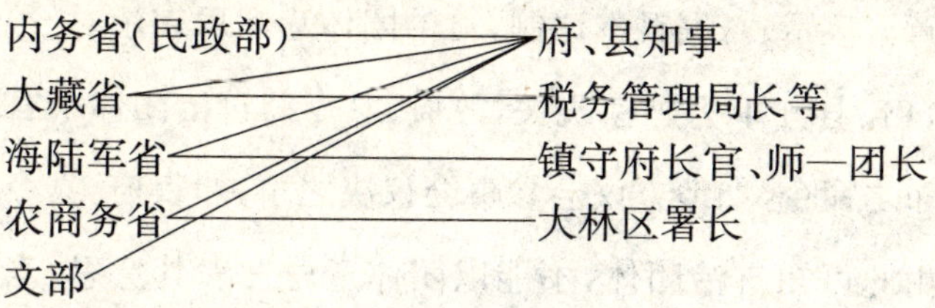

由以上观察点之不同,举官厅之种类如下。

第一次普通地方官厅。府、县长官之类、警视总监。

第一次特别地方官厅。税务管理局长、公使、领事、矿山总监、局长、师团长、镇守府司令长官、裁判所长之类。

第二次普通地方官厅。郡长之类、警察署长。

第二次特别地方官厅。税务署长之类、舰长、旅团长、检事正等。

以上分类,就观察点不同而言,非官厅有许多种类也。如府、县知事,从阶级上分别,则为第一次地方官厅,从职务权限上分别,又为普通官厅。税务管理局长等,从阶级上分别,为第一次地方官厅,从职务权限上分别,又为特别官厅。余可类推,地方官厅之重要者,以府县、知县为最,其职务及权限,大略如下。

府、县为行政区划,知事者,以府、县为其管辖,行中央行政之分地制且独任制之官厅也。府县知事,受内务大臣之指挥监督,有时为特别法令所定,亦应受特别中央官厅之指挥监督。如关于教育之事,应受文部省之指挥监督是。在管辖区域内执行法律命令,为其职务,又以其职权或法令之委任得发府、县令(条例),并可加十元以下之罚金,拘留以下之自由刑。府、县知事,一面为地方官厅,一面为自治团体,其所发命令为官厅之命令,即为自治团体之命令(即自治团体之意思表示)。据日本法制,自治团体为意思表示时,须有国权之发动,府、县知事为国家机关,故府、县令乃自治团体本官厅之权力所发布之命令,如地方议会参事会议决之事,非得府、县令不发生效力。由此可知自治团体,不能以团体意思发表其意思,当以国家之意思发表之。团体意思如与国家意思不合,即与知事意思不合。则无效力,以团体有服从国家之义务故也。现在日本府、县知事,权力极重,自治团体之意思,往往为府、县知事所束缚,此等立法,是否与立宪之精神符合,另为一种问题。以上言府、县知事之普通权限。至地方有非常事变时,府、县知事有请求最近海陆军司令官发兵之权。如何为非常事变,由知事认定,但有请求,即当发兵,海陆军官不得指为寻常事变,或谓有警察可以镇压而拒绝发兵。有学者谓指挥海陆军系君上之大权,若府、县知事得调遣军队,即侵害君上之大权,与宪法宗旨不合。此殊不然,府、县知事为地方长官,有维持治安之责,若地方有变,必申报中央政府,请旨发兵,诚恐缓不济急,酿成巨患,故许地方官直接请求司令官发兵,仍不外维持治安之意,与宪法精神并无冲突。若泥于宪法条文,以致兵不时至,糜烂地方,必非立法者之本意也。况君上大权,不能一一亲行,以大权委任府县知事,自属正当办法。府县知事对于海陆军官,不曰命令而曰请求者,诚以命令之权,操之君主,而请求之权,由于委任也,且委任以非常事变为限,则遇寻常事变,不得发兵,自不待言,惟遇有非常事变时,府、县知事,非请求不可,海陆军官得府、县知事之请求时,非发兵不可,两方皆机关行为,与君上大权并无妨碍。又府、县知事有取消下级官厅处分之权,如郡长、岛司有违法越权或有害公益之事，府县知事得以命令停止或取消之。以上言府、县知事之特别权限，其余权限尚多，不能悉举，但有宜注意者。府、县知事如有事故，不能行其职务时，有三种办法，一、当然代理，二、委任，三、临时代理。府、县知事之下，设有上级事务官及下级事务官，知事有事故时，以上级事务官代理，上级事务官亦有事故，以下级事务官代理，为法律上当然之代理，非由知事命令乃代理府县之职务，非代理知事之自然人，故对于知事之自然人，不负责任，惟对于上级官厅负责任。此外有似代理而实非者，委任是也。代理依法令之规定，委任则出于知事之命令（府、县知事，可以其职务委任所属之郡长、岛司，谓之委任命令权）。受委任者对于知事负责任，知事对于职务负责任（至何种职务可以委任，何种不能委任，法律上有规定）。至临时代理，又与当然代理不同。当然代理，依法令之规定，临时代理，则出于知事之命令。临时代理，亦与委任不同。受委任者得有知事之权限，执行职务以自己之名行之。临时代理未得有知事之权限，执行职务须以知事之名行之。但临时代理既以知事之名执行职务，与知事之补助机关何异。不知补助机关为内部之补助，不生对外之效力，临时代理对于外部仍发生法律上之效力，故临时代理，亦与补助机关不同。又当然代理、临时代理皆与民法上代理不同，此所谓代理，有代表意，而仍称为代理，在文字上不甚妥当。府、县知事以下，尚有郡长、岛司等，详地方团体之说明。

第四项 官厅之阶级及其监督

官厅有上下之阶级及统系，以统一国家行政之意思。

官厅阶级上下之区别，随监督权之所在而定，故上级者非有监督权，特有监督权者为上级而已，学者不宜混同之。

官厅监督之意义官厅依法令之所定，对于他官厅，定其意思之内容，得夺其已往或将来之效果，是之谓官厅之监督。

西文监督 aufsicht，即自上视下之意，谓下级官厅之行动，皆须上级见之也。(一)监督权之作用。上级官厅对于下级之执行职务，使之定期报告，又可随时派员考察。(二)监督权之范围。从法理上言，上下官厅之权限为法令所定，下级官厅有懈怠其职务时，上级官厅只能以命令催促，不能代行职务，而就行政上言，有时上级官厅不能不代行下级官厅之事，故为便利起见，事实上常扩张其监督之范围。(三)监督之实质与其形式。行政法规有云，内务大臣监督府、县知事(静的监督)，即监督之实质。至监督如何实行，必有法文明定，此法定之实行方法(动的监督)，即监督之形式。

官厅之监督，于下之形式行之。

一指挥；二废止取消；三行政争议之裁定；四组织之变更；五代执行。

一、指挥者，上级官厅对于下级官厅定将来执务之方针，为关于特定或不特定事项之谕达也。

特定指挥，专就一事言之，此事终了，指挥失其效力。不特定指挥，就一般事件言之，如当乱离之后，民穷财尽，发一命令，使下级官厅遇事节省费用之类。

指挥命令，单称之曰训令，或曰训示。

日本法令中，常有指挥训令语。指挥即训令之实质，训令为指挥之名目，君主曰敕命，官厅曰训令。二者并无区别。

训令非法规，乃上级官厅对于下级官厅说明法规之正确意义，谕以国家或其一部行政目的之有权的意思表示也。故只拘束下级官厅之意思，对于臣民无直接之效力。下级官厅虽背训令为行政行为，臣民不得以其违训而对抗之。

训令分两种，(一)解释法规之意义，(二)指示行政之目的。然指挥训令非上级官厅可以绝对的为之，必在下级官厅权限以内之事项，而后可以发指挥训令，否则必先予以此种权限而后可。予以权限之方法，即委任或临时代理，无权限而指挥之，为违法之指挥。

二、废止、取消及停止。

废止者，上级官厅对于臣民之意思表示，夺下级官厅之意思表示以后之效力者也。

取消者，上级官厅对于臣民之意思表示，夺下级官厅之意思表示之效力有溯及于发表之时之效力者也。

停止者，上级官厅对于臣民之意思表示，暂时中止下级官厅以后意思表示效力之发生者也。停止非一时之废止，废止以后，不生效力，停止期间满了，或停止命令撤去，仍发生效力。

指挥训令在下级官厅未有行为以前，废止、取消、停止，则在下级官厅已有行为之后。上级训令，下级遵行，则废止、取消、停止之问题，无从发生，若不幸而有违训行为，非有废止、取消、停止以救济之不可。惟指挥训令，为上级官厅对于下级官厅之意思表示，对于臣民，无直接之效力。废止、取消、停止，则为上级官厅对于臣民之意思表示，非直接妨止下级命令之效力，乃直接对于臣民而生其效力。臣民受下级之意思表示，复受上级之意思表示，关于同一事项，彼此适相反对，表面上似无所适从，然实际上总以上级之意思表示，为服从之标准。以上级命令之效力，较强于下级命令之效力也。学者往往就废止、取消、停止，为文字上之解释，谓为直接妨止下级命令之效力者，非也。下级命令，虽为违训之命令，臣民仍当服从。若上级命令，不能直接及于臣民，则臣民只知有下级之意思表示，并不知有上级之反对意思表示，则下级之意思表示，仍有效力。故学者之说，不可从也。废止者，妨止下级命令以后之效力之谓也，如下级官厅于一月一日发布命令，至初三日，上级始发废止命令，则自初三日起，下级命令永为无效，初三以前，仍属有效。取消则使下级之意思表示，自初即为无效，例如税关发征税令，于数目上有错误时，由上级官厅取消之，则臣民可不照先定之数完纳。停止者，暂时停止之谓，于一定期间内停止效力，例如一月一日发布命令，至初十日，由上级官厅停止之，以初十至二十，为停止期间，不生效力，初十以前，二十以后，仍有效力。学者有谓停止为一时的废止者，非也。废止以后，不复生效，犹人之死，不可复生。若以废止为不当，须发与前此同一之命令，始生效力。停止则无须再发同一之命令，逾一定期间，当然生效。

三、行政争议之裁决者，属于同一系统之上级官厅于互有积极、消极之权限争议，特依当事者或人民之请求，决定此争议之上级官厅之意思表示也。

例如日本东京府知事与警视总监互争权限，由内务大臣裁定是也。应注意者，行政争议之裁决，与行政诉愿之裁决，其性质不同：(一)诉愿裁决，不问其官厅是否同一系统，而裁判行政争议，则以同一系统之官厅为限;(二)行政争议之裁决,为谋行政上之统一,虽间接不利于人民,可以不问。诉愿裁决,乃谋人民之利益,与统一行政无关。诉愿裁决,虽与其他官厅之裁决不同,但与人民有利益,即可下裁决,不问其统一否也。学者有以诉愿裁决为监督权之作用者,盖误认诉愿官厅为上级官厅也。行政法上以上级官厅为诉愿官厅,系为行政便利起见,其实上级官厅与诉愿官厅性质不同,犹之司法官厅与行政官厅不能强合也。故吾辈只以争议之裁决为行政之作用,诉愿裁决,并非行政之作用。

四、组织之变更者,上级官厅于下级官厅不遵守其训令时,则变更其组织而监督之之谓也。

任免官吏,本系国家之自由。变更组织,与任免官吏,结果同而性质微有不同。变更组织,如独任制变为合议制,或五人之合议制变为三人之合议制是。惟组织虽变,若用原有之人,仍不能达监督之目的,故人之更换,为势所必然。下级官吏,不遵上官之训令,其人必桀骜不驯,必更换其人,方可收指臂之效。

五、代执行者,上级官厅于下级官厅不遵守其训令懈怠行政时,则代为执行之谓也。

以重要之事,遇紧急之时,而下级官吏,偏懈怠其职务,若用其他方法,已缓不济急,不得已代为执行。故代执行之办法,实不得已之办法也。

行政法以不得变更组织及代执行为原则,而不免有此例外者,乃法律上防备万一之制度也。若滥用此制度时,则紊乱行政之统系。故何种官厅有此权限,何时行此权限,皆有法文明定。日本虽有此制度，实际上适用甚少。以下级官厅不听命令，免一人之官可矣，何必变更组织，何必代执行。惟对于地方自治团体，间有适用此制度之时。如团体意见与官厅不合，则更变其组织，或代执行，后详。

第五项　官吏

官吏者，依任命或选举入特别服从关系而有行国家事务之权利及义务之自然人也。

官吏之定义，各国不同。日本官吏，指执行官厅事务之人而言，其执行地方团体事务者谓之公吏。德国则无此区别，凡执行联邦事务、执行帝国事务及执行地方团体事务者，皆谓之官吏。至官吏登用之法，亦各国不同。日本官吏，由君主之任命，而美国官吏，则由于选举。讲义所举者，乃普通官吏之定义也，兹将定义分析言之。

一、官吏者，自然人也。凡社会现象活动之基础皆在自然人，国家亦非依自然人不能活动，是不待言者也。故为国家而活动之自然人，即曰官吏。学者曰，官吏乃国家之机关，非自然人自体也。以余观之则不然，官吏者，乃充国家机关之自然人也，机关自体则非官吏。

就事实言，私人皆为私益而活动，若无为公益而活动之人，则不成为国家。官吏者，为国家公益而活动之人也。就法理言，国家法人，不能自己活动，官吏者，即代表法人者也，既系代表法人，其为自然人无疑。学者谓官吏乃国家之机关，官吏为国家代表，乃以机关之资格为代表，并非以自然人之资格为代表。此等学说，误在以官厅与官吏之观念混而为一。官厅为国家机关，官吏不得为机关。吾辈以官吏乃充国家机关之自然人，而非机关，实正当之学说也。

法人不得为官吏,因其自身非有活动能力故耳。

国家为无形之团体,法人亦无形之团体,皆无活动之能力。官吏者,代表国家者也。若法人得为官吏,是以法人代表法人,虽愚者亦知其不可也。法人不得为官吏,则为官吏者之必系自然人,其理益明。

二、官吏者,有行国家事务之权利义务之自然人也。行国家事务云者,无自己之目的,专为国家而行事务之谓也。故为自治体活动之役员,乃公吏而非官吏。

执行国家事务者,谓之官吏,执行自治体事务者,不得谓之官吏,乃就普通性质言之。若德国以执行自治体事务者,亦谓之官吏,自是特别性质。官吏执行国家之事务,乃以国家之目的行之,无自己之目的存,若出于为自己之目的,则不成为官吏。就事实言,普通官吏其心理作用,无非为名为利,纯然出于自己之目的,其专为国家目的而活动者绝少。然就法理言,则不得不谓官吏为专依国家之目的而行动,至其心理作用如何,则非法令所能干涉也。

官吏依命令而行国家之事务,乃本于官吏身分之权利,而又为其义务也。学者往往有谓官吏为国家机关,唯有职务权限,而无权利义务,此系以机关与当机关之官吏相混同之论,不足取也。

官吏执行国家事务,既受命令,即须执行,则执行为官吏之义务,然非官吏不能执行,是执行又为官吏之权利也。关于官吏之性质,分二说:(一)自然人说;(二)机关说。德人 Iellivedk[①],主张自然

① Iellivedk,疑为"Georg Jellinek"之误写。

人说，谓官吏为自然人，有权利，有义务。Laband[①] 主张机关说，谓官吏为国家之机关，无所谓权利义务。近世学者，皆赞成前说。

三、官吏者，依任命或选举而有行国家事务之权利义务之自然人也。任命者，以欲为官吏者之意思为条件，而与以官吏身分之行政行为也。故强制的使自然人服国家劳役之征兵，则非任命。又依私法上之雇佣契约，服国家之义务者，亦非官吏也。

官吏有选举、任命两法，兹专就任命言之。学者ラハンド[②]谓任命官吏，以本人之意思为条件，乃一种行政契约。在任命时，此说可通，至任命后则此说不可通。何则？契约由双方合意而成立，若一方违约，须任损害赔偿之责。至官吏进退，国家自有权衡，任之于前，而免之于后，为事实所常有。被免者不能责其违约，亦不能请求损害赔偿。故任命官吏之行为，其性质与契约迥异。学者又辩护其说，谓契约之条件，由当事者自定，任命之条件，则为法令所定，其结果不同，而有条件之必要则一。不知契约为双方行为，任命则为国家之单独行为，无论对于何人，皆可任命，不过为便利起见。以本人意思为前提，盖本人如不愿为官吏，强使为之，必不能热心国事，于国家无益。况社会上愿为官吏者多，正不必强何人为官吏也。故任命官吏，为使官吏关系发生之行政行为，而非契约行为。学者又谓辞令任命之书面。为国家之申込，请书即本人表明愿为官吏之书面。为本人之承诺，有申込，有承诺，非契约而何？不知辞令为任命

① Laband，即第17页所举之“那板德”，今译拉班特。

② ラハンド，日语片假名，应为ラバンド，即Laband。

之形式，请书不过表明收受之意而已，并无法律之性质，与契约之由申込承诺而成立者不同。官吏有二要件，一任命，二执行国家事务，二者缺一，皆不得谓之官吏。故执行自治体事务者非官吏，征兵及雇佣契约，虽执行国家事务，而非由于任命，亦非官吏。

四、官吏者，依任命或选举入[①]特别服从关系而有行国家事务之权利义务之自然人也。入特别服从关系者，乃依自己之意思，放弃一般臣民所有宪法上保留于法律之保障也。特别服从关系乃绝对的，但现在所有动的服从之限度，则法令所定者也。

人民对于国家，有一般之服从关系。官吏亦民人也，于一般服从关系之外，另有特别服从关系。特别服从何？一般人民，有宪法为之保障，在保障范围以内，国家不能干涉。至官吏则虽在宪法保障范围以内，国家亦得干涉之。一般人民之自由，非据法律不能限制，而官吏之自由，则不必用法律，可以命令限制之，此特别服从之谓也。宜注意者，一为官吏，即不能与一般人民同受宪法之保障，并不能与一般人民有同等之自由，乃本人之愿意，非国家之强制也。盖任命官吏，以本人之意思为条件，既愿为官吏，即须特别服从。特别服从，由官吏之身分而来也。一般服从关系，有静的关系与动的关系。例如日本宪法规定，日本天皇，有统治日本帝国臣民之权，臣民服从统治权，为静的服从。至何时何事须服从，另有法律规定，为动的服从。官吏之静的服从，其范围与一般之人民同。动的服从，其范围则较一般之人民为广。静的服从，为无限制之服从。动的服

① 入，产生之意。

从，在专制国官吏，亦为无限制之服从，立宪国官吏，虽较人民之范围为广，而究有限制，即立宪国与专制国之区别。

学者有不以特别服从关系为官吏之要素者。其言曰：特别服从关系，乃为官吏之结果，而非其要素。规定特别服从之官吏服务规律，唯适用于既为官吏者而已，不足以说明官吏自体之意义也。以余观之则不然。夫国家任命之际，所以以官吏之意思为条件者，盖欲因此以除去法律留保之不便，而使国家容易要求其十分之服从，牺牲其个人之利益，以达国家之目的也。学者所言，何其误而可笑哉。

市村光惠谓官吏服从规律，惟适用于已为官吏之人，未为官吏者不能适用，故特别服从关系，为官吏之结果，非官吏之要素。此说之误，在因果倒置。有官吏之身分，即有特别服从关系。国家因此关系，特设法律，是先有特别关系，而后有服务规律，非先有服从规律，而后有特别关系。故特别关系，为官吏之原因，即官吏之要素也。

此要素得以之为敕任议员与官吏之区别。

官吏由于任命，敕任议员亦由于任命。官吏执行国家之事务，敕任议员亦执行国家之事务。其不同之点，即在特别服从关系之有无。敕任官员，只服从国家法律，无所谓上官命令，开会日期由院长发布，乃通知，非命令，其服从关系，与普通人民无异。官吏除服从国家法律外，尚须服从上官命令，即是特别服从。外国官吏，有由选举者，官员亦由选举，何者为官吏，则可曰，有特别服从关系者为官吏。

第六项 官吏之种类

官吏之种类，各国互异，兹所举者，乃日本之例。

官吏因观察点之异，而有种种区别。

一、依任命形式之区别，依任命之形式，可分为高等官与判任官。

（一）高等官者，君主自行使其任免权所任免之官吏也，高等官又分为敕任官及奏任官。

1. 敕任官者，由君主之发意所任免之高等官也。敕任官又分为亲任官及普通敕任官。

(1) 亲任官者，以亲任式叙任之敕任官也。亲任式者，不经由何种国家机关，君主亲为任命之形式也，其辞令书由君主署名钤玺。

(2) 普通敕任官者，依内阁总理大臣之奉行所任免之敕任官吏也。奉行者，办事之意，内阁总理大臣受君主之命令办任免之事也，辞令书中亦钤御玺。

2. 奏任官者，不由君主之发意，唯待国家机关之奏荐，而君主亲任免之高等官也。直属于内阁者，由总理大臣奏荐之，属于各省者，由各省大臣经总理大臣奏荐之。而辞令书则钤内阁之印，由总理大臣宣行之。宣行，在法理上与奉行之意同。

（二）判任官者，君主不亲行任免权，以之委任于官厅而使行任免之官吏也。其辞令书之形式，由各官厅定之。

高等官与判任官，乃日本封建时之遗制，并无正当之理由。高等官分九级，判任官分四级。经高等文官试验及格者，始能为高等官。经普通文官试验及格者，始能为判任官。判任官之升转，至一级判任官为止，不能为高等官，以未受高等试验故也。此等区别，实为日本官制之缺点。何则？就学问言，高等官皆系大学卒业及应考试合格者，形式上似高等官之学问独优。其实不然，高等官亦有无学问之人，判任官亦有有学问之人。况高等试验与普通试验其试验之科目大略相同，只因分别试验之故，而强分轩轾，甚无谓也。就社会情形言，学问与经验，不可缺一。若有学问，而无经验，仍不足以任事。如工业学堂之学生初入工厂，执务与最下工人无殊，迨经验既久，方予以重要之地位，银行学堂卒业者亦然，官吏何独不然？乃高等官一经及第，即居于命令指挥之地位，其实初入仕途，毫无行政上之经验。判任官之久于其任者，断非高等七级以下等官所能及。乃无论有如何之经验，终不能为高等官，与社会观念不合。且因有此区别，往往养成高等官之骄气，而育成判任官之惰气，使国家要政不能进行。以吾辈言之，当分官吏为十三级，不必有高等、判任之区别，但九等以上由敕任，九等以下由委任可已。居最下级第十三级者，得迭升至第一级，使有学问有经验之人，皆有一级官之希望。希望者，社会进化之导线也。人无希望之心，则自暴自弃，甘于退化。有希望者则不然。

依任命形式区别之，有当注意者，即待遇官之问题也。待遇官有二种，有本官之待遇官，无本官之待遇官是也。

（一）有本官之待遇官，唯任命之形式相异，而有本官以上待遇官之权利义务。如行政长官、会计检查院长是。

（二）无本官之待遇官者，现非官吏，唯法令许其有与待遇官相当官吏之权利义务者也。例如府县中学校长，及试补、见习、巡查是。

权利义务，指待遇上之权利义务而言。第一项，本是官吏而待遇较其本官为优。如行政长官、会计检查院长、东京帝国大学总长皆是敕任官，而受亲任官之待遇。任命之形式，仍是敕任，任命以后，则受观任官之待遇。第二项，本非官吏而受官吏之待遇。如府、县中学校长，公吏也，而受奏任官之待遇。试补如司法官试补，高等文官试补尚不成为官吏，见习即学习，巡查为最下级之巡警。皆非官吏，而受官吏之待遇者，因其资格与人民不同，且与官吏有关系，故也。

二、依职务性质之区别。依职务之性质，可分为文官及武官。

（一）文官者，在法规之范围内，为行使国家统治权或处理关于起业之国家事务之机关而活动者也。

如盐斤专卖、烟草专卖，非国家命令行为，乃营业行为，然在国家无所谓营业，故称起业。

（二）武官者，行国家之军务，掌武力机关之运用者也。

武力机关，乃维持国家统治权之机关，有侵害国家统治权者，得以武力排斥之，以维持其统治权。譬之个人有个人之权利，而腕力则为个人之武力机关，有侵害个人之权利者，得以腕力排斥之，以维持其人格权。故武力机关，与统治权显有不同。日本有贺长雄氏，著有《军队与国家》一书，奥大利[①]学者スタイシ[②]氏，著有《军制》一书，论统治权非武力甚详。而一般国法学学者，多不知此区别，辄谓武力为统治权之作用，其说大谬。

三、依任用资格之区别。依任用之资格，可分为普通任用官吏及特别任用官吏。

（一）普通任用官吏者，依国家任用官吏之原则的方法而任用之官吏也，分为三种：1. 一定之试验合格者；2. 适合于法定资格者；3. 一定机关认定其资格者。

原则的方法，对于例外的方法而言。国家设一定之标准，合此标准者，无论何人皆任为官吏，即原则的方法也。

1. 一定之试验合格者，例如文官普通试验，或文官高等试验，或判事检事采用试验，或外交官采用试验合格者。

一定之试验合格非为某种学问起见，始行试验，乃国家悬一标准以征求人才，合乎文官普通试验标准者即为普通文官，余可类推。

2. 适合于法定资格者，如中学卒业生，依法律所定，有任用为判任官之资格是。

3. 一定机关认定其资格者，如教官、技术官及要特别学术技艺之行政官，即海事官、林务官、技师等是。

此等官须有一定之学问技能，国家设一定机关认定之，但有此学问技能者，皆可由机关认定，虽非试验，与试验略同。

（二）特别任用官吏者，乃不用普通任用法以采用之官

① 奥大利，即奥地利。

② スタイシ，不详。

吏也，亦分三种：1. 有一定之资格者；2. 本于一定之资格，经一定机关之铨[①]衡者；3. 不本于一定资格，亦不用铨衡者。

1. 任用有一定之资格者，例如府、县视学官及府、县视学是也。

本项以一定资格为条件。自原则上言，须经高等文官试验及格者，方能为视学官。本项之规定，则例外也。凡曾充中学校长者、曾充师范校长者，虽未经高等试验，不能为高等视学官，而得为府、县视学官。视学官所以视察学务，使曾充校长者充之，则职务相当。

2. 任用本于一定之资格，经一定机关之铨衡者，例如警部长是也。

本项以有一定资格且经过铨衡为条件，仅有一定资格，未经铨衡，尚不能任用。府、县警部长，监督府、县全部警务，原则上须经高等文官试验及格者始能为之，本项亦为例外之规定。一定之资格何？即曾充府县警察区长，熟悉地方情形是。经一定机关之铨衡何？即由府、县考察，认为合格是。此种官吏，职务重要，必须富有经验者，方能胜任，故前项只须有一定资格，本项则兼须经过铨衡。

3. 不本于一定资格，亦不用铨衡者，如亲任官、文官试验规则发布以前所任用之官是也。

本项官吏，不须何等之条件，范围最为广大，无论何人，皆能为之。亲任官如国务大臣，关系一国安危，故宽其途以取之，文官试验规则未经发布，则用人无一定之标准，而取材务宽，故亦不拘条件。

---

① 铨，衡量之意，旧时用于官职选拔。

有学者主张任用官吏不宜限以资格，亦不宜取之试验，只须有相当之智识，即可任为何等之官吏。有亲任官之智识，即任为亲任官，有判任官之智识，即任为判任官。为此说者，有二理由：第一，国家取士，专以合于试验及资格为标准，有此限制，故所得皆中下之才，官吏社会之不能改良，莫不由此。盖非常之才，绝不受试验或资格之拘束也。第二，官吏尽出于试验，则一般热中之士，无不揣摩风气，以图幸进，如考官平日主张何种主义，应试者皆附和之，以求及第，转不能研究真实之学问。此等学说，虽亦有正当之理由，然国家用人，要不可一概而论。官吏有上下级之分，上级官吏，关系重大，务取真才，自不须何等之条件。若普通官吏，只须有学问、有经验，即能胜任，学问经验，非试验不能知，若一切由长官随意任用，则所知有限，且恐不能公平，此第一理由，当分别观之也。至第二理由，恰与日本情形相合。（日本每年，简派试验文官委员，大抵不出某某数人之外，故应试者皆揣摩试官之意见，墨守一家之学说，确有舍真实学问而专尚时好之趋向。然只须每年改派试官，即可杜揣摩之弊，不能因此遂谓官吏不必试验也。）然此乃办法之不当，非制度之不善也。

四、自俸给之点观察之，可分为俸给官吏及无俸给官吏。

（一）俸给官吏，又分为本俸官吏及本俸兼职俸官吏。

1. 本俸官吏者，乃专受官俸不受职俸之官吏，普通官吏皆此类也。

2. 本俸兼职俸官吏者，乃在本俸之外特给以职俸者也，例如大学教授、陆军军人是。

日本官与职分，有官无职者，只给本俸，有官有职者，于本俸外特给职俸。如海军少将，岁俸二千五百元，本俸若兼充舰队司令官，另给职俸二千五百元（岁俸合五千元）。为本俸兼职俸官吏若不兼司令官，则只给待命俸二千五百元，为本俸官吏陆军少将，可以类推。陆军少将，本俸二千五百元，若兼旅团长，加职俸二千五百元。

（二）无俸给官吏者，乃不受俸给之官吏也，但手当[①]或旅费，则当然得受之，例如三等邮便局长及名誉领事、名誉教授是。

官吏虽不给俸，亦不能令其赔本，故有手当、旅费之规定。手当即劳力之报酬，与俸给异。俸给者，所以维持官吏之地位，无报酬之意，故手当常较俸给为少。

五、官吏因其为专门与非专门，而得区别为职业的官吏及名誉官吏。

职业的官吏者，以官吏为专职之官吏也。名誉官吏者，有他之职业而兼为官吏者也。职业官吏，普通为俸给官吏，名誉官吏，普通为无俸给官吏。前者一般当服从严肃规律，后者则否。

就法理言，名誉官吏亦为国家官吏，当与职业官吏服同等之规律，但事实上办不到耳。

第七项　官吏之权利义务

一、官吏之权利

官吏者，有执行职务之公权者也。官吏原为执行职务

① 手当，日语，即津贴之意。

而存在，故学者谓执行职务乃官吏之义务，而非权利。然余则谓执行职务，一面固为官吏之义务，一面又为其权利。盖非官吏，不能执行职务故也。

学者或谓受俸给为官吏之公权者。余则与多数之通说相反对，以为受俸给非官吏之公权，乃俸给令之反射作用也。何则？（一）俸给非以官吏之私益为目的者，乃维持官吏之威严及地位，因以使国家机关圆满活动之国家利益为目的者也。（二）故官吏不得预主张受取俸给。（三）不问官吏之己意若何，不得不受俸给额之增减。（四）俸给令乃官制之一部，非规定权利义务之法令，故受俸给非官吏之公权。

封建时代，无金钱计算之法，以实物为交易。为官吏者，均为国家所豢养，按时予以布帛菽粟，即俸给之制度所自昉也。惟其时权利义务之观念及公法、私法之分别皆未发达，故学者谓官吏之俸给乃出于君主之恩惠，又或以私法的法理说明之。谓俸给由于君主之赠与，无论主张恩惠说，或主张赠与说，受惠者与受赠者，皆不能要求，是在昔日不能作为一种权利。今日官吏之俸给，其观念亦与昔同。凡为官吏者无对国家要求俸给之权。其不同者，昔以布帛菽粟为俸给，今则以金钱为俸给耳。若必认俸给为权利，则权利种类中，当加一种无要求权之权利而后可。学者又附会其说，谓外国有所谓无诉权之权利，即无要求权之权利。不知无诉权者，乃不能依诉讼方法请求之谓，不能用诉讼方法请求，仍可用其他方法请求，故可作为权利。若官吏之俸给，不惟不能依诉讼方法请求，并不能用其他方法请求。故吾辈谓俸给非权利，乃法令之反射作用，其理由有四。第一，世有为贫而仕者，未始非以私益为目的，而揆诸国家设官制禄之本旨，则纯乎谋国家之利益，而非谋私人之利益也。何则？国家予官吏以俸给，使足以赡其身家，则平日无内顾之忧，自当专心为国家办事，就此意义言之，则可曰俸给者乃国家维持官吏地位之政策，非官吏之权利也。第二，俸给有一定期日，先期不得主张受取，并不得辞而不受，辞受皆不能预为主张，可知非官吏之权利。第三，俸给额时有增减，若认为官吏之权利，则国家不能使之减少。学者又辩护其说，谓变更民法，则各种权利皆有增减，变更俸给令亦然，何得谓可以增减者便非权利也。此说以前提与内容相混，民法为权利之前提，非权利之内容。如甲对于乙有百元之权利，此权利为民法所规定，是谓权利之前提，而百元之数，则为权利之内容。遍查民法条文，并无某种权利有若干数目之规定，诚以权利内容由当事者之作成，故权利前提，可以变更，权利内容，不可变更。今俸给既可增减，则非权利可知。第四，俸给令乃官制之一部，官制者，乃机关组织之规定，非权利义务之规定，故俸给令亦与权利无关。又有学者谓受恩给及扶助料为官吏之权利者，亦非也。恩给受于罢官之日，扶助料受于身死之后，其时已无官吏之资格，虽可谓之权利，不得谓为官吏之权利。

学者或谓官吏有荣誉权者，然无论何项法规，皆无付与官吏以请求受荣誉之权者。刑法虽规定对于官吏之侮辱罪，或有罚诈称官名、冒用记章及制服之规定。然官吏不能因此而有请求受人尊敬之权亦不可谓吏官有称官名、用记章之权利也。刑法之所以有此规定者，非付与官吏以此种权利，乃恐一般人民为此种行为、用此种物品时，有妨国家行政之秩序，紊乱官纪，故禁之耳。故谓官吏有荣誉权者误也。

刑法之规定，乃为国家之利益起见，非为官吏之利益起见。且系消极的规定，禁一般人民为此种行为。非积极的规定，故不得谓为官吏之权利。

二、官吏之义务

为官吏者有下之义务。

（一）服从义务；（二）忠诚义务；（三）保品位之义务。

官吏之权利，在执行职务，其义务亦可一言以蔽之，曰服务之义务而已。故学者有谓官吏之权利义务，各只一种者。亦有将官吏义务分为数种者。官吏非忠诚，则职务不能圆满，非保品位，无由服务，故谓官吏之义务，只有服务一种，亦通。

（一）服从义务者，官吏遵奉元首或上官之职务命令之义务也。故官吏对于下之命令，无服从之义务。

1. 非元首或上官所发之命令。上官者，受命令官吏之职务上之上官也。

元首为行政长官，如任命国务大臣时，元首有行政长官之资格是也。官吏有种种阶级，上级官吏，受元首之命令，下级官吏，受上级官吏之命令，若越级发布命令，可不服从。如君主微行所至，命警察禁止来往行人，警察可不服从，以非其职务上之上官所发之命令故也。警察职务上之上官，为警察官。然此专就法理上言之，事实上不必尽然。

汉书，文帝劳军至细柳营，军门都尉曰，军中闻将军令，不闻天子之诏，据此，越级命令，可不服从，中国古时即有其例。

2. 非职务命令。

虽是直接上官，而其命令非职务所应为，可不服从。例如陆军司令官，命军士充其私宅买办，在法理上可不服从是。

职务命令，须具备下之条件。

(1) 命令在上官权限内者，或权限上可以发者，又命令所命之行为，属于受命令官吏之权限者。

命令所命之行为，非在上官权限内者，可不服从。如警察上官对于警察发教育命令，此命令出乎上官权限以外，警察可不服从。所命之行为，即在上官权限以内，而不在下官权限以内，亦可不服从。如警察长官，以警务命令收税官吏，该官吏可不服从。收税官吏，本不隶属警务长，而警察事务，又非收税官吏权限以内之事务也。至水陆警察，则皆隶属警务长，使该长官命令陆上警察办水上警察之事，亦可不服从。

(2) 定有命令之形式时，则不可不备其形式。

所命之行为，在上官权限以内，又在下官权限以内，而命令之形式不具，亦可不服从。例如日本府、县知事，命其所属官吏办理某事，须用文书。如不用文书，只用口头，即为形式不备，或用文书，而未盖印，亦为形式不备，无命令之效力。凡定有一定形式者，必系关系重大之事，以备将来责任问题。

第几号某官某 命视察某府水利事 某府、县知事某[印] 某　年　月　日

然下官对于上官命令，能审查其具备以上条件与否。关于此问题，学者见解不一。

第一说，谓下官无审查上官命令之权，何则？下官而得有审查决定上官命令之权，则是下官反为上官也。然余则谓此说乃以警察国之观念，说明宪法国之观念者，故不适当也。

此说绝对不能审查，为消极说。系专就服从二字，为概括的说明，论理上固属正当，然与立宪国之观念不合。立宪国元首之行为，不得出宪法范围之内，则元首以下之一切官吏，必须依据法律可知。故立宪国之君民上下，各有权限，不相侵越。凡自己权限以外之事，不惟无执行之义务，亦无执行之权利。若如学者之说，下官对于上官之命令绝对不能审查，则上官命令事项虽在下官权限以外，亦当服从矣，立宪国家，实无此例。

第二说，谓下官有审查上官命令适法与否之权，若适法则遵奉之，若不法则有拒绝之权利义务。因上官与下官，皆在法令之下执行职务故也。然依是说，则不独下官全失其执务之标准，且以上官之责任，全部移于下官，而颠倒下官上官之位置，遂至使上官之职务命令权，毫无实效，故亦不可也。

此说绝对能审查，为积极说，与第一说反对[①]。第一说，重视上官，第二说，重视下官。两说均倚于一偏，皆非正当。如第二说办

① 反对，即相反之意。

法，则上官之命令，能否实行，其权操之下官，未免立言不顺。

第三说，谓下官唯能审查上官之命令，为属其一般权限与否，不得查及其内容。然一般权限之语，其义甚暧昧不明。且何故唯能审察一般权限，不能审查特别权限，亦殊不可解。又所以要认下官有审查权者，原非关连于特别权限不可，否则审查权毫无价值也。故此说亦不足取。

此说非绝对能审查亦非绝对不能审查，为折衷说。例如警务长管理一府、县之警察行政事务，为一般权限。若命令其属，解散械斗，逮捕现行犯，则有司法警察之性质，为特别权限。如第三说，则警察属官，不得不服从其命令，以只能审查一般权限，不能审查特别权限也。仅就一般权限为审查，仍无审查之实益。

据余辈之意见，则以为下官唯有查定上官命令之形式的効力，不得审查其实质也。然下官若明知上官命令之内容不属于自己权限时，则不得执行之。斯时下官得陈述意见于上官，非经解释决定下官之权限时，不得强制其服从也。

形式如须文书而用口头之类，陈述意见，并非拒绝。经上官解释，认为本属下官权限以内，则非服从不可。若下官尚不满意时，可向上官之上官，提起主管争议，权限争议之一种。一面仍须服从而执行之。惟执行之结果，上官应负其责任。

（二）忠诚义务者，官吏以全身保国家之利益，而不害其利益之义务也。忠诚之义务乃得官吏身分时当然存在者，故不要就特定之事项、特有上官之命令始有此义务也。

忠诚义务，为服从义务之结果，本无庸离而为二，为便于说明起见，故分为两项。一为官吏，即应负此义务，不必有上官之命令，一举一动，皆应负此义务，不必要特定之事项。

忠诚义务，性质上有二方面活动，即积极与消极是也。

1. 积极的忠诚义务者，官吏限于法规所许之范围内，各谋国家利益之义务也。故官吏虽见其事之利益，而不得反乎法规行之。

积极的忠诚义务，为法治国之特色。官吏自己之意思为主观的作用，法规所规定为客观的作用，国家之利益当以客观的定之，不当以主观的定之。以主观的定为利益，甚为危险，客观的定为利益，其危险较少也。故官吏以自己之意见认为利益时不得执行。法规所定之利益，官吏虽不以为然，亦不得不执行。例如法律规定每纸只书百字，官吏以为每纸可书二百字为国家节省经费，然出乎法规范围以外，不可行也。

2. 消极的忠诚义务者，不为有害于国家利益之行为之特别义务也。消极的忠诚义务，虽无法律之规定，官吏若自觉其行为有害于国家之利益，即不得行之。然行为之有害于国家利益与否，国家不能全然委诸官吏之判断，故就重要事项特设明文禁之，今举其重要者如下。

积极的义务，官吏以自己之意见认为国家之利益时，不得执行；消极的义务则不然，除重要事项有法文明定外，其余轻微事项，若官吏以自己之意见认为国家有不利益时，得不执行。

1. 守秘密之义务，官吏在自己之职务上或职务外所知之官事，不可泄漏。既曰秘密，则似别有秘密之事项。然而不然，官吏在自己职务上或职务外所知之官事，一切不得他言也。故虽已登于新闻杂志等，而一般人可以周知之事项，然非以公之手续公告者，一切仍不可泄漏也。

凡公布之事项，为非秘密事项，若未经公布之事项，皆为秘密事项。就裁判言，案件未经判决，应守秘密。日本预审事项往往见诸新闻，亦裁判官吏不能守秘密之结果。新闻虽已登载，何以尚须秘密，因新闻杂志所记载，不能取信于人，若官吏言之，则信矣。

官吏既有守秘密之义务，故国家对于官吏职务上所知之事项，不课以为证人陈述于裁判所之义务。

裁判官欲使官吏为证人，必经该管上官决定而后可，否则官吏可不受裁判所之命令。

官吏守秘密之义务，不限于在官中，虽退官后，亦不可不秘密在官中所知之官事。然官吏之义务，乃本于官吏之身分者，故课于退官后现非官吏身分者之义务，以属于普通法之范围为适当也。

在官时当守秘密，去官后，于在官时所知之事项，亦应守秘密。日本规定于官吏服务章程，殊欠正当，因退官后即无官吏之身分故也。

2. 不可害职务之神圣。

官吏为国家办事，当视国事如家事，不可有一毫私意存乎其间，以保官吏之威严及品位，若有私意，便害职务之神圣。

官吏职务神圣之行为有二种。

（1）性质上绝对的害职务神圣之行为，例如监督工事官吏或购买物品官吏，受请负契约者之财产上利益或供应是。

请负即包工，或包办之谓。

（2）性质上相对的害职务神圣之行为，例如外交官吏受外国君主之勋章或恩赐金，或官吏为商事会社之社员，或其家族营商业是。

相对之行为分三种：(一)受外国勋章或恩赐金。外交官驻在外国，能融洽外国之感情，必能维持两国之交谊，不惟不害职务，且为克尽厥职。然外交官为本国之利益而设，本国利益每与外国利益相反，该官吏得外国之宠遇，或专为外国谋利益，则非国家设外交官之本意(一面无害职务，一面或有害职务，并非绝对有害，故曰相对)。(二)官吏为商事会社之社员。官吏当以全力办理国事，若为商事会社之社员，势必分心商事，不能出全力以谋国事。然官吏为社员，亦非绝对与国家有害，例如国家欲开辟某地，将来有无利益，不可预知，与其以国家经费为冒险之举，不如以开辟之事让之商事会社。但该会社办事能否合于国家之目的，不可不有以监督之。外部监督则有官厅，尚须有内部监督方为周密。内部监督之法，莫如使官吏为社员，与国家大有利益。有时有害职务，有时无害职务，并非绝对有害，故曰相对。以上所举，乃从各国殖民政策研究得来。如中国欲开辟蒙古、西藏等处官办，不如商办，即官督商办，不如使官吏为社员。(三)官吏之家族营商业，恐牺牲其职务上利益以谋家族之利益。然最下级官吏，巡官俸禄极薄。其家族得营商业，亦足以资补助，且下级官吏职权有限，亦无作威作福之弊，故官吏家族营商业，亦非绝对有害。

相对的害职务神圣之行为,有君主或上官之许可,得以行之。

如外交官受外国勋章恩赐,官吏为会社社员,须得君主之许可。下级官家族商业,须营得上官之许可。

三、保官吏品位之义务。

官吏之品位,关系于官吏之威信至大也。故官吏不问在其职务之内外,皆不得有污官吏品格之行为。

品位为表面之态度,最下级官吏,如警察,若服破烂制服,而以人力车营生,便失其官吏之品位。

第八项 官吏之责任

一、泛论

(一) 责任之意义。责任者,当受制裁之地位也。故责任非义务,有违反义务时,始有责任。而责任又非制裁,制裁乃加于责任者之痛苦。责任即在不可不受此痛苦之地位者也,故不可混同。

(二) 官吏之责任。官吏之责任者,为官吏之自然人因为不当之行为,而不可不受制裁之官吏地位也。故官吏之不当行为,其为职务上之行为或为职务外之行为,皆不可不任其责也。

官吏之责任,依法定制裁之法令,而有下列之区别:(一)宪法上之责任;(二)行政法上之责任;(三)刑法上之责任;(四)民法上之责任是也。兹分项说明之。

二、责任之种类

（一）宪法上之责任

宪法上之责任者，乃官吏在宪法上所当有之责任也。故唯充宪法上机关之官吏（即国务大臣）始有此责任，其详细之研究，则让诸宪法学。

（二）行政法上之责任

行政法定惩戒官吏方法，或以法律定之，或以命令定之。然自一般言之，则行政法上之责任，乃官吏因为不当行为之理由，在当受惩戒之地位也。

宪法上之责任，惟国务大臣有之，行政法上责任，则一般官吏皆有之。

1. 惩戒之意义。惩戒者，对于有特别服从关系之身份者违反其当然义务时所加之特别制裁也，分说于下。

父对于子，主对于仆，皆有惩戒权。是父子主仆间，亦有特别服从关系也。但斯二者为私法上之问题，而非行政法上之问题。

（1）惩戒者，制裁也。制裁者，国家对于违反义务者所加之痛苦也。故自此点观之，惩戒亦无异于刑罚。

惩戒与刑罚之异同，学说盖有种种。德国学者ビンヂング[①]谓秩序罚为刑罚之一种，西语谓惩戒为秩序罚。据此则惩戒与刑罚无从分别。有学者谓刑罚重而惩戒轻，轻重之不同，即二者之区别。自吾辈言之，刑罚系加以痛苦，惩戒亦然，就痛苦言，是惩戒与刑罚

① ビンヂング，疑为 Karl Binding(1841—1920)，德国刑法学者。

同,其不同者,在惩戒之原因及其地位耳。

(2) 惩戒者,本于特别服从关系之制裁也。然不可以此解为绝对不要法律上之根据。此问题依其官职之如何,或有宪法上留保于法律者,或有政策上以法律规定者。故惩戒之要法律上根据与否,唯视法律规定与否而决定之。例如裁判官之惩戒及辩护士之惩戒,则以法律定之也。

刑罚之原因,为一般服从关系,惩戒之原因,乃特别服从关系。一般服从关系由宪法而生,不问其人之愿意与否。特别服从关系乃由于本人之愿意。一般服从关系有宪法为之保障,非据法律不得科以刑罚。特别服从关系无宪法上之保障,得依命令而予以惩戒,不必尽以法律为根据也。然惩戒官吏,有必以法律为根据者二种:(一)有宪法上留保于法律者,如裁判官之惩戒非据法律不可,为宪法所规定是。裁判官之惩戒,性质上本可以命令定之,惟依宪法规定之结果,非据法律不得惩戒。(二)有政策上以法律规定者,如政党党员惩戒规则,本可以命令定之,而必以法律定之者,乃出于立法政策也。如甲乙两党互争,甲党胜,其党魁即为内阁大臣,使得以命令惩戒党员,当甲党得势之时,乙党恐遂无噍类。故党员惩戒规则,必以法律定之。法律必经议会协赞,议会中有甲党人,亦有乙党人,不至失平。

2. 惩戒之种类。惩戒依官职之性质,而异其种类,今示其大概如下。

(1)谴责;(2)谨慎;(3)减俸;(4)转所;(5)停职;(6)免职或免官。

以上就日本言之，他国大同小异。

（1）谴责者，公告懈怠职务之事实或不当行为以叱责官吏之方法也。为一般文官之惩罚。

谴责为最轻之痛苦，其谴责之方法，以言语或以文字为之，以言语须当众宣告，以文字须登官报。其宗旨在使谴责之事实，大众周知，若上官于私宅申斥属官，不能谓之谴责。

（2）谨慎者，因官吏违反义务之故，以一定之期间禁其与外界交通[①]之痛苦也。为一般武官之惩罚。

禁与外界交通之范围，以不通友朋之访问及宴会为限，与家人接谈及出门散步，仍在所不禁。文官谓之谴责，武官谓之谨慎，意义相同，不过文字不同耳。

（3）减俸者，因官吏违反义务之故，以一定之期间，剥夺其俸给一部之痛苦也。为一般文官之惩罚。

俸给本非权利，减俸亦非权利之剥夺，惟一部分之俸给不能领取，与刑法上罚金性质相似。但罚金乃罚使出钱，减俸乃罚令不得受钱，为稍异耳。

（4）转所者，因官吏在其管辖地有违背义务、紊乱官规之行为，故反其意，使转职于他处之痛苦也。

普通文官，彼此迁调，由长官以命令行之，为常有之事，并不以为痛苦，即无所谓惩戒。惟裁判官之地位巩固，与普通文官不同，非据法律不得反其意而有转所之事，故转所为裁判官独有之惩罚。裁

① 交通，即交流之意。

判官之转所，必据法律，不得以命令行之者，恐政党有排斥异己之弊，致裁判不能公平。

（5）停职者，因官吏违反其义务之故，以一定之期间，剥夺其职务权利之痛苦也。

执行职务，为官吏之权利，故停职为惩戒之一种。然自实际观之，官吏并不以停职为痛苦，但稍有害于名誉。然不以停职为苦之官吏，即不复顾及名誉，惟停职之后必须减俸，为附随的痛苦。且停职之结果并与恩给有关系。日本法：凡充官吏十五年，退职后，给予恩俸，谓之恩给。若充官吏未及十五年，停职之期，不能接算，亦为附随的痛苦。

（6）免官或免职者，因官吏违反其义务之故，剥夺其官吏身分之痛苦也。对于一般文武皆行之。

学者有谓自（1）至（4）之惩戒为矫正惩戒，谓免官为淘汰惩戒，而以停职为兼有二者之性质者。然余则谓如此分类，不独毫无实益，且恐有误其性质，故不取。盖论者所谓矫正惩戒（即谴责以下之惩罚）乃对于官吏不当行为之恶报，受罚者后来自戒与否，则事实上因受罚者之心里与境遇而定。法固无以定制裁之目的任诸受罚者之采择，故谓谴责以下之惩罚为矫正惩戒者，不可谓非以偶然得达之目的为其直接目的也。

学者谓矫正惩戒不欲遽夺其官吏之资格，第加以惩戒，以警其将来，淘汰惩戒则恐其败群而放弃之，停职则一面警其将来，一面恐其传染，故兼有二者之性质。学者此说，乃从效果上分类，并非从性质上分类,且矫正惩戒有时不能收矫正之效果,淘汰惩戒有时亦能达矫正之目的,不必强为分别。

学者或谓惩戒以强制官吏履行义务为目的,非以加罚为目的者,故其性质同于强制罚。然此说乃以惩戒为有矫正目的者之自然结果,且惩罚中亦有禁其履行义务之停职免官在,故此说可谓不本于法规之空论。

(三)刑法上之责任

刑法上之责任者,乃官吏关于其职务侵害刑法所保护之法益时,在当受制裁之地位也。

官吏为自然人,有犯罪之能力,但官吏一身,有两种资格:(1)官吏资格;(2)私人资格。本项专就以官吏资格犯罪言之,其以私人资格之犯罪,不在本项范围以内。所谓关于其职务,系指与职务有关系之行为而言,不必为职务上之行为,且官吏之职务行为,必不成为犯罪。职务行为何?乃依法律或命令(上官命令)在职务权限内所为之行为也,即奉上官命令,侵害刑法法益,刑法亦不认为有罪。刑法学者解释职务行为,颇有争议。有学者谓警察逮捕强盗,因其强力过人,恐至脱逃,则折其手足以缚致之,此虽犯罪行为,亦为职务行为,是误解也。凡刑法上科罪之行为皆非职务行为,以警察之职权职务仅止于逮捕犯人,无毁伤犯人身体之权限,则折其手足非职务行为可知。大凡一行为生一结果为行为者所预期,而事实上往往有一行为生数结果之时,则非行为者所预期也。例如以巾拭几上水,其预期之结果,在拭去此水而已,而几上之漆及其灰尘,皆随之而去,则非预期之结果。如下表,行为之先必有意思,甲所为意思与结果连络，谓之所为。若乙丙两结果，则为运动所致，无意思之贯注，不能谓之所为。警察逮捕犯人，逮捕为其所为，获犯为其结果，因逮捕而伤犯人，则为偶然之结果，非其意思所贯注，不能谓之行为，即非职务上之行为。凡犯罪必有行为、有结果，而罪始成立。今有结果，无行为，则犯罪要素不完备，不能科罪。然不认为故意杀伤罪，可否能认为过失杀伤罪？以结果非行为者所预期，亦不成为过失。此说为德国刑法学者 Mitteimier[①] 所发明，与认杀伤为职务行为而不科罪相同，不过所据之法理，较为正确。

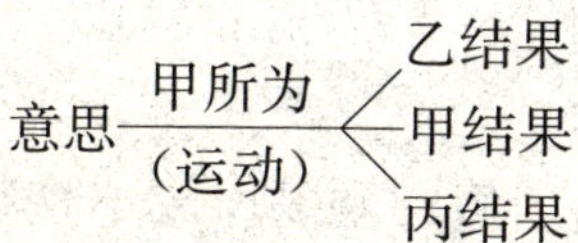

官吏有刑法上责任之犯罪，得区别为二种：1. 职务罪；2. 准职务罪。

1. 职务罪者，乃非官吏不能为之罪，及惟官吏为之始成为罪之犯罪也。

职务罪，以官吏之资格为前提，非寻常人所能犯之罪。不可解作因执行职务而犯罪，因执行职务本无所谓犯罪也。故职务罪名目，不甚妥当。

职务罪又得区别为二种：一普通职务罪；二特别[②]职务罪。

普通职务罪者，一般有官吏身分者皆得犯之之罪也。

① Mitteimier，疑为 Mittermaier，即卡尔・约瑟夫・安顿・米特迈尔（Karl Joseph Anton Mittermaier，1787—1867），德国法学家。

② 原文为“特制”。

特别职务罪者，官吏有特别职务时始得犯之之罪也。

普通职务罪，非普通人得犯之罪之谓，乃普通官吏得犯之罪之谓也。如伪造文书罪，官吏能犯，普通人亦能犯，既为普通人所能犯，即不为职务罪。普通职务罪，如受贿是，有官吏之资格，即能犯此罪，不问是何官也。特别职务罪，如监守自盗是，必先有监守之官吏，始能犯此罪，普通官吏，不能犯此罪也。

2. 准职务罪者，乃普通人亦能犯之，唯官吏犯时则加重其刑之罪也。

如伪造文书罪，官吏犯之则加重，为准职务罪。

刑法上之责任，乃刑法中所当研究之问题，兹不赘论。

（四）民法上之责任

民事法上（即私法上）之责任者，乃官吏关于其职务为违法越权之行为，而成为私法上不法行为时，在当受制裁之地位也。

民法上责任何？乃与职务有关系之不法行为，须任损害赔偿之责之谓也。欲知官吏在民法上之责任，须先知官吏对于国家之地位。有学者认官吏为国家之机关，则官吏之行为即国家之行为，官吏无故杀人，亦由国家负损害赔偿之责，官吏不负其责，是误解也。官吏对于国家之地位，并非国家之机关，乃充国家机关之自然人，故官吏有不法行为，仍由官吏负其责。

官吏民事上之责任，分为二种：1. 对于国家之责任，2. 对于私人之责任。

1. 对于国家之责任。官吏因违法越权之行为，对于国家加财产上损害时，则当任损害赔偿之责。故官吏对于国家之赔偿责任，要依下之理由。

民法上赔偿损害，分二种：（一）不履行契约，（二）不法行为。官吏对于国家之损害赔偿，非因不履行契约而生，乃因不法行为而生。不法行为，如因故意或过失加损害于他人皆是。但官吏之不法行为，须分别观之。如与职务无关则当然适用民法不法行为之规定（如会计吏杀伤人，即与职务无关）。如与职务有关，则不能照民法上不法行为办法，不然，则国家受不利益（例如警察逮捕犯人至于杀伤，即与职务有关。若照民法上不法行为办理，则失之过重，以后逮捕犯人，皆不敢尽力，是与国家有害也）。学者有谓官吏不法行为，当概照民法之规定者，余辈不以为然。

（1）官吏之行为，须系违法或越权，故行为若仅系不当，则不负赔偿之责。

（2）官吏之行为，须生财产上之损害，故仅有害于国家公益时，仍不负赔偿之责也。

国家对于官吏要求其赔偿之权，乃私权也，故当依民事裁判之手续。

赔偿原因之违法越权行为，系民法上之不法行为与否，由民事裁判官决定之。

2. 对于私人之责任。

官吏关于其职务依违法或越权之行为对于私人加财产上之损害时，亦当任赔偿之责，故官吏对于私人之赔偿责任，要依下之理由。

(1) 要违法越权，故仅有反乎公益之理由，不生赔偿请求权也。

违法或越权之行为，若出于国家之命令时，则国家亦有赔偿之责任乎？余则采消极说。

(2) 要系财产上之损害。财产上之损害者，得依金钱计算之损害也。故对于名誉身体之损害，非财产上之损害。私人对于官吏之损害赔偿请求权，乃私权，故当依民事裁判决定之。损害原因之违法越权行为系不法行为与否，依民事裁判官之自由决定。故学者所谓违法越权之先决问题无从发生。

官吏之行为，要系越权，方为不法。如道旁房屋，年久失修，势将倾圮，过其旁者，时有危险之虞。警察官吏，径行拆毁。此种行为，似是不法行为，不知此系职务上正当行为，即为国家奖励之行为，非可处分之行为。官吏对于国家之关系，与雇佣关系、代理关系不同，盖主人对于代理人或雇佣人，有监督之能力，国家不能以自己之力监督官吏。故代理人、雇佣人之行为，由主人负其责，而官吏之行为，国家不负其责。或谓官吏对于国家，与理事对于法人相似，法人亦不能以自己之力监督理事。理事之行为，法人须负其责，而官吏之行为，国家不负其责，何居？不知法人为理事负责，有法律之规定，国家为官吏负责，并无法律规定。此其所以不同也。

第四编　统治作用

第一章 立 法

立法之观念，予既在总论中详述矣，以下唯说明其作用之形式。

从前学说，谓立法者，制定法规之国家行为也。现在略加改正，当云：立法者，制定发布法律命令之行为。各国宪法皆有立法权者经议会协赞由君主行之一条。有学者谓立法权系专指宪法上之立法事项而言，此说缩小议会之权限，殊非正当。盖宪法上立法事项，乃就不得以命令规定之事项而言，非谓立法权之范围。以此为限也。有学者谓立法权之定义，宪法既无明文，全凭学者之解释。学者解释立法权，须视国家立法政策之所在。（必如何而后能达国家之目的，为国家政策）如政策上事事交议会协赞，则立法权范围较广，如政策上指定何事交议会协赞，则立法权范围较狭，立法权之范围可以自由伸缩，此说较为持平。

一、[①]法律。

（一）法律之意义。法律者，形式上之名称也，宪法上经议会协赞所规定之国家规则也。故实质上非必与法规同其范围。处分及裁判，往往亦有经议会协赞以规定者，乃称为

① 本章没有“二”。

法规，甚至豫算亦有称为法律者。

法律有形式、有实质。（法规者，乃定人民自由之界限，为实质上之观念，而形式上必经议会协赞，始得谓为法律。）就形式言，除法规经议会协赞称为法律外，如财产上之处分、法律上之裁判、会社之特许等，如经议会协赞，亦为法律。就实质言，法规者，推定将来发生之事件，为一般之规定。处分，则据现在发生之事件，为特定之规定，而法律则举现在、将来皆规定之。但预算案亦经议会协赞，是否为一种法律？普国宪法，明定为法律，他国无此规定。就理论言，预算不过岁出、岁入之名目，乃会计法法规之补助，并非完全之国家意思表示，故不能认为法律也。行政官并无服从预算之义务，不过因服从会计法之结果，亦服从预算案。

（二）法律之效力。法律者，在宪法及皇室典范之下，以活动之国家最强规则也。除宪法上有特例外，不得以命令变更法律。

紧急命令能变更法律，为宪法上之特例。

命令与法律之关系，在说明命令时再详。

（三）法律之成立。法律依裁可以成立。裁可者，君主专行之立法手续也，故裁可属于君主之自由裁量。然裁可以后，则不得取消，何则？法律依裁可以成立，若君主得取消裁可，则其效果与取消法律同。

君主之立法行为，各国宪法规定不同。日本宪法规定，君主对于法律案有裁可权（积极行为）。英国及挪威宪法，则谓君主有拒否权（消极行为）。德国宪法规定，德皇有审署权。审署者，由德皇署名法律案,证明为宪法上正当手续之谓。德国学者拿板脱,谓审署与裁可并无区别,不知形式上无区别,裁可云者,君主审查法律案,是否与己意相合。如与己意相合,即可决定。但决定为君主之心理作用,尚须表示于外。其表示外面之方法,即由君主在法律案原本上署名捺印。可见裁可之形式,与德皇审署之形式相同。而实质上则有区别。裁可为法律成立之要件,审署非法律成立之要件,乃法律成立后之证明方法。有学者谓裁可为法律之命令。法律既经议会议决,须以君主之命令行之,故须裁可。此说亦殊不然。裁可为法律成立之一种要件,非法律之命令也。君主认为合意时,须全部裁可。认为与己意不合,则全部不裁可。故裁可与否,为君主之自由。不能裁可一部①,不裁可一部。裁可并非对于一定之人为之,与商法上手形②相似,为绝对行为。拒否权则专对于议会为之,为相对行为。裁可以后,法律成立,君主命令不能变更已成之法律,故裁可不得取消。日本学者市村光惠谓裁可以后,公布以前,可以取消,一经取消,则与不裁可同。此就事实上言,可以取消,而就法律上言,仍不能取消。

(四)法律之周知。法律依公布使一般周知,公布乃君主之专行行为。何时公布,亦属于君主之自由裁量。然公布乃宪法上机关行为,故君主不得绝对不公布,学者有谓法律依公布以成立者,误也。

学者谓法律非依裁可而成立,乃依公布而成立,因法律必公布

---

① 一部,即一部分。

② 手形,日文,即票据。

始生效力故也。不知法律效力，有静的效力、动的效力之分，既经裁可，即有静的效力，必经公布，始有动的效力。故公布为法律成立后之行为，非法律成立之要件也。公布之时期，由君主定之。

（五）法律之施行。法律依施行，即拘束官厅自治体及人民，故施行乃法律活动之开始也。施行又君主之专行行为，然君主不能绝对不施行，何则？施行乃君主立宪上之机关行为故也。

法律有公布后即施行者，有公布后尚未施行者。上言公布即生动的效力，乃指公布与施行同时而言。若既公布，未施行，仍不生动的效力。施行之时，有以法文明定者，如本法自公布后三年或五年施行。照法定办理，无法文之明定，则照向例办理。日本向例，公布过二十日，必须施行。因新定一种法律，恐臣民未及周知，故延期二十日，过二十日，即照章施行。

法律之废止及变更，乃属于法学通论之问题，故不赘。

第二章　命　令

一、命令之意义。命令之解释，与法律略同。命令者，乃形式上之名义也，君主不经国会协赞，自发或使他机关发之国家意思表示也。命令规定法规，又规定处分。命令之规定法规者，曰法规命令。命令之规定处分者，曰处分命令。

二、命令之效力。命令在宪法、皇室典范及法律之下活动之国家意思表示也，然宪法上有特例者，不在此限。

如紧急命令可以变更法律，戒严令可以停止法律之效力，皆宪法上之特例。

命令与法律之关系，依其种类而异，此问题当于说明命令种类之际详言之。

三、命令之成立。命令依君主或其他有权限机关之意思决定而成立，故不似法律之有裁可。今日实际上命令有用裁可之文字者，然不成为法律上之意义。

法律依裁可而成立，命令则无须裁可。学者有谓命令亦必经裁可而后成立者，是误解也。

四、命令之周知。法规命令，及关于此之命令，一般须公布周知。处分命令，只通告处分命令当事者。

五、命令之施行。命令依施行以拘束官厅、自治体及人民，与法律无异。

六、命令之种类。命令因其观察点之异，得为种种分类。

（一）自其内容分别之，则有二种，如法规命令、处分命令是也。

（二）自有机关权限之点区别之，则有四种。如敕令、省令、府县令、郡令及岛司令是也。敕令者，君主自本于直接意思所发之最高命令也；省令者，最高行政官厅所发之命令也；府、县令者，府、县知事所发之命令也；郡令亦岛司令者，郡长或岛司所发之命令也。以上为普通行政官厅所发之命令，此外尚有特别命令、普通命令有阶级之关系：如省令不得废止变更敕令，府县令不得变更废止省令及敕令，郡令或岛司令不得变更废止以上三种之命令。

（三）自命令法律之关系区别之，则有四种，如独立命令、委任命令、执行命令、紧急命令是也。

1. 独立命令者，就宪法上之法令共同事项，未以法律规定之部分所发之命令也。学者名曰补充命令（日本宪法第九条参照）。

国家关于某种事项，以法律定之可，以命令定之亦可，谓之法令共同事项。对于此等事项所发之命令，曰独立命令。独立命令，日本宪法有之，日本宪法第九条，天皇为执行法律或为保持公共之安宁秩序，及增进臣民之幸福，亲发或使发必要之命令，但不得以命令变更法律。法、美宪法无之。日本宪法之规定，其宗旨在增进臣民之幸福。盖议会每年只开会一次，闭会后，随时发生之事件甚多，若一一皆由法定，皆由法定，则必须议会协赞。则甚为不便，故可以命令定之之事项，不如之命令定之。且变更命令，亦较变更法律为易，此独立命令之所由存在也。法、美宪法，无独立命令之规定，其宗旨在尊重人民之权利，盖人民之权利必以法律定之，法律不易变更，则人民权利之基础于以确定，若得以命令随时变更，恐人民之权利不免受政府之侵害，此独立命令之不可存在也。两种法例孰优，当视其国臣民对于政府之信用如何而定。如臣民对于政府，信用强固，不妨有独立命令，非然者，则不得有独立命令也。学者谓日本宪法规定，必须增进人民幸福之事项始发独立命令，是独立命令为积极命令，非消极命令也，此说解释宪法，失之过狭国家所发命令，有时为人民兴利，积极[①]的；有时为人民除害，消极的，均无不可，故独立命令之范围，并不以积极为限。总之除宪法保留事项外，必以法律规定之事项，为宪法保留事项。皆可发独立命令。

独立命令，不得废止变更法律。

2. 委任命令者，本应以法律规定之事项，而法律使命令得以规定之际，依此法律所发之命令也。

委任命令，各国宪法皆无明文。惟学者解释宪法，则谓君主得发委任命令。此等事项，本应以法律规定之事项，因法律仅规定其

---

① 原文为“消极”。

大体,至其详细节目,不必尽以法律定之。只要有法律之根据,得以命令定之,此委任命令发生之原因也。

委任命令,得以废止变更法律,但不得废止变更其根据法律。

普通命令,皆不能变更法律,惟委任命令,得以变更法律,以所发之命令系法律所委任故也。至命令所根据之法律,当然不能变更。

学者有不认委任命令者,谓若认此种命令,岂非蹂躏宪法上之保留,然余则不采此说。

学者谓宪法既明定为应以法律规定之事项,立法事项。若法律不定,让诸命令,则为违背宪法。此说专从狭义解释,若就广义解释,未始不可。此两种主义孰优,非法理上之问题,乃政策上之问题。若政府腐败,当从狭义解释,非然者,不妨从广义解释。

3. 执行命令。执行命令者,为执行法律所发之命令也。执行命令,不得废止变更法律。

法律已有规定之事项,以命令执行之,谓之执行命令。其权利义务,皆已前定,执行命令不能设定新权利,亦不能设定新义务。

4. 紧急命令。

普鲁士及日本宪法,有紧急命令之规定,英、法宪法无之,然事实上仍有此种命令,以遇紧急事项非发紧急命令不可故也。

(1) 紧急命令之意义。紧急命令者,代法律规定立法事项之命令,议会闭会中因国家紧急必要所发之敕令也,分说如下。

甲、紧急命令者,代法律规定立法事项之命令也。代法律者，非与法律有同一之效力之意义，不过表示一般应以法律规定之事项，得以命令规定之意之形容语耳。何则？法律非以紧急命令或委任命令不得废止变更，而紧急敕令得以命令废故止也。

紧急命令，可以规定立法事项，可以变更法律，故学者谓为一时之法律。以紧急命令，事后得议会之承诺，即成法律。承诺即协赞也。不过法律之协赞在前，紧急命令之协赞在后。然同一协赞，即可称为法律，此说未免牵强。盖紧急命令之效力，非尽与法律同。如普通命令不能改废法律，而紧急命令则能以普通命令改废之，即此可知紧急命令之效力，不如法律之强固，不可称为法律也。

乙、紧急命令者，在议会闭会中所发之敕令也。议会闭会中云者，乃非开会之义，故解散后及未召集中，亦得发本令。

议会闭会中，有两种情形：一经君主解散；二尚未召集。讲义闭会，即兼两种情形而言。议会除常年会外，尚有临时会，若临时不及召集，则发紧急命令，为现在各国之通例。然政府认为必要时，即能召集临时会，亦可发紧急命令，以发布命令为政府之自由故也。

丙、紧急命令者，因紧急必要所发者。紧急必要与否，由君主定之。但宪法一般的预期之条件，即要系保持公共安全或避灾厄。

何者为紧急必要，为事实问题。一般的预期之条件，各国宪法规定不同。有将积极消极事项皆规定于宪法者，日本宪法则仅规定消极事项，如讲义所列举者。日本宪法第八条，天皇为保公共之安全免公共之灾厄，有紧急之必要时，于帝国议会闭会中，发可代法律之敕令。但积极、消极，颇难区别。如修造铁路，为积极事项乎？抑为消极事项乎？如为防止内乱起见，调兵运饷，朝发夕至。则修造铁路为消极事项，如为交通便利起见，则修造铁路又为积极事项。故积极、消极之分，不在行为而在目的也。

丁、紧急命令者，敕令也。

紧急命令，为一种敕令，必由君主发之。然君主委任其他机关时，则受委任之机关，亦得发此命令。

（2）紧急命令之发布。紧急命令之发布，与普通敕令同，但外国有附以全国务大臣责任之条件者，此无谓之规定也。然紧急命令，非普通命令，故发布之际，必须明示，使人民一见即知其为紧急命令。

英法等国宪法，无紧急命令之规定，而事实上仍有紧急命令，何？据英法学者之解释，谓法律所定之事项，皆系寻常事项。至非常事项，则非法律所能豫定。一旦遇有非常情形，自不得不发非常命令。但此种命令，乃事实行为，而非法律行为，必事后得议会之承认，始变为法律行为，若未得议会之承认，则为政府之不法行为。故发紧急命令时，国务大臣须署名负责。议会不承认，国务大臣即须辞职。若日本宪法则有紧急命令之规定。故发紧急命令，即为法律行为，无论事后得议会之承认与否，不生责任问题。何时为紧急之必要，因立法例之差异而不同。如宪法有紧急命令之规定，何时为紧急必要由君主认定。若宪法无规定，则由议会认定。君主认定，为临时之认定。议会认定，为事后之认定。发紧急命令时，于人民之权义，大有关系，须使人一见即知为紧急命令，免致误会。此在宪法上虽无规定，而解释上则必须如此。

(3) 紧急命令之存续。政府发紧急命令时，必须在次会期提出议会，求其承诺。议会若决议不承诺时，须公布紧急命令将来无效力。

有学者谓承诺与协赞同。其实效力虽同，而方法不同。以协赞在事前，可以变更其内容，承诺在事后，不能变更其内容也。政府发紧急命令之后，必须在次会期提出议会，求其承诺。若至次会期，议会适被解散，未及提出，至再次会期能否提出？则学说不同。有谓宪法上只有至次会期提出之明文，无再次会期提出之明文。日本宪法第八条第二项，此敕令至次会期，当提出于帝国议会，若议会不承认，则政府当公布，自此以后，此敕令失其效力。故至次会期未及提出，至再次会期即无庸提出。有谓宪法上所谓至次会期云者，指最近之会期而言，并不分别为第一期或第二期也。故第一期未及提出，至第二期仍须提出。吾辈系赞成后说也。但议会虽不承诺，尚须政府公布，始为无效。故宪法规定，既为议会所不承认，政府即当公布。

议会对于紧急命令之承诺，系承诺其命令发布当时有无紧急之必要乎？抑承诺将来无效力乎？乃学者至大问题也，余采前说。

政府发布紧急命令之后，未提出议会之前，此项命令是否能以命令废止？就法理言，宪法上并无不许以命令废止紧急命令之明文，故无论何时得以命令废止之为当然之解释。但废止之后，至次会期，应否提出，则学说不同。有谓提出议会，无非欲其承诺将来之效力，既经废止，自无庸提出。有谓提出议会，并非欲其承诺将来之效力，乃欲其承诺发布命令之时，有无紧急之必要也，故虽经废止，仍须提出。

第三章　司　　法

司法之事，法院编制法中所已讲者，故不复赘。

本章仅言司法在国家所居之地位。司法之解释，有广义、狭义二种。从广义言，司法者，以国权之作用维持法之秩序为目的，并不问法律之善恶，其结果虽于国家有害，亦不负其责。以法之不善，非司法者之责也。此为司法之根本观念。现在各国，是否依此观念行之，则不能一概而论。今日之司法，大概为狭义司法，只能维持关于民、刑事之法律，不能维持民刑以外之法律，即人民之权义。能受司法之救济者，亦只有民事刑事，此外则不能受其救济。此何以故？各国宪法，皆有司法权由裁判所行之之规定。谓司法权由裁判所行之则可，谓裁判所行使司法权则不可，因裁判所所为之事，不专属于司法权也。至司法权之范围如何，宪法并无明文，似应从广义解释（司法权者，以维持国家一切法律之秩序为其范围）。然司法权三字，并非立法者所创造，乃有客观的理由。即沿革的理由。未有宪法以前，国家即有司法权，至定宪法时，认司法权为国家重要之事，因规定于宪法中，可知司法权非立法者所创造也。至原有之司法权，本专指民刑审判而言，发源于德意志，而沿及于各国。德意志在警察国家时代，有所谓领主，有所谓裁判所，皆与行政分离。当时裁判所即专裁判民刑事件，领主亦有时干预其裁判，即变更其裁判。久之即不干预，遂成裁判独立之制。有此沿革的理由，故今日之司法权，应从狭义解释。各国有将行政裁判属之司法裁判者，乃因特别之规定，可以干预行政事项，非谓行政事项当然包括于司法裁判中也。

第四章　行　　政

第一节　行政行为

一、行政行为之意义

行政行为者，在法律之范围内，为达国家之目的，对于特定或不特定之目的所为之国权的意思表示也。

行政法规乃行政之界限及其手段。行为之目的非法规，国家直接之目的即行政行为之目的也。其与司法相异，意义亦即在此。故行政执行法之际，凡法所未占领者，常有自由裁量之余地。

行政行为与司法行为不同，可分为四种说明：（一）司法行为以法规为目的。行政行为不过以法规为其行政之手段，别有行政之目的；（二）司法上之法规如线，有长短，无广狭。行政上之法规则变为平面，有长短，有广狭，在法规范围以内可以自由活动；（三）司法专守法律，不问于国家利益如何。行政则专向利益一面进行，如所为不利于国，行政官须负其责；（四）司法官执行法律，如律无正条，概置不理。行政则不然，不能以此事为国家法律所无，置之不办（立宪国家，事事皆有法律，为法律所未规定之事甚少）。

行政行为之目的，乃特定或不特定之权利主体也。不特定之权利主体者，对于在一定条件之下之个个权利主体所发之有效意思表示时之谓也。例如依风俗取缔法，凡来一定之处所皆须着一定服装之类是。

法人、自然人，为特定权利主体。对于特定权利主体为行政行为，其理易知。对于不特定之权利主体亦可为行政行为。例如暑月揭示[①]戏园不准裸体，又如修马路时禁止马车往来。此种行为皆系对于不特定之权利主体为之，为一种行政处分。

行政行为者，国权的意思表示也，即确定为其目的之权利主体，对于国家之关系之一方的行为也。故凡非法特认有对于行政行为所生结果之救济手段者，无论何时，皆不得求省法力之救济手段。

行政行为，乃使国家与权利主体之关系确定，凡属权利主体，国家使为某种行为，即不得不为，谓之关系之确定。乃国家权力之意思表示，并非平等之意思表示。就权力行动一面观之，行政与司法，无甚区别。应注意者，行政行为乃强制服从之行为，无强制服从之关系，虽属行政事项，乃行政手段，而非行政行为，例如征收租税，对于某人发布命令，收税若干，不得不从。为权力行为，即为行政行为。至国家与人民间为土地之买卖，及烟草专卖、食盐专卖等，并非权力行为，即非行政行为（乃国家之行政手段），不可误会行政官吏所为之事，皆系行政行为也。

---

① 揭示，日文，即张贴告示之意。

行政行为，自其实质区别之，得分为警察行为、财政行为、特别物上支配行为及广义之公用征收。警察行为，以维持国家之秩序为其特色；财政行为，以谋国家之收入为其特色；特别物上支配行为，以支配国家之公有物为其特色；公用征收，为公之利益征收臣民之所有权及其他权利为其特色。

警察行为之目的，在维持国家之秩序，但能维持秩序，虽稍害国家之经济，亦无妨碍。财政行为，则专以谋国家之收入为其目的，不以维持秩序为已足。例如商人漏税，若没收其物，即可维持秩序。然没收之外，尚当加以罚金，使以后漏税者少，庶与国家经济有益。特别物何？如铁道为国家公有物，即特别物。保护路线、管理运送，即特别物上支配行为。此等行为与警察行为、财政行为相似，而实不同。如上火车者并未买票，亦为违反法规，紊乱秩序，可勒令其半途下车或加倍科罚，似警察行为；若就利益一面言，亦系为国家增加收入，又似财政行为；然皆以关系铁道之事为限，为特别物之支配权，与警察行为、财政行为不同。至公用征收之外形，与警察行为之没收相似，不问本人愿意与否，以强制力行之。然其目的不同，而结果亦异。没收乃本诸犯罪，应没收之物，非没收不可，公用征收，不由犯罪，乃国家求达公益之目的，若另有他法可达其目的，则不必征收，虽土地所有者请求征收，亦在所不许。以上四种行为，实质上皆有区别，但各个行为皆相关联，不过所属官厅不同，极限各异耳。故往往有同一行为，一面受警察行为之支配，一面又受财政行为之支配。非既为一种行为所支配，即不受其他行为之支配也。例如火车上旅客，有犯罪行为，一面勒令下车，为特别物上支配行为，一面由警察拘留，即为警察行为。又如漏税者科以罚金，为财政行为，若漏税者并有犯罪行为，则警察得干涉之，又为警察行为。

二、行政行为之形式

行政行为之形式，自适用其法规形式观之，分为二种，曰裁定，曰处分。

（一）裁定者，不许自由裁量之行为也。

行政上不许自由裁量，与裁判上不许自由裁量意义不同。行政行为，法理上许自由裁量，但法典之规定甚密，事实上无自由裁量之余地耳。裁定二字，直译西文，日本法规，有称为裁决者，其意从同。因裁决与行政诉讼上之裁决无分，故本书仍用裁定。

（二）处分者，有许其自由裁量之余地之行为也。

处分有广狭二义，日本行政诉讼法中，有因行政处分而侵害权利之语，为广义处分，与行政行为无异。此所谓处分，仅指有许其自由裁量之余地之行为而言，为狭义之处分。

行政行为，自其效果发生之点区别之，则有下列各种。

（一）认可；（二）许可；（三）特许；（四）登录或登记；（五）狭义之公用征收；（六）征兵；（七）征发；（八）租税、夫役及手数料[①]之赋课；（九）公证；（十）受理；（十一）却下；（十二）任命及归化之许可；（十三）拘留及过料。

（一）认可者，法以一定之权利主体之法律的行为效力

① 手数料，即手续费。

发生为条件，一定行政官厅所有之承认行为也。

民法上社团法人、财团法人之设立，皆须行政上认可。其设立行为并非禁止行为，故一经设立，当然有效，但非认可不能发生对外之效力。

（二）许可者，一般所禁止之行为在特定之际，解除其禁止之行政行为也。

许可大别为三：1. 专注重人，一般之人皆不许，对于特定之人则许之，如医生营业之许可是。必精通医学之人，始得许可。2. 专注重物，如澡堂营业之许可是。不问营此业者为何如人，必须有完全之设备，不然，则于卫生及秩序皆有妨碍。外国澡堂营业，必须许可，中国可仿行之。3. 人物并重，如卖药营业之许可是。其人须有药物上之知识，且其药物须完备精良，不至害人，有一不备，不得许可。日本现在法规上所谓许可，其适用之时不尽与上述相合，有时须用认可，用许可，有时不用认可，亦不用许可，而用免许。因从前修订法规时，行政法尚未发达，故不能分析详细，以致混同。而在今日则有不能通融之处。得许可者并非得有一种权利，不过解除其禁令而已。以上种种行为，乃尽人能为之行为，因恐于社会有危险，故加禁止，许可乃对于特定之人或物，解除禁令。换言之，即扩张其个人之自由。自由本非权利，故扩张其自由，亦非独得权利。如上例，澡堂、药铺，如一经许可便认为一种权利，则凡一般买卖皆有买卖权。权利者，可以强制，可以起诉，卖者对于不买之人，不能强制，不能起诉，其不得为权利可知。

（三）特许者，对于特定之权利主体，许其专买某种物品之行政行为也。

特许为一种权利,即与许可不同之点,特为对于国家之权利。国家有保护之义务,不许他人卖此种物品。对于一般人之权利,专卖特许,乃国家为奖励工业起见,其结果仍为国家之利益。有此制度,则人皆研究制造,发明日多。特许须用慎重方法,故各国皆有审查会,由审查会考察其物品是否新发明之物,有无特许之价值(凡发明或发见天然物首先发见。之物,皆可与以特许)。必确系新发明者,始能与以特许。审查会中人,须有特别知识经验,于内外国之制造品,平时考察有得,始能审查,如系承袭旧制,而亦予以特许权,则必无实益。特许权既系对于国家之权,自为一种公权,但可以让渡,为其特色。有学者谓特许权可以让渡,是私权,非公权。然民法上又无特许权之规定,学者遂谓为民法以外之私权。不知一切私权,民法中皆有规定,特许权既无规定,则非私权可知。特学者认特许权为私权,有沿革的理由。特许权起于英国,英国从前习惯,谓权利只有一种,无公私之分,学者之说,必系因此误会。今日各国法律,皆分别公权、私权,而特许权之为公权,又为多数学者所公认,无可疑也。

(四)登录或登记者,对于一定之事实始发生法的效力之行政行为也。

登录,如意匠[①]登录是,就他物加工,谓之意匠,非登录不能受国家之保护。不动产皆须登记,权利非由登记发生,登记乃权利发生以后之事,不过不登记则权利之效力不能完全。惟德国法律,以登

① 意匠,日语,创意发明之意。

记为权利发生之要件,与他国立法例不同。

(五)公用征收者,为公之企业之利益以相当之赔偿夺去一定物之所有权或使用权,附[1]企业者之行政行为也。

公用征收之性质,详前。臣民之权利。公用征收,有审查会,须经审查会审查是否国家利益上之必要,非可滥行征收。

(六)征兵者,为兵役强用特定人之勤劳之行政行为也。

兵役以保护国家为目的,兵役与夫役,虽同系供勤劳之用,而目的不同。

(七)征发者,为国家或公共团体之利益,征夺特定物件之所有权或使用权之行政行为也。

广义之征发,包公用征收在内,狭义之征发,则与公用征收微有不同。何则?公用征收,专为企业起见。征发不仅为企业,乃为国家或公共团体之利益起见。如用兵时驻兵民房之类。又公用征收,必须赔偿,征发则无须赔偿。普通仍与以赔偿,不赔偿亦可。

(八)租税之赋课者,国家或公共团体为达其岁入之目的征收财产之行政行为也。

租税以征收财产为目的,减少人民财产,增加国家财产。与公用征收不同。公用征收,并非减少人民之财产,故须赔偿。租税有直接税、间接税两种,直接税注重人,如其人有特定行为,应收税若干,又如从前之人头税,有此人即有此税。间接税注重物,不问纳税者为何如人,如海关税是。海关有货物经过,即须纳税,如无人纳

---

① 附,即赋。

税，则将其货物竞卖，或作为担保。有偷税者，不问其物之所有权是否为偷税者所有，但偷税则科以罚。直接税则不然，其先必特发命令，以告知其人。如某甲营某业，届何时应纳税若干，先须晓示在案。届时由某甲亲自交出，若某乙代某甲纳税，须声明系甲之代理人。不然，则无效力。直接税、间接税之种类从略。

夫役之赋课者，代租税而强用人之勤劳之行政行为也。

人民无论贫富，皆有纳税之义务，夫役之制为无力纳税者而设，贫无力者以劳力供国家之用，与纳税无异，故夫役之目的，与租税同。

手数料之赋课者，国家或公共团体为一定劳务之报酬征收金钱之行政行为也。

手数料与租税不同，租税对于一般之人皆须缴纳，手数料乃国家为特定之人为一种行为所征收之报酬。例如某甲要求户籍吏给与户籍誊本，乃代特定之人为特定之事，应由某甲出手数料，与一般人无涉。学堂之征收学费，亦可为同一之说明。

（九）公证者，对于一定之事实附与公之信用之行政行为也。

各国设有公证人制度（公证证书由公证人作成），以备裁判上之调查。如甲乙间有贷借证书，必须由公证人作成，乃有信用。公之信用，非指官之信用或国家之信用而言，乃指能取信于公众而言。

（十）受理者，收受从法律上规定之呈报之行政行为也。

依法律规定之结果，一般人民皆有呈报之义务，国家机关须受理之。例如生子之家，十日内须呈报户籍吏。户籍吏受其呈报，则生子者之义务已尽。故受理乃消极行为，非积极行为。

（十一）却下者，拒绝对于国家活动之请求之行政行为也。

人民之请求国家，有一定之方式，若形式不完备者，可以拒绝。例如不依诉讼法之方式而起诉者，则却下其诉是也。

（十二）任命之说明，见官吏之部。

归化之许可者，以当事者之意思为条件，附与国民身分之行政行为也。

任命与归化相似，不过任命系附予官吏身分，归化系与以国民身分。

（十三）拘留者，对于违反法规之制裁，拘束自由之行政行为也。

过料者，代拘留而独立，对于违反法规者征收财产之行政行为也。

以上就行政行为之形式，举其重要之区别。其他尚有各种形式，不能枚举，故略之。

第二节　对于行政行为之强制手段

一、行政罚分为二种：一警察罚；二财政罚。

（一）警察罚者，对于一定之不法行为有害公共秩序之臣民所科之罚也。

刑法上有罪必罚，现有犹预行刑制度，又当别论。警察罚则不然，但能达维持秩序之目的，虽属不法行为，不罚亦可。例如深夜喧哗，有害地方安宁，若其人听警察之阻止，即可不罚。又如寻常犯拘留处分者，或拘留一、二日即行释放，或宣告拘留而不实行，均由警察官临时斟酌，为行政法之特色。

（二）财政罚者，国家或自治团体科于有害其收入之臣民之罚也。

如漏税罚、违令买禁制品或输入品之罚皆是，但能达财政上行政之目的，即不罚亦可。例如发见漏税之后，若其人即时纳税，则可不加罚，然罚之亦不为过，在行政官随时裁判。

二、行政强制执行，分为二种：一警察的强制执行；二财政的强制执行。

警察的强制执行者，国家对于有害公之秩序安宁者所发之行政命令使其实现之强力手段也。分为三种：（一）强制罚；（二）代执行；（三）直接强制。

（一）强制罚者，以强制由行政行为之目的，行政官厅科于臣民之痛苦也。

行政强制执行，并非罚则。强制罚性质上不成为罚，因系一种痛苦，故亦称罚。强制罚不外罚金，与刑法上罚金不同。刑法上罚金必须缴纳，强制罚虽已宣告，既达强制之目的，即不必实行科罚。强制罚又与行政罚不同。行政罚以法规定之，何种行为当处何种罚，如违警律是。强制罚则只有概括的规定。如行政官执行本法，可科以某等罚云云，并未尝列举可罚之行为，某种行为应罚，行政官有酌量之权。

（二）代执行者，依行政行为负担作为之义务者若不履行此义务时，强制辨偿费[①]，因而官厅自执行行政行为内容

① 辨偿，日文，即偿请，偿还之意。

之手段也。

本应臣民自己执行之事，强制不听，而其事又不可缓，则国家代为之，曰代执行。如预防传染病，国家示以消毒方法而不听，强制亦不从，则国家代行消毒方法，事后征收其费用。

（三）直接强制者，行政官厅以实力检束[①]义务者之客观的、使现出与义务履行同样结果之手段也。

不听强制时，则直接以腕力强制之，谓之直接强制。例如两人互斗，劝之不止，警察可用腕力将两人分开。又如有物塞途，劝移不听，警察可自行移置之类皆是。

三、财政的强制执行。财政的强制执行者，国家或自治体为实现财产上之利益，对于义务者之自由及财产所加之侵害也。

财政的强制执行，与财政罚相似而不同[②]。如偷税被获，仍不纳税，则扣留其物，强使完纳，谓之财政的强制执行。

第三节　对于行政行为之救济手段

一、行政诉愿[③]

诉愿者，因不当处分被害利益之人请求取消或变更其处分之法律上要求也。然依诉愿所保护之法益常限于法律

---

① 检束，日语，即束缚之义。

② 原文为“下同”。

③ 行政诉愿，日语，民国亦用此词立法曰“诉愿法”，为今日行政复议之前身。

上积极的所定之事项,一般则在所不许,盖因行政行为之性质上不得已也。

法又定得以行使诉愿之期间,是因期行政行为之确实,又系不得已之法制也。

法又定诉愿权行使之形式,以省无益之烦劳,诉愿权之当事者,限于直接受权利利益之侵害者。

二、行政诉讼及行政裁判所

诉愿与行政诉讼之区别有二:(一)诉愿为一种处分,行政诉讼为一种裁判;(二)诉愿向行政官厅为之,行政诉讼向行政裁判所为之。

行政诉讼者,因行政官厅违法行为受侵害权利之际,在行政裁判所请求救济之行政法上手段也。

然自今日之实际观之,则非许其如以上广义之行政裁判。一般概奉一定之事项,定许其行政诉讼之范围,盖行政行为之性质上,又出于不得已者也。

行政诉讼之特点,乃无论何时不受理损害赔偿之诉讼是,非性质不能许其受理,不过法的感性使然耳。

行政诉讼之当事者,一般系受侵害权利之权利主体,故原则上行政诉讼,乃一方诉讼。然往往有例外,认为双方诉讼。

行政诉讼者,对抗手续诉讼也,因此形式最能达行政裁判之目的故也。

行政诉讼,一般依民事诉讼之例,故无须特别说明。

三、权限争议裁判

权限争议者,行政权与司法权之权限争斗也。法许司此二权之机关争斗权限,以保障国家统治之法的秩序。

行政权之机关,乃行政官厅及行政裁判所,司法权之机关,乃司法裁判所。

权限争议,分为二种:(一)积极的权限争议;(二)消极的权限争议。

(一)积极的权限争议者,司法裁判所谓属于其权限已着手裁判之事项,行政官厅又主张属于自己或行政裁判所之权限而生者也。故提起争议者,常属行政官厅。

(二)消极的权限争议者,因一定之申请事项,司法裁判所及行政官厅,皆谓非其权限内事项而皆不受理而生者也。故此时不能谓为真正意义之争议,盖两方皆不提起争议,故法于此令申请人提起争议。

附:先决问题之决定

先决问题之决定者,行政、司法两权力,各须以其一方之决定为条件而行裁判,或行政行为之际,为其条件之决定,即先决问题之决定也。

先决问题之决定,往往生复杂之问题,今无暇。

图书在版编目（CIP）数据

国法学. 下/(日)岩井尊闻口述;熊元翰编;魏敏点校.—上海：上海人民出版社,2013
(清末民国法律史料丛刊. 京师法律学堂笔记)
ISBN 978-7-208-11988-8

Ⅰ. ①国… Ⅱ. ①岩… ②熊… ③魏… Ⅲ. ①国法-研究 Ⅳ. ①D997.3

中国版本图书馆CIP数据核字(2013)第310496号

责任编辑 屠玮涓
特约编辑 刘益民
封面装帧 王晓阳

清末民国法律史料丛刊·京师法律学堂笔记
国法学(下)
[日]岩井尊闻 口述
熊元翰 编
魏 敏 点校
世纪出版集团
上海人民出版社出版
(200001 上海福建中路193号 www.ewen.cc)
世纪出版集团发行中心发行
上海商务联西印刷有限公司印刷
开本635×965 1/16 印张20.25 插页4 字数211,000
2013年12月第1版 2013年12月第1次印刷
ISBN 978-7-208-11988-8/D·2416
定价 48.00元